ESCOLA INCLUSIVA
Linguagem e mediação

Lucia Reily

ESCOLA INCLUSIVA
Linguagem e mediação

PAPIRUS EDITORA

Capa	Fernando Cornacchia
Foto de capa	Rennato Testa
Coordenação	Beatriz Marchesini
Copidesque	Mônica Saddy Martins
Diagramação	DPG Editora
Revisão	Maria Lúcia A. Maier, Simone Ligabo e Solange F. Penteado
Consultores	Cássia Sofiato, Helena Panhan e Hitomi Yamamoto

Dados Internacionais de Catalogação na Publicação (CIP)
(Câmara Brasileira do Livro, SP, Brasil)

Reily, Lucia
  Escola inclusiva: Linguagem e mediação/Lucia Reily. – 4ª ed. – Campinas, SP: Papirus, 2012. – (Série Educação Especial)

Bibliografia.
ISBN 978-85-308-0752-8

1. Inovações educacionais 2. Tecnologia educacional I. Título. II. Série.

12-11949   CDD-371.33

Índices para catálogo sistemático:

1. Educação e tecnologias   371.33
2. Tecnologia e educação   371.33

4ª Edição – 2012
9ª Reimpressão – 2023
Livro impresso sob demanda – 60 exemplares

Proibida a reprodução total ou parcial da obra de acordo com a lei 9.610/98. Editora afiliada à Associação Brasileira dos Direitos Reprográficos (ABDR).

DIREITOS RESERVADOS PARA A LÍNGUA PORTUGUESA:
© M.R. Cornacchia Editora Ltda. – Papirus Editora
R. Barata Ribeiro, 79, sala 316 – CEP 13023-030 – Vila Itapura
Fone: (19) 3790-1300 – Campinas – São Paulo – Brasil
E-mail: editora@papirus.com.br – www.papirus.com.br

Exceto no caso de citações, a grafia deste livro está atualizada segundo o Acordo Ortográfico da Língua Portuguesa adotado no Brasil a partir de 2009.

Dedicatória

Quando estávamos com 20 anos, minha irmã gêmea e eu contabilizamos que já tínhamos morado em 21 lugares diferentes. Em meio a tantas mudanças, minhas lembranças da infância na nossa família trazem como constância a *palavra* e a *imagem*. Provavelmente por causa dessas frequentes mudanças (mudamos de bairro, de cidade, de estado e de país), nossos pais se preocupavam em garantir uma base cultural rica para os cinco filhos. Por isso, aconteciam na nossa rotina familiar algumas práticas incomuns, que perduraram durante toda a infância e adolescência.

Meu pai era um estudioso de línguas. Aprendeu português estudando o dicionário, fez sua formação em latim na faculdade e, como teólogo, passou por grego e hebraico, bem como alemão e francês. Quando éramos pequenos, acompanhamos os seus meandros linguísticos nas histórias do Lápis Mágico, que ele nos contava à noite antes de dormir. O Lápis Mágico escrevia, coincidentemente, na língua que ele estava estudando naquela época. Amante da língua inglesa, ensinava-nos uma palavra nova a cada dia na hora do jantar, ignorando nossos protestos (Ah, hoje não, pai!). Extraía a palavra do dicionário, puxando os significados escondidos em prefixos, sufixos, a sua etimologia, os seus sentidos paralelos e contextos de aplicação.

Minha mãe garantiu a presença da arte e da música na nossa infância. Depois de cada passeio significativo, ou de viagens, sentávamos todos para desenhar nossas lembranças. Ela própria era professora de artes, formada em Belas-Artes. Compra quadros até hoje, principalmente de artistas *naïf* brasileiros, trazendo um pouco do pictórico latino para dentro de casa. Ela pintava, e continuou aprimorando sua técnica de paisagem em aquarela durante toda a vida. Tocava piano, com predileção por compositores brasileiros. Quantas vezes fomos dormir com o som distante de Ernesto Nazareth, Villa-Lobos, Guarnieri, enquanto ela estudava piano na sala! Insistiu na nossa formação musical e todos aprendemos música (piano, violão, flauta doce, canto). Durante um período em que moramos nos Estados Unidos, nós cinco fizemos um paralelo à família von Trapp (representados no filme *A noviça rebelde*), apresentando-nos em igrejas como os "Singing Reilys from Rio", mesmo sendo de São Paulo.

Como professor, meu pai sempre valorizou a disciplina, os fundamentos históricos, a estrutura do conteúdo organizado. Somos três filhas doutoras atuando no ensino superior que aprendemos com ele o rigor da investigação científica, o valor das fontes primárias, o prazer de ir fundo atrás do conhecimento. Num estilo muito diferente de educar, minha mãe sempre foi insatisfeita com as formas tradicionais de ensino. Atuando na formação de educadores, buscou suporte didático na teoria da criatividade, nas técnicas dos anos 60 da Gestalt e da dinâmica de grupo. Seus principais instrumentos de ensino foram a dramatização com bonecos, as atividades de artes plásticas, a história, o canto.

Reconhecendo o legado que recebi desses dois educadores,

dedico este livro aos meus pais,
Duncan Alexander Reily e Phyllis Louise Gifford Reily.

Agradecimentos

A ideia de publicar um livro dirigido a educadores da escola inclusiva foi iniciativa da Papirus Editora, que vem reafirmando seu compromisso com pessoas portadoras de necessidades educativas especiais na continuidade de publicação dos livros da série Educação Especial. Nesse sentido, agradeço em primeira instância à Beatriz Marchesini, por seu papel de hábil intermediadora entre editora e autora, bem como à equipe da Papirus, pelos cuidados com a apresentação visual, parte essencial deste trabalho. Reconheço o trabalho de Fernando Cornacchia, o projeto de fotografia de Rennato Testa, a revisão do texto por Mônica Martins e Lúcia Maier e a diagramação de figuras e texto de José Ribeiro.

Dada a abrangência dos assuntos tratados nesta publicação, os vários capítulos passaram pela revisão técnica de profissionais com quem atuei no passado e/ou com quem trabalho atualmente. Devo a todos eles minha gratidão pelo pronto atendimento à minha solicitação de auxílio e o reconhecimento de suas diversas contribuições no campo da educação especial e reabilitação. Kátia Caiado, Cássia Geciauskas Sofiato, Hitomi Yamamoto, Helena Panhan, Priscila Amorim, Sílvia Carvalho, Elisabeth Gasparetto, Adriana Laplane, Cristina Pereira e Ivani Rodrigues realizaram leituras que me auxiliaram a esclarecer conceitos, corrigir equívocos, definir termos e também selecionar e preparar imagens. Maycon Chaves ofereceu um auxílio valioso com a produção de fonte em braile. Devo um agradecimento especial aos educadores em formação que me deram suas opiniões sobre o texto durante sua escritura, destacando Ariane Tupinambá, Salomé Dallan, Solange Mattiuzzo, Maria Cláudia Correa e Flávia Fernandes.

Tenho tido muito apoio institucional para o desenvolvimento deste trabalho no programa infantil Linguagem e Surdez no Centro de Estudos e Pesquisas em Reabilitação Prof. Dr. Gabriel Porto, da Faculdade de Ciências Médicas da Unicamp, onde atuo como pesquisadora e docente.

Enquanto fui professora do curso de pedagogia, formação de professores para educação especial, da Faculdade de Educação, e do curso de artes visuais com ênfase em *design* da PUC-Campinas, também tive oportunidade de trabalhar na formação de educadores como parte de um grupo em constante movimento, compromissado com a escola pública. Nesse sentido, agradeço o apoio dos meus colegas e o auxílio formal da PUC-Campinas, sempre investindo na produção e na divulgação de conhecimento.

Quero ainda reconhecer a ajuda de Laura, Emília e Alice, minhas filhas, que colaboraram na produção de imagens e recursos que ilustram o texto.

Por último, agradeço aos alunos e suas famílias por emprestarem suas imagens que enriquecem as páginas deste livro e auxiliam na constituição de sentidos.

Sumário

Prefácio — 11
Kátia Regina Moreno Caiado

1. Fundamentos e pressupostos:
Cultura, linguagem, mediação, ensino e aprendizagem — 13

2. Recursos pedagógicos:
A imagem visual em duas dimensões e a imagem em movimento — 25

3. Recursos em três dimensões:
Brinquedo e miniatura, maquete, sorobã, escultura — 49

4. Sistemas de comunicação suplementar e alternativa — 67

5. Oralidade, leitura e escrita na escola inclusiva — 89

6. A língua de sinais na escola inclusiva — 113

7. O braile na escola inclusiva — 139

Referências bibliográficas — 167

Índice remissivo — 183

Prefácio

Lembro-me do dia em que a Lucia falou pela primeira vez do projeto deste livro. Seus olhos brilhavam com a possibilidade de escrever um texto que dialogasse com o professor. O projeto era ousado, porque sua proposta era trabalhar com conteúdos de diferentes áreas da educação especial.

Se, na escola regular, os alunos chegam com a complexidade da vida, muito diferente das nossas simples e didáticas classificações, e a cada ano o professor tem novos desafios, então, precisamos escrever um texto que aborde essa realidade; esse foi seu argumento central neste projeto.

Não tive dúvidas de que a Lucia era a pessoa com condições de empreender tal proposta. Sua experiência profissional inicial como arte-educadora possibilitou que acumulasse conhecimento no trabalho com crianças, adolescentes e adultos com diferentes comprometimentos e histórias de vida. Assim, quando começou a trabalhar com formação de professores na universidade já trazia uma vivência rara entre os educadores. E não parou por aí, foi trabalhar com reabilitação e na articulação saúde-educação fez novos estudos e aprofundou seu olhar, sua reflexão.

Da proximidade com os professores da rede regular, na orientação de estágios, em cursos de extensão ou no acompanhamento de alunos especiais em salas regulares, Lucia apreendeu de maneira sensível e rigorosa as principais inquietações dos educadores. E aqui nos oferece um texto para ser discutido nas escolas em reuniões de estudo e nas salas de aulas de cursos de formação de professores.

Com o eixo central na discussão sobre linguagem e mediação pedagógica, a autora instrumentaliza o professor com conceitos e propostas de trabalho. Porém, aponta que será na reflexão do trabalho pedagógico que o professor terá a oportunidade de tomar em suas mãos a decisão sobre qual será o melhor recurso para impulsionar a aprendizagem de seu aluno.

Kátia Regina Moreno Caiado
Professora da Faculdade de Educação da PUC-Campinas

1 Fundamentos e pressupostos:
Cultura, linguagem, mediação, ensino e apredizagem

Buscar o conceito de cultura nos coloca diante da velha questão: o que nos constitui como seres humanos, nossas heranças biológicas ou aquilo que aprendemos no convívio em sociedade?

A despeito dos resultados do projeto genoma e dos avanços dos estudos sobre a natureza biológica do homem, os pesquisadores das ciências sociais vêm mostrando a força do grupo social na formação da identidade, nas características pessoais, nos comportamentos e papéis sociais de cada indivíduo. Os instrumentos utilizados nas atividades econômicas e cotidianas de uma determinada sociedade, assim como os instrumentos psicológicos inventados para possibilitar a interação dos membros dessa sociedade, são social e historicamente desenvolvidos e, por sua vez, marcam aquela sociedade. Quem nasce num determinado contexto recebe como herança as invenções e o modo de viver, as crenças e as formas de se comunicar empacotados num sistema sígnico.

Para Vygotsky, proponente maior da abordagem sociocultural, não são os instrumentos propriamente, nem os símbolos, que importam e, sim, os sentidos que eles possibilitam transportar. Como o homem não age sem ser por meio de um veículo sígnico, no caso da educação especial, é preciso garantir acesso ao sentido por intermédio de um sistema portador, um veículo, acessível ao deficiente, considerando o que ele é capaz de realizar.

Cultura e linguagem

A cultura de um grupo social é historicamente constituída, como resultado da vivência coletiva e cotidiana de gerações anteriores. Trata-se de um sistema de conhecimento; assim sendo, é permeada e constituída pela linguagem. Nem todos os antropólogos concebem a cultura dessa forma, já que o conceito de cultura foi construído no decorrer de muitas décadas, por meio de contribuições de pesquisadores de abordagens variadas, que viveram em outros tempos e espaços. Alguns analisaram a cultura do ponto de vista dos complexos de comportamento social; outros entenderam que as culturas são sistemas de conhecimento, pelos quais os membros de dada sociedade procuram dar conta de seu universo. Atualmente, um grupo liderado por Clifford Geertz defende que a cultura seja um sistema simbólico, não um complexo de comportamentos. Nesse sistema simbólico, os atores constituem e partilham significados em sociedade. Quem quiser conhecer uma cultura, deve estudar o seu sistema de signos, para compreender o "programa de controle" que aquela sociedade criou para governar o comportamento de todos. Nessa abordagem, como em Vygotsky, o que importa é o sentido do texto cultural, não a sua gramática.

A cultura não é um patrimônio cultural estático. Pelo contrário, é dinamicamente manipulada pelas gerações seguintes, em processos intensos de negociação e embate, entre as forças que querem preservar as tradições e as tendências inovadoras que buscam substituir a ordem consagrada por novos procedimentos. No movimento contínuo dos sistemas sociais, ocorrem mudanças de diversos tipos. Existem alterações de ordem interna, que resultam da reflexão do próprio grupo sobre as suas práticas, bem como as de ordem externa, que ocorrem quando um grupo entra em contato com outro grupo e olha as suas próprias práticas sociais à luz do olhar externo.

As mudanças se dão não somente entre uma sociedade e outra, mas também entre grupos de dentro de uma mesma sociedade com visões distintas umas das outras. E, provavelmente, também dentro de uma mesma pessoa, que entra em conflito existencial quando aquilo em que ela acredita desde todo sempre é abalado por uma nova ordem de conceber, fazendo com que tenha de rever suas velhas e confortáveis posições.

Num exercício primoroso de síntese, o antropólogo Clifford Geertz reflete sobre as diferentes perspectivas de pesquisadores das ciências humanas sobre o homem como ser social:

> O primeiro passo, nesse esforço de relacionar o que os psicólogos, voltados para dentro, aprenderam sobre como os seres humanos raciocinam, sentem, recordam, imaginam e decidem, com o que os antropólogos, voltados para fora, aprenderam sobre como o sentido é construído, aprendido, imposto e transformado, tem sido óbvio há algum tempo, mas é curiosamente difícil para qualquer desses tipos de investigadores. Trata-se do abandono da idéia de que o cérebro do *Homo sapiens* é capaz de operar com eficácia, ou simplesmente sequer de operar, como um sistema endogenamente acionado e independente do contexto. [...] O fato de o cérebro e a cultura terem evoluído juntos, numa dependência recíproca para sua própria realização, tornou insustentável a concepção do funcionamento mental humano como um processo intracerebral intrinsecamente determinado, que seria ornamentado e ampliado, mas dificilmente gerado, por recursos culturais – a

linguagem, o rito, a tecnologia, o ensino e o tabu do incesto. Nossa mente não se encontra em nosso corpo, mas no mundo. E, quanto ao mundo, ele não está em nosso cérebro, nosso corpo ou nossa mente: estes é que, junto com os deuses, os verbos, as pedras e a política, estão nele. (Geertz 2001, pp. 180-181)

Linguagem e instrumentos de significação

A linguagem integra e constitui a cultura de qualquer sociedade. A língua tem forte papel na constituição da identidade de uma sociedade, e a escrita da língua, por sua vez, promove a formação da memória cultural. Da mesma maneira, vivendo em sociedade, a linguagem se faz vital e se consolida nas interações tanto orais quanto gráficas. Se um indivíduo não se apropriar da linguagem vigente, ele terá participação muito passiva na vida, preso sempre às necessidades básicas do viver cotidiano.

Quem pode nos auxiliar a refletir com propriedade sobre linguagem é a estudiosa da semiótica, Lúcia Santaella, que escreveu:

> O metabolismo das linguagens, dos processos e sistemas sígnicos, tais como escrita, desenho, música, cinema, televisão, rádio, jornal, pintura, teatro, computação grafica etc., assemelha-se ao dos seres vivos. Tanto quanto quaisquer organismos viventes, as linguagens estão em permanente crescimento e mutação. Os parentescos, trocas, migrações e intercursos entre as linguagens não são menos densos e complexos do que os processos que regem a demografia humana. Enfim, o mundo das linguagens é tão movente e volátil quanto o mundo dos vivos.
> Essa volatilidade não costuma ser levada em conta e nem mesmo percebida, porque, infelizmente, nos currículos escolares e universitários, as linguagens são colocadas em campos estanques, rígida ou asceticamente separadas: a literatura e as formas narrativas em um setor, a arte em outro; o cinema de um lado, a fotografia de outro; a televisão e o vídeo em uma área, a música em outra etc. Entretanto, é só nos currículos escolares que as linguagens estão separadas com nitidez. Na vida, a mistura, a promiscuidade entre as linguagens e os signos é a regra. (Santaella 2001, p. 27)

A autora explica que as pessoas confundem a linguagem com o veículo que a transporta. Se uma imagem é apreendida no plano visual, não importa que o seu suporte, seu canal, seja uma pintura, uma fotografia, uma holografia ou um filme, nem que seja do campo erudito, popular ou comercial. Fazendo um paralelo com a modalidade sonora, você é capaz de pensar numa variedade de veículos ou canais que poderiam transportar uma mensagem musical?

Depois de listar uma infinidade de sistemas sígnicos, Santaella nos surpreende ao afirmar que todos eles estão baseados em apenas três grandes matrizes: a sonora (ícone), a visual (índice) e a verbal (símbolo). Talvez você já esteja se perguntando, "e a matriz corporal? Onde entra a língua de sinais, a dança, o teatro?". Seguindo esse paradigma, a autora responderia, baseada em Charles Peirce, cuja teoria ela aprofundou: a língua de sinais é, ao mesmo

Figura 1A – Pata de cachorro (ícone)

Figura 1B – Desenho de cachorro (índice)

Figura 1C – Palavra escrita (símbolo)

tempo, constituída verbalmente e apreendida visualmente. O sentido é verbal, embora o veículo que transporta o significado seja o movimento corporal, que será apreendido visualmente. A dança poderia ser compreendida como visual e sonora, ao passo que o teatro se estrutura nas três matrizes: visual, sonora e verbal. As línguas faladas, por sua vez, são ouvidas, mas a matriz relevante é verbal: a palavra, a lei, a convenção.

Na abordagem de Charles Peirce, a classificação dos signos estabelece três tipos de signos: o ícone (primeiridade), o índice (secundidade) e o símbolo (terceiridade), que dizem respeito à relação entre o objeto referente e o signo. Uma certa confusão deriva do fato de que pensamos no ícone como imagem, mas, para Peirce, o ícone é a qualidade da coisa e opera por semelhança: é o "primeiro, presente, imediato, fresco, novo, iniciante, original, espontâneo, livre, vívido, cônscio, evanescente" (Santaella 2001, p. 104). O apito do trem, o som do vento no bambuzal, a marchinha de carnaval, a sonoridade da rua, não são isso mesmo? Na sua relação com o objeto, o signo icônico é uma simples qualidade.

Os signos da secundidade (índice) pressupõem, ou mesmo incluem, as qualidades, mas, na relação com o objeto, caracterizam-se pela referencialidade, primordialmente. O índice diz respeito a uma relação quase palpável entre o signo e o objeto referente; na matriz visual, o signo mantém uma conexão física com seu objeto. Por exemplo, um mapa, um retrato, um boneco de barro, mesmo um reflexo no espelho, todas essas imagens têm um referente original e são veiculadas em suportes materiais.

Na terceiridade (símbolo), a característica definidora é a arbitrariedade e a convenção. A matriz verbal pressupõe a qualidade e o objeto referido, mas constitui-se como lei, pois sua relação com o objeto é simbólica. (Não simbólica no sentido de analogia ou alegoria, como costumamos usar o termo, mas no sentido de arbitrariedade, tendo perdido qualquer referência de similaridade com o objeto referido.) Assim, a linguagem verbal é símbolo.

Linguagem: Função e convenção

Os sistemas sígnicos da primeiridade (a qualidade) e da secundidade (a referência) são úteis para as primeiras vivências cotidianas, mas, sem a linguagem verbal (terceiridade), as possibilidades de pensamento se limitam ao "eu, aqui e agora". Dar nomes às coisas e às pessoas, compreender o que aconteceu no passado, sonhar com um futuro possível ou impossível, pensar em pessoas na sua ausência, quantificar coisas além do número dos dedos dos pés e das mãos, rir de piadas, trocadilhos, notar incongruências, identificar-se com personagens de histórias fictícias ou verídicas, e muito, muito mais. Tudo isso ficará fora do alcance daquele que não opera no nível dos signos simbólicos. É a linguagem que permite o descolamento do mundo físico, para operar cognitivamente sobre ele. Por ser arbitrária, a matriz verbal possibilita o distanciamento dos referentes originais. Permite pensar.

Exemplificaremos com o caso da língua de sinais. Na gênese de um sinal que tenha origem num gesto indicial, parecido com o referente original ou com o movimento que as mãos fazem quando manipulam aquele objeto (o sinal de pão lembra quebrar, dividir o pão com as duas mãos), a comunidade usuária da língua convencionaliza o sinal. Todos usam o mesmo sinal. Assim, o gesto indicial ganha *status* verbal e o sinal de pão passa a valer para qualquer tipo de pão: pão de forma ou fatiado, rosca ou bengala. Ao se tornar genérico, geral, o sinal se distancia da semelhança original e se torna abstração, lei.

Assim, uma língua é língua porque tem uma estrutura de regras socialmente convencionalizada. Existe possibilidade de novas criações na língua, mas o grupo precisa aceder às mudanças, caso contrário, a comunicação fica impossibilitada. Vira uma Torre de Babel.

Você conhece a história *Marcelo, marmelo, martelo* de Ruth Rocha (1999)? Nesse livro infantil, o personagem principal, Marcelo, quer mudar as palavras, para que se tornem mais coerentes e lógicas. Ele até consegue realizar algumas alterações, mas, em dado momento, a sua criatividade se reverte contra ele.

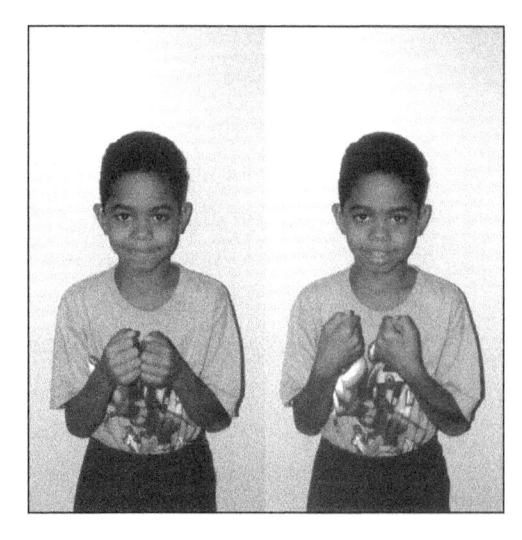

Figura 2 - Sinal de pão em Libras

Figura 3 – Marcelo e sua língua (*in*: Ruth Rocha. *Marcelo, marmelo, martelo*. Ilustr. Adalberto Cornavaca. 63ª ed. São Paulo: Salamandra, 1999)

No presente livro, abordamos a linguagem, nas várias modalidades em que ela se apresenta no contexto da escola inclusiva: a língua oral e escrita, a língua de sinais, a imagem gráfica, em relevo, em movimento, os códigos, os sistemas alternativos de comunicação. Por isso, não pretendemos nestas poucas páginas esgotar o assunto. No entanto, gostaríamos de enfatizar que a linguagem é uma das invenções sociais mais fundamentais do percurso humano. Esse mesmo espírito criativo que possibilitou a constituição das línguas leva o homem a reinventar e hibridizar produções anteriores. Sempre que uma necessidade se apresenta no seu fazer cotidiano, o homem inventa uma solução. Um problema aparece, e ele o enfrenta como desafio, produzindo um novo instrumento que responda criativamente às exigências daquela situação.

Vygotsky criou uma analogia interessante que é central na sua teoria de mediação. Escreveu que assim como o homem utiliza ferramentas físicas no seu trabalho (um martelo, uma agulha, um estetoscópio, por exemplo), ele também utiliza ferramentas psicológicas para o trabalho de natureza mental (entre outros, o desenho, o gráfico, o mapa, sistemas numéricos, sistemas de medida, língua de sinais, escrita e linguagem oral).[1] Pense sobre os instrumentos que você emprega no seu dia a dia. Quais são as ferramentas físicas necessárias ao seu trabalho? Você é capaz de listar os instrumentos psicológicos imprescindíveis para sua atuação profissional?

James Wertsch, um autor americano especialista em Vygotsky, posteriormente sugeriu que, Vygotsky poderia ter levado essa analogia um passo mais adiante. Explica que, quando o homem cria uma ferramenta, ela é desenhada, projetada, para uma tarefa específica a ser realizada.[2] Para virar um parafuso, por exemplo, um martelo não serve – é preciso usar uma chave de fenda. Para costurar uma roupa, um alfinete não serve – precisa-se de uma agulha. Para auscultar um paciente com problema respiratório, não adianta usar um termômetro, quando o instrumento apropriado seria o estetoscópio.

A mesma ideia é válida para as ferramentas psicológicas. Cada uma foi projetada para responder a uma demanda bastante específica, porque a situação dita o recurso que é necessário. Assim, o homem inventou as linguagens – sistemas de representação criados conforme a necessidade que se mostrava presente. Sistemas verbais, com estruturação bastante complexa e convencionalizada como as línguas faladas ou as línguas de sinais; sistemas não verbais, igualmente complexos, mas mais polissêmicos, como a música e o desenho. A modalidade linguística será visual, sonora, corporal, gráfica ou até digital – isso vai depender de quem está significando o que para quem, por quais razões, e em quais circunstâncias.

---

1. Com base em L.S. Vygotsky (1930-1934/1988).
2. Ideias elaboradas com base em Wertsch (1991).

Mediação

Entrelaçado no conceito do instrumento psicológico está o conceito de mediação. Pense na palavra *medium*, do latim, que significa central, no meio, entre. Assim como o instrumento se coloca entre a pessoa que atua e o objeto sobre o qual ela age, a mediação instrumentaliza aquele que faz. Mediação e instrumento são conceitos imbricados na abordagem sociocultural.

A mediação se dá com instrumentos sígnicos, quando, por exemplo, alguém se utiliza de anotações para lembrar o que precisa comprar no supermercado. Você consegue se lembrar de exemplos de mediação na sala de aula, quando os alunos utilizaram um instrumento sígnico para mediar seus processos de pensamento?

Para Vygotsky, a palavra, a linguagem, é o veículo primordial de mediação. É com a palavra que o homem salienta, marca, destaca aquilo que é relevante num caleidoscópio de estímulos que bombardeiam por todo lado os seus diversos sistemas sensoriais. Mas a marcação daquilo que é relevante se dá em contexto social. O que é importante numa sociedade é algo que foi construído ao longo da história de uma comunidade, e esse algo pode não ser significativo para outro grupo social; nesse caso, independentemente da acuidade visual ou auditiva dos indivíduos dessa comunidade, passará despercebido. Como diz Caiado, "o homem enxerga, ouve e sente aquilo que outro homem lhe apontar para ver, ouvir, sentir" (Caiado 2003, p. 30).

Não são os olhos, os ouvidos, as mãos em contato com os objetos que levam ao conhecimento do mundo lá fora – num caminho das coisas, fora; para a mente, dentro –, mas os significados de outros homens, construídos culturalmente, indicando aquilo que é relevante, para que olhos, ouvidos e mãos identifiquem significados e se apropriem deles. Com isso, muda a própria maneira de enxergar, ouvir e manipular. O processo é ativo, de busca, e não uma mera recepção passiva de sensações que chegam indiscriminadamente ao ser.

O homem é um ser de natureza orgânica, isso não se há de negar. Ele sente e percebe aquilo que está à sua volta. Mas o sentido se dá num movimento de significação social e partilhada, por meio da palavra, prioritariamente, ou de algum outro sistema sígnico, que lhe permita representar o real (a coisa). Tomando o caso do aluno cego como exemplo, Vygotsky entende que as fontes de compensação da cegueira se constituem na palavra, na apropriação dos significados sociais, no convívio social, e não no desenvolvimento do tato ou no refinamento da audição (Vygotsky 1993).

O homem transforma a natureza, cria a cultura e, como consequência desse processo dinâmico, também se recria. Suas relações com o mundo são necessariamente mediadas pelo signo. E o signo, a mediação, transforma.

A mediação não constitui um processo neutro e passivo. O instrumento sígnico atua dinamicamente sobre o mediador. O professor que atua de uma perspectiva mediadora na sala de aula também se transforma no decorrer do processo de ensino. Isso porque, assim como, por intermédio de suas palavras e propostas pedagógicas, ele leva o aluno a novos níveis de conhecimento, ele também se defronta com outras maneiras de conceber que não lhe teriam ocorrido sem esse contato com o jeito de pensar do aluno, revelado pelas palavras ou pelo fazer escolar desse menino. Você se lembra de ter vivido situações no cotidiano escolar em que os alunos o levaram a mudar suas formas de pensar?

Nesse sentido, Paulo Freire (1997, pp. 25-26) brindou-nos com uma síntese belíssima sobre a relação transformadora entre docência e discência, como vemos no texto a seguir:

> É preciso que [...] desde os começos do processo, vá ficando cada vez mais claro que, embora diferentes entre si, quem forma se forma e re-forma ao formar e quem é formado forma-se e forma ao ser formado. É neste sentido que ensinar não é transferir conhecimentos, conteúdos, nem *formar* é ação pela qual um sujeito criador dá forma, estilo ou alma a um corpo indeciso e acomodado. Não há docência sem discência, as duas se explicam e seus sujeitos, apesar das diferenças que os conotam, não se reduzem à condição de objeto um do outro. Quem ensina aprende ao ensinar e quem aprende ensina ao aprender. Quem ensina ensina alguma coisa a alguém. Por isso é que, do ponto de vista gramatical, o verbo ensinar é um verbo transitivo-relativo. Verbo que pede um objeto *direto – alguma coisa –* e um objeto *indireto – a alguém*. Do ponto de vista democrático em que me situo, mas também do ponto de vista da radicalidade metafísica em que me coloco e de que decorre minha compreensão do homem e da mulher como seres históricos e inacabados e sobre que se funda a minha inteligência do processo de conhecer, ensinar é algo mais que um verbo transitivo-relativo. Ensinar inexiste sem aprender e vice-versa e foi aprendendo socialmente que, historicamente, mulheres e homens descobriram que era possível ensinar. Foi assim, socialmente aprendendo, que, ao longo dos tempos, mulheres e homens perceberam que era possível – depois, preciso – trabalhar maneiras, caminhos, métodos de ensinar. Aprender precedeu ensinar ou, em outras palavras, ensinar se diluía na experiência realmente fundante de aprender.

Ensino e aprendizagem no espaço escolar

O ensino e a aprendizagem ocorrem em outros âmbitos que não a escola, mas o tipo de ensino promovido pela escola é o que nos interessa. Para Vygotsky, as funções mentais superiores se formam na infância durante a enculturação. Esse processo pode acontecer em outros espaços; no entanto, sem menosprezar a educação informal, esse autor considerava que a educação formal promove um tipo de mediação muito especial, por trazer ao aluno conhecimentos já organizados de uma determinada maneira.[3] No contexto ativo de interação sistemática entre

---

3. Esse encadeamento de argumentos é da autoria de Luis C. Moll (1992), em livro organizado pelo próprio autor.

aluno e pedagogo, são fornecidas, de forma estruturada, as ferramentas psicológicas que determinarão a reorganização de suas funções mentais superiores.

Para refletir sobre como se dá o desenvolvimento quando a criança é excluída do espaço escolar, assista ao filme iraniano *A maçã* (veja sinopse no final deste livro).

Na escola, como resultado do trabalho pedagógico, os conceitos do senso comum interagem com os conceitos científicos; a experiência anterior, fruto da vivência cotidiana, é revisitada na escola, sendo reorganizada para dar lugar a conceitos científicos. Vygotsky entendia que o senso comum não deveria ser descartado, simplesmente. O significado se garantia pela vivência que o aluno trazia de casa, mediando o desenvolvimento de um novo corpo de capacidades específicas. Os dois tipos de conceito são interdependentes. Os conceitos científicos se desenvolvem da vivência que a criança já traz de seu cotidiano, que será transportada para os conceitos científicos. As atividades cotidianas e o conteúdo de casa e da rua dão sentido ao desenvolvimento proposto na educação formal. É por isso que os exercícios totalmente desvinculados do real, como atividades repetitivas, mecânicas, são criticados.

No caso da instrução formal da linguagem verbal, por exemplo, o trabalho pedagógico leva o aluno a avançar do senso comum para o conceito científico quando o professor pede a ele que refocalize a sua atenção, relevando o conteúdo da comunicação, para atender ao meio, ao veículo, à forma da comunicação. Com isso, o aluno presta atenção em aspectos da fala e linguagem que normalmente são inconscientes.

Por exemplo, quando o professor usa o nome da criança não para chamá-la, mas para apontar que seu nome Gabriel começa com "g", igual ao de George, ele está usando a palavra não como meio de comunicação – a palavra se tornou o próprio objeto de estudo. Saiu da linguagem e adentrou na metalinguagem. O discurso escolar é qualitativamente diferente do discurso cotidiano. É dessa maneira que a instrução formal, na sua estrutura e no seu discurso, age para desenvolver no aluno a capacidade de manipular conscientemente o próprio sistema semiótico. No movimento dinâmico de atuar com conteúdos e com os sistemas sígnicos que transportam esse conteúdo, o trabalho pedagógico cria estratégias de aprendizagem que levam ao desenvolvimento.

A distância entre a escola pretendida e a escola que temos

Infelizmente, na escolarização formal, muito pouco da vivência cotidiana das crianças adentra os muros da escola. Muito pouco daquele "conhecimento vivo" do cotidiano doméstico e da rua é sancionado na sala de aula. Constata-se uma degeneração justamente naquilo que os psicólogos soviéticos valorizaram nas possibilidades do ensino mediado pela instituição escolar, qual seja, a mudança de foco do conteúdo para a forma. A forma ganhou tamanha ênfase que, em muitas situações, o conteúdo, o sentido, já não é evidente. Na prática escolar, os modelos mais praticados não interligam os conceitos vivenciados em casa com os conceitos científicos. Pelo contrário, pautam-se em modelos de transmissão de conhecimentos do professor para o aluno, exemplificando-se pelo método *ilustração – explicação –* ou pelo método *recepção – reprodução*.[4]

O que a escola soviética propunha educacionalmente? Colocar a criança diante de uma situação-problema e realizar questões instigantes para levá-la a pensar; pistas oferecidas inicialmente seriam elementos propulsores para que ela solucionasse o problema sozinha, em interação com seus colegas ou, se necessário, com o auxílio do professor. Em vez de apresentar informações e, em seguida, formular perguntas que teriam o objetivo de confirmar se o aluno memorizara as respostas certas, o professor do modelo sociocultural oferece ao aluno um objetivo difícil, propondo que a criança o enfrente, resolvendo-o sozinha ou com a ajuda de terceiros – que podem ser seus colegas ou o professor.

Na mediação cultural, o pensamento está ancorado na atividade, pois entende-se que o ato precede a compreensão – o ato gera a compreensão, sendo específico ao contexto de significação. Daí procede que o trabalho pedagógico se realiza *em contexto* e *em atividade*. O aluno é visto como reflexivo, alguém que reflete sobre seu próprio comportamento e o dos outros. Crianças são agentes ativas do processo educacional. Elaboram internamente a atividade pedagógica. Ao pensar sobre o seu próprio processo em atividade, elas se conscientizam do próprio aprender. Por um lado, certamente, essa dinâmica impede o fluxo automático da ação e interrompe o ritmo do desempenho. Mas, por outro, promove a oportunidade de aprendizagem criativa, qualitativamente muito mais autônoma e significativa.

Implicações para a inclusão de alunos com necessidades educativas especiais

Na escola inclusiva, os princípios de aprendizagem significativa, em ação e por mediação, valem tanto para os alunos com necessidades educativas especiais como para qualquer outro aluno. Em nenhuma instância, nem na literatura nem na prática pedagógica, vemos educadores de abordagens construtivista, freiriana ou sociocultural considerando a possibilidade de o aluno aprender por mera observação e imitação.

---

4. Para se deleitar com a prática pedagógica de um professor que soube reverter esses modelos, trazendo sentido de volta para o aprender na escola, assista ao filme espanhol *A língua das mariposas* (veja sinopse no final do livro).

No entanto, muitas crianças com necessidades educativas especiais nas áreas de comunicação e linguagem, ou de mobilidade, vivenciam a escolarização como espectadoras. Na construção de uma escola brasileira inclusiva, de fato, e não apenas inclusiva na palavra da lei, será preciso atentar para garantir acesso aos instrumentos de mediação da atividade. Instrumentos esses primordialmente linguísticos. A base ideológica para este livro é a linguagem como instrumento democrático de acesso à escola para todos.

2 Recursos pedagógicos:
A imagem visual em duas dimensões e a imagem em movimento

As igrejas do período medieval são fascinantes espaços visuais, com luminosidade vertical e colorida do sol que atravessa vitrais e rosáceas. Arcos de pedra no alto criam configurações estelares; longos vitrais contam as histórias da *Bíblia*. Entre os santos padres da Igreja antiga, no entanto, houve muita controvérsia sobre a presença da imagem no templo, considerando que a palavra de Deus deveria permanecer no plano verbal, para levar o cristão à contemplação religiosa, sem distrações de figuras e do colorido das imagens. Além disso, os primeiros pais da Igreja primitiva, convivendo com os romanos, conheciam de perto a prática da idolatria e temiam que os recém-convertidos voltassem aos velhos hábitos dos pagãos diante da imagem na Igreja. Por fim, nos idos de 800 d.C., houve o reconhecimento de que as imagens poderiam servir para os iletrados, que não tinham acesso aos escritos dos antigos pais da Igreja[1] – isso numa época em que a grande maioria da população não sabia ler.

Muitos séculos se passaram, mas parece que as atitudes sobre a presença da imagem na escola continuam muito parecidas com a visão das autoridades eclesiásticas medievais. A escola demonstra conceber que a imagem é importante para a criança que não sabe ler, mas, depois, deve ser gradativamente substituída pela escrita, até ser eliminada dos materiais didáticos escolares. Considerando que a imagem é um importantíssimo recurso para o ensino em qualquer faixa etária, principalmente hoje, na era da linguagem visual, este capítulo apresenta fundamentos para a compreensão de como o signo visual se estrutura. Também enumera e discute diferentes tipos de imagem e suas funções sociais, e aborda o papel que a imagem pode desempenhar no currículo escolar inclusivo.

---

1. Informações sintetizadas com base em F.L. Cross e E.A. Livingston (orgs.), *The Oxford dictionary of the Christian Church*, 1997, no verbete "icon".

Letramento² visual para todos

Podemos afirmar que a escola tem como objetivo pedagógico que todos os alunos venham a dominar a linguagem verbal, tanto no nível oral (compreender e falar) quanto na dimensão gráfica (ler e escrever), mesmo que o acesso de algumas crianças à palavra se dê por outras modalidades. Nesse sentido, partimos do princípio democrático de que, se a palavra é para todos, a imagem também tem de ser.

No caso de alguns alunos, no entanto, a imagem poderá ser o veículo de mediação sígnica primordial no processo de aprendizagem. Entre as pessoas que se beneficiam quando o currículo é apresentado visualmente citamos: alunos surdos ou alunos com distúrbios linguísticos, alunos com deficiência mental não alfabetizados, alunos com deficiência neuromotora usuários de sistemas de comunicação pictográfica (veja Capítulo 4), pessoas com autismo ou síndrome de Asperger, e outras.

Alguns indivíduos têm oferecido interessantes depoimentos sobre como funciona o seu processamento de informações, mostrando que aprendem melhor por imagens do que quando o conteúdo é apresentado de forma oral ou escrita. Veja o que diz Temple Grandin, uma profissional competente e bem-sucedida que, em razão do autismo, pensa, sente e experiencia o mundo de uma maneira diferente da usual.

> Eu penso por figuras. Para mim, as palavras são como uma segunda língua. Tenho que traduzir tanto as palavras faladas quanto as escritas em filmes coloridos, junto com o som, para que rodem como uma fita de vídeo na minha cabeça. Quando alguém fala comigo, suas palavras são imediatamente traduzidas em imagens. Muitas vezes, as pessoas que pensam com base nas palavras acham que não dá para entender esse fenômeno, mas, no meu trabalho de *designer* de equipamento para a indústria agropecuária, o pensamento visual é uma vantagem enorme. (Grandin 1995, p. 19, tradução da autora)

A aprendizagem da leitura e da escrita revoluciona de tal maneira a nossa forma de apreender os significados presentes no meio que não conseguimos mais lembrar como era quando os textos não significavam absolutamente nada para nós. No entanto, há pessoas que, por qualquer razão, não se apropriaram desse sistema fundamental para a sobrevivência no mundo moderno; elas se orientam por pistas visuais presentes em todo lugar, realizando uma leitura intuitiva

---

2. Neste livro, empregamos o termo "letramento" no sentido pretendido por Soares (2002, p. 18): "O resultado da ação de ensinar ou de aprender a ler e escrever; o estado ou a condição que adquire um grupo social ou um indivíduo como consequência de ter se apropriado da escrita".

(pois não é ensinada formalmente), que lhes serve bem para as necessidades mais prementes. Você já prestou atenção na quantidade de informações comunicadas no ambiente por meio de desenhos, ícones, cores, tipografia?

As pessoas que não podem contar com a leitura da palavra escrita para se informar se tornam bastante hábeis na leitura de sinais visuais. Talvez não saibam ler, mas percebem a diferença entre números, letras, desenhos, logotipos e sinais, por exemplo. Por meio de comunicação visual, são capazes de:

- identificar estabelecimentos comerciais pelas placas e reconhecer marcas pelo logotipo;
- utilizar referências de cores para identificar cédulas de dinheiro, linhas de ônibus ou de metrô;
- ler placas de trânsito, diferenciar sanitários masculinos e femininos pelo desenho na porta;
- reconhecer ícones e símbolos para ligar aparelhos eletrodomésticos ou manejar o controle remoto da tevê;
- considerar a tipografia do texto, percebendo que uma palavra é longa ou curta; às vezes, identificar a letra inicial e fazer hipóteses sobre o que está escrito; pela posição, tamanho e destaque, perceber qual parte do texto é mais importante.

Tendemos a subestimar a capacidade de leitura informal e incidental de alguém com necessidades especiais. A linguagem visual é um sistema com potencial riquíssimo a ser desenvolvido na escola. Os meios tecnológicos já se deram conta disso e estão investindo muito na exploração dessa mina quase virgem. Neste capítulo, apresentamos alguns fundamentos para conscientizar o educador do valor da imagem como recurso imprescindível no trabalho pedagógico.

Lembramos, no entanto, que a imagem visual é um *veículo* sígnico, da mesma forma que a escrita, a música ou a linguagem oral. Como instrumento, ela pode veicular conhecimento de alta ou baixa qualidade. Ao selecionar material pedagógico ilustrado, o educador não pode se ater apenas ao texto. Precisa também considerar e avaliar criticamente as imagens que o acompanham. Como adverte Bittencourt, num valioso texto sobre o ensino de história,

> o livro didático é um importante *veículo portador de um sistema de valores, de uma ideologia, de uma cultura*. Várias pesquisas demonstraram como textos e ilustrações de obras didáticas transmitem estereótipos e valores de grupos dominantes, generalizando temas, como família, criança, etnia, de acordo com os preceitos da sociedade branca burguesa. (Bittencourt 2001, p. 72)

Assim, não basta acrescentar imagens aleatoriamente ao conteúdo verbal durante o trabalho pedagógico. O educador precisa selecionar imagens com o mesmo cuidado que utiliza ao buscar textos instigantes e de boa qualidade. Para tanto, é preciso compreender mais sobre a leitura da imagem.

A apreensão da imagem

Diferentemente da linguagem verbal, tanto oral quanto escrita, que ocorre em sequência, num espaço de tempo, a imagem é percebida de uma vez só, na simultaneidade. Às vezes, é possível ler a imagem num único relance, mas, quando a figura é complexa, realizamos um processo recorrente de análise e síntese, para extrair significado da imagem. Olhamos o todo, percorremos as partes, encontrando e reencontrando detalhes que ajudam a apreender a intenção do artista.

Utilizando o recurso de *figura e fundo*, o ilustrador define o contexto (o fundo) e o objeto que é mais relevante (a figura), geralmente colocando a figura principal no primeiro plano. Mas também pode colocá-la atrás, para ser encontrada numa segunda olhada. Direciona o olhar até lá por meio de diagonais e pelos movimentos da composição. Ler a imagem obedece à lógica da percepção visual. Na escrita, na sociedade ocidental, a sequência convencionalizada pede que se comece no topo à esquerda, percorrendo em direção à direita. A leitura visual não acontece assim. O artista utiliza recursos da linguagem plástica para conduzir o olhar; os olhos passam pelas grandes áreas de cor uniforme, mas detêm-se quando linhas, cores ou formas se destacam ou invadem o espaço neutro. Veja como Rudolf Arnheim, estudioso dos processos humanos de percepção visual, descreve o processo de apreensão de significado na imagem:

> A ordem de uma pintura existe apenas no espaço, em simultaneidade. O quadro contém um ou vários temas dominantes aos quais todo o resto se subordina. Essa hierarquia é válida e compreensível somente quando todas as relações são captadas como sendo coexistentes. O observador examina cuidadosamente as várias áreas da pintura em sucessão, porque nem o olho nem a mente são capazes de apreender tudo simultaneamente, mas a ordem em que a exploração ocorre não importa. O caminho do olhar não precisa aderir às direções vetoriais criadas pela composição. Uma "flecha" compositiva levando da esquerda para a direita pode ser percebida corretamente, mesmo que o olho se mova na direção oposta, ou na realidade cruze a extensão num ziguezague arbitrário. As barreiras levantadas na pintura pelos contornos ou conflitos de cor não detêm o olho. Ao contrário, elas são percebidas e experimentadas enquanto são atravessadas. [... Estudos recentes] mostram, de modo não surpreendente, que o observador gasta a maior parte de suas fixações nos itens de maior interesse. Mas a ordem das fixações é grandemente acidental e irrelevante. (Arnheim 1986, p. 369)

Assim como mostramos à criança, quando lemos uma história em voz alta, que começamos em cima, iniciando à esquerda em direção à direita, acompanhando o ritmo da voz com o indicador sobre o texto, é interessante explicitar ao aluno como nos apropriamos do significado da imagem, apontando as figuras de relevância e assinalando detalhes.

Realizando a síntese

Assim como ocorre na linguagem verbal, a chave da significação não está na percepção sensorial, mas, sim, no movimento de síntese e de interpretação. É preciso avançar além da análise de detalhes e elementos pictóricos contidos numa imagem para sintetizar o sentido geral que o artista pretende comunicar. Lembramos que, dada a polissemia (múltiplas possibilidades de interpretação) característica das linguagens, nem sempre há concordância entre a intenção do artista e a interpretação do leitor. Além disso, a pessoa que interage com a imagem carrega seu passado para o momento da leitura da imagem. Quando a imagem é figurativa, reconhece figuras significativas, relembra situações semelhantes, identifica-se com as expressões retratadas. No caso da abstração, também há leitura pessoal: reconhece formas decorativas ou padronizações culturalmente significativas, percebe ritmos compositivos, imagina figuras a partir das formas e traços, tentando atribuir sentido à abstração, realiza julgamentos estéticos e assim por diante.

A síntese final exige que se consiga discriminar as figuras prioritárias na imagem. Na linguagem visual, o leitor percebe o que é importante por meio de estratégias de representação plástica utilizadas pelo artista. Na composição geral da imagem, por exemplo, o leitor identifica a figura e diferencia-a do fundo. As figuras que são maiores, mais centralizadas, mais nítidas e mais coloridas tendem a se destacar como as figuras principais. No entanto, o artista pode guiar seletivamente o olhar do leitor a algo que faça parte do fundo, iluminando aquela parte da imagem. Da mesma forma, a figura central pode ser escurecida, com claridade vindo por trás, fazendo a figura se transformar em negativo, um obstáculo diante da luz. O artista também trabalha com o fazer aparecer ou o esconder de figuras por meio do aumento de brancura.

A diversidade dos tipos de imagem

Você já se deu conta da variedade de tipos de imagens visuais presentes no espaço escolar? Por que você acha que existem tantos tipos de imagens diversificadas, e ainda assim continuam sendo inventadas outras? Vejamos alguns gêneros de imagens:

- reflexo no espelho, no vidro, sombras;
- pegadas, contorno do corpo, marcas do corpo;

- fotografias:
  pessoais;
  em publicações, revistas, materiais de publicidade;
- pinturas, serigrafias, colagens a quatro cores (originais ou fotocópias, reproduções de impressora);
- desenhos de traços e gravuras em preto e branco (originais ou fotocópias, reproduções de impressora);
- ilustrações em livros infantis, em livros de ciência, em manuais;
- desenhos projetivos, plantas arquitetônicas;
- ícones, logotipos, sinalizações da comunicação visual;
- gráficos, esquemas, organogramas, tabelas;
- mapas.

Você se lembra da analogia do *kit* de ferramentas apresentada no primeiro capítulo? Recapitulando, o autor americano James Wertsch, estudioso de Vygotsky, propõe que as ferramentas psicológicas, com as quais o homem realiza seu trabalho mental, servem para distintas funções. Cada vez que o homem necessita de algum instrumento para realizar suas atividades, ele procura o instrumento apropriado no seu *kit* de ferramentas. Considerando a lista acima, é fácil perceber que cada tipo de imagem atende a uma exigência funcional.

A imagem se apresenta como modalidade espaço-visual; por isso, é um instrumento muito mais adequado para representar aspectos que se referem ao espaço e que ocorrem na simultaneidade. Quando há necessidade de representar uma sequência de ocorridos, ou aspectos temporais de uma narrativa, o desenhista precisa recorrer a alguns recursos gráficos para demarcar o tempo. Na era dos desenhos em quadrinhos, divulgaram-se estratégias de balões, traços representativos de movimentos, repetições de cenas com alguma alteração, mostrando a passagem do tempo, uso de representação de noite/dia. No entanto, essas soluções não são novas. Na época medieval, já apareciam soluções nas iluminuras, em que palavras saíam das bocas dos profetas; quadros divididos em duas ou mais partes mostravam tempos em sequência nas representações pictóricas de uma narrativa (Walty, Fonseca e Cury 2001).

No desenho abaixo, veja como a criança utiliza a organização espacial em sequência para representar uma breve narrativa.

Figura 1 - Desenho representando dois tempos (Emilia, 7 anos)

Figura 2 - Frutos brasileiros, pintura de Rubens Matuck (*in*: R. Matuck. *Cadernos de viagem*. São Paulo: Terceiro Nome, 2003)

Embora circule socialmente a ideia de que a fotografia, réplica química ou digitalmente produzida dos objetos, seja a melhor imagem, isso não procede. Quando se pretende transmitir informações reais de natureza científica, geográfica ou técnica, por exemplo, a exatidão da representação mimética (que imita a natureza) nem sempre atende aos objetivos. A fotografia é um dos registros mais fiéis ao referente, mas não substitui o desenho linear ou o esquema que representa relações estruturais de forma mais conceitual e abstrata. Perceba o conteúdo que se pretende transmitir nas duas figuras desta página. Você concorda que uma ilustração é mais eficaz que uma fotografia para o objetivo pretendido nessas imagens?

A imagem é sempre signo, nunca é a coisa; no entanto, tendemos a confundir alguns tipos de imagens com o referente original, por serem tão similares ao objeto representado – a imagem no espelho, por exemplo, ou nossa fotografia no documento de identidade. Desde 1850, aproximadamente, com a invenção da fotografia e a transferência da imagem visual para o papel fotográfico, os avanços da tecnologia vêm tornando possível a representação cada vez mais próxima do real. Hoje, as cores, as formas, os movimentos e até mesmo os sons podem ser registrados da maneira como ocorreram. Mas continuam sendo representações e não *clones*.

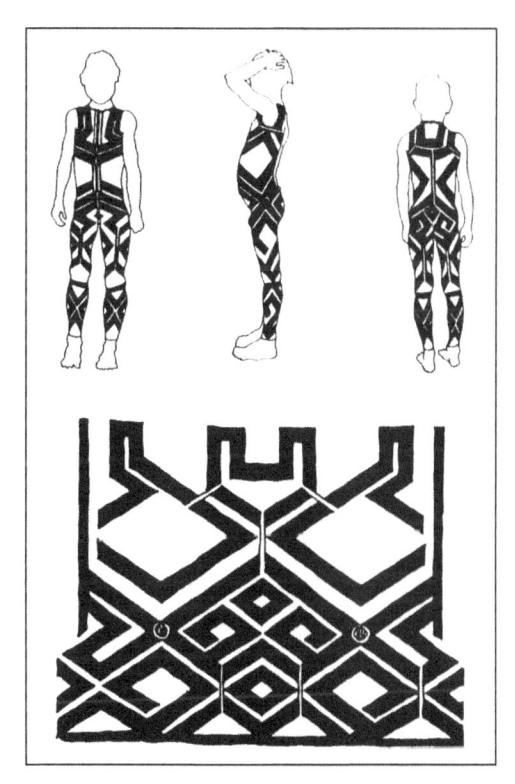

Figura 3 - Esquema de pintura corporal dos assurinis, desenho de Fábio de Bittencourt (*in*: Regina P. Muller. *Os assurini do Xingu. História e arte*. 2ª ed. Campinas: Ed. da Unicamp, 1993)

> **ARNHEIM SOBRE A FOTOGRAFIA**
>
> A fotografia é na verdade mais autêntica na reprodução de uma cena de rua, de um hábitat natural, de uma textura, de uma expressão momentânea. O que importa nessas situações é a relação e a disposição acidental, a qualidade total e o detalhe completo, em vez da precisão formal. Quando as reproduções devem servir a finalidades tecnológicas ou científicas – por exemplo, ilustrações de máquinas, de organismos microscópicos ou de operações cirúrgicas – a preferência é por desenhos ou pelo menos fotografias retocadas à mão. A razão é que as imagens nos dão a coisa "em si" revelando-nos a respeito de algumas de suas propriedades: o contorno característico de um pássaro, a cor de uma substância química, o número de camadas geológicas. Uma ilustração médica deve distinguir entre uma textura lisa e uma áspera, deve mostrar o tamanho relativo e a posição dos órgãos, a rede de vasos sangüíneos, o mecanismo de uma articulação. Uma ilustração técnica deve dar proporções e ângulos exatos, estabelecer a concavidade ou a convexidade de uma dada parte, e distinguir entre unidades. Propriedades desse tipo é tudo quanto necessitamos saber. Isso significa não apenas que a melhor ilustração é aquela que omite detalhes desnecessários e escolhe características reveladoras, mas também que os fatos relevantes devem ser comunicados aos olhos sem ambigüidade.
> (Arnheim 1986, pp. 145-146)

A abstração e os processos de síntese

Os signos visuais podem ser classificados por ordem de semelhança ao referente original, do mais pictográfico ao mais esquemático ou sintético. Nossa capacidade de fazer sentido da imagem nos permite ir e voltar entre o figurativo e o abstrato. Da mesma maneira como somos capazes de *imaginar* figuras de animais quando olhamos para as nuvens, também podemos sintetizar formas geométricas a partir de uma natureza morta, como fez Cézanne. A capacidade de reduzir ao elemento mais simples leva à esquematização, e o movimento contrário de acrescentar, complementar e detalhar, gera a figuração e a narrativa visual.

Num dos seus estudos, a autora Lúcia Santaella (2001) elaborou uma classificação de textos escritos no qual demonstra que ensaios redigidos podem ser agrupados em níveis descritivo, narrativo e conceitual. Generalizando, ela mostra que, da mesma forma como o texto, a imagem também pode se caracterizar como uma representação primordialmente descritiva, narrativa ou simbólica.

Veja as imagens a seguir, no campo de arte religiosa: o forro da igreja do Rosário em Pirenópolis descreve e identifica qualidades e personagens; a cena pintada na lateral do altar da igreja do Carmo de Tiradentes narra uma graça concedida (com auxílio de um texto verbal); a composição com ex-votos e texto na gruta da Lapa, na Bahia, significa algo que já não está colado em nenhum referente, e ao qual só temos acesso se dominarmos o código arbitrário e convencionalizado utilizado para sua elaboração. Todos os três exemplos são híbridos, ou seja, a pintura no teto da igreja é decorada com motivos azuis e vermelhos em fundo branco, salientando a figura simbólica de Nossa Senhora com o Menino Jesus, emoldurados por nuvens. O desenho da queda do cavalo traz texto explicativo que auxilia o leitor a inferir que o cavaleiro se salvou; e a imagem em texto é decorada com uma meia-lua de muletas.

Significar com figuras, formas ou traços abstratos permite o descolamento da realidade para a operação no plano das ideias. Permite manipular elementos na sua semelhança ou diferença e descolá-los do referente e da intenção sígnica original.

Descrição, narração e abstração na história da arte

Ao mesmo tempo em que o século XX depurou tecnologia de fidedignidade na representação do referente original, também promoveu um movimento contrário de síntese da imagem em todas as esferas culturais. As pinturas do século XIX ainda buscavam representar cenas da vida cotidiana ou pública, paisagens, retratar pessoas, trazer a natureza para dentro de casa. Na virada do século XX, ocorre uma revolução no campo das artes visuais, encabeçada por Cézanne, que inicia um processo de síntese na representação que chega até suas últimas consequências em Mondrian: o desaparecimento da figura reconhecível na pintura.

A busca dos artistas por uma nova forma de pintar, de outras temáticas de configuração, no século XX, desemboca na grande dúvida que nos assola até hoje quando visitamos as exposições de arte contemporânea representadas no Brasil pelas Bienais de Arte. Perguntamos: "Mas isso é arte?".

Os artistas dos movimentos da arte moderna e pós-moderna não pararam na abstração, na produção artística sem temática reconhecível, na poética onde a forma se torna mais evidente do que o conteúdo, eles foram além. Chegaram na obra que leva o público a se perguntar: "Afinal, o que é arte?". Atingiram o nível

Figura 4 (Descrição) - Forro barroco da igreja do Rosário, datada de 1720, em Pirenópolis (destruído pelo fogo em agosto de 2002)

Figura 5 (Narração) - Pintura de graça recebida na lateral do altar da igreja do Carmo de Tiradentes

Figura 6 (Abstração) - Versículo bíblico e ex-votos na gruta da Lapa

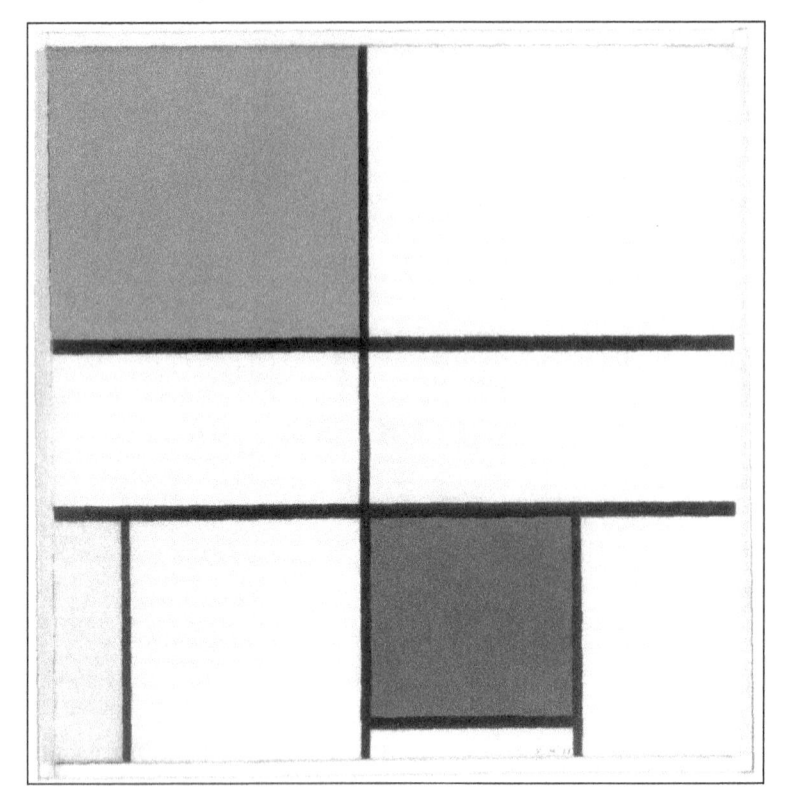

Figura 7 – Composição C (N° III) com Vermelho, Amarelo e Azul, 1935. Óleo sobre tela, 56,2 x 55,1 cm. © 2004 Mondrian/Holtzman Trust, a/c hcr@hcrinternational.com

reflexivo máximo da abstração: a metalinguagem.

Em anos recentes, um movimento artístico bastante interessante vem percorrendo vários países do Ocidente, tendo passado pelo Brasil em 2000. Denominado "A parada das vacas", o objetivo do projeto foi incentivar o público a interagir com a arte, trazendo a obra para a rua, ao invés de ficar passivamente esperando que o público frequentasse os museus tradicionais de arte. Artistas plásticos reconhecidos de várias cidades (Chicago, Nova York, Toronto, São Paulo, Londres, entre outras metrópoles) participaram do projeto. Receberam uma vaca de fibra de vidro branca, com a incumbência de trabalhar plasticamente sobre esse suporte. As vacas pintadas foram expostas em espaços públicos, provocando as mais variadas reações do público.

Figura 8 - *Moondrian*, de Jon Eastman - próximo ao MoMa - Museu de Arte Moderna de Nova York

A fruição do trabalho ao lado exige que o espectador tenha conhecimento da obra de Mondrian, do acervo do MoMa, e que perceba a brincadeira de relacionar o nome do pintor holandês com o mugido da vaca (Moo*ndrian*). Outro elemento lúdico e um tanto quanto vulgar é o de considerar o esterco como produto estético, e parte da obra. Esse é um bom exemplo da intertextualidade presente na arte pós-moderna. Apreciar a pintura na vaca requer familiaridade com a obra anterior de Mondrian. No sentido metalinguístico, convida o espectador a se perguntar: "Mas isso é arte ou é uma brincadeira?".

A representação visual na escola inclusiva

Talvez você esteja se perguntando por que não fomos logo à questão que interessa: quais são as estratégias propostas para usar a imagem na escola inclusiva como recurso de aprendizagem do aluno com deficiência?

Entendemos que o educador, no geral, tem bem menos bagagem para trabalhar com o pictórico do que tem para trabalhar com o linguístico na sala de aula. Apesar da presença considerável de imagens na escola, elas são subaproveitadas com os alunos, tendo estes necessidades especiais ou não. É importante que o educador entenda melhor como a imagem funciona para enxergar as possibilidades de raciocinar visualmente. Como vimos, a imagem é um ótimo instrumento para raciocínio espacial, embora seja menos eficiente no âmbito temporal. No entanto, se a imagem for utilizada apenas como ilustração ou exemplo, permanece no nível da descrição. Seu pleno potencial ficará desperdiçado.

A ciência da comunicação visual a serviço do professor

Na hibridização dos sistemas sígnicos, a organização visual das palavras no espaço, o que chamamos de diagramação, também pode contribuir para a compreensão das relações pretendidas, servindo como instrumento de raciocínio e pensamento. A figura ao lado exemplifica algumas maneiras que utilizamos para organizar informações verbais em publicações ou mesmo na lousa. Por meio de agrupamentos, conseguimos diagramar os textos verbais de tal maneira que o leitor percebe as relações abstratas pretendidas. Por exemplo, podemos organizar informações visualmente para indicar:

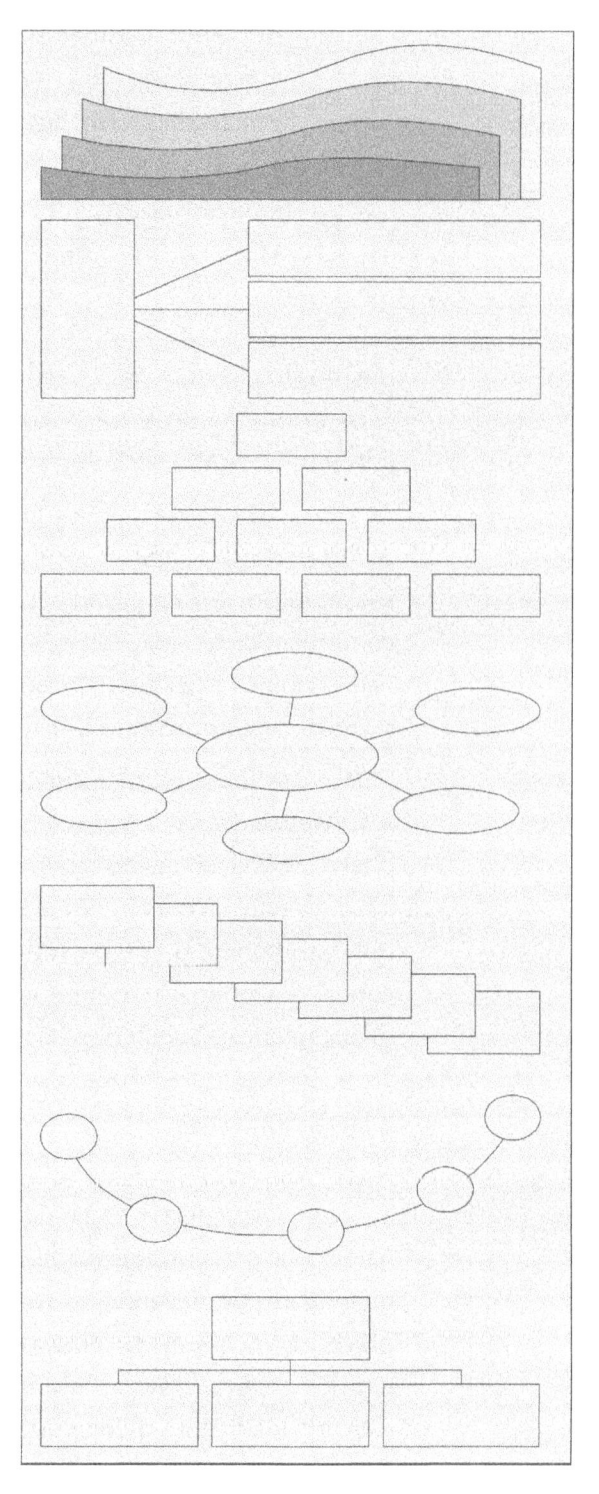

Figura 9 - Exemplos de esquemas de organização visual

- relações de causalidade;
- hierarquia;
- relações de subordinação;
- comparação (diferença e semelhança);
- relações de partes que compõem um todo;
- classes e categorias;
- sequência de ocorrências no tempo;
- ocorrências contíguas, relacionadas ou aleatórias;
- substratos, camadas ou bases;
- aleatoriedade;
- padrões e sistemas.

Que outras formas de diagramação você utiliza na sua prática para organizar suas aulas na lousa? Tire proveito pleno desse recurso, que não onera e contribui muito para a compreensão dos alunos, independentemente de apresentarem necessidades educativas no campo da linguagem.

No caso do aluno que está acompanhando uma aula expositiva, e que perde parte das informações porque demora mais para tomar nota, ou porque sua audição é comprometida, a organização visual na lousa pode auxiliá-lo a compreender as relações nos conteúdos que estão sendo abordados. Detalhes, datas, nomes, lugares e personagens podem ser enquadrados mais facilmente, quando se compreende a estrutura lógica dos eventos e dos fenômenos.

A lousa é um recurso valioso, mas outro instrumento que não deve ser menosprezado na sala de aula é o retroprojetor. Quando se deseja levar toda a classe a olhar conjuntamente uma imagem complexa demais para reproduzir na lousa, o retroprojetor é um grande aliado. A ampliação do tamanho das figuras e do texto beneficia particularmente alunos com visão menos aguda. Trabalhando sobre o acetato, o professor pode salientar partes da figura, acrescentando marcas com canetas coloridas.

A imagem mediada

Os avanços tecnológicos tornaram a imagem cada vez mais presente na escola e na comunidade. Para o aluno com *deficit* visual, o aumento da quantidade de imagens no material didático do estudante é um empecilho que precisa ser enfrentado pelo professor na sala de aula. Quando a imagem não tem a função de mera ilustração de um conceito trabalhado verbalmente, mas está articulada com o conteúdo em discussão, será necessário encontrar maneiras de tornar acessível o sentido da figura ao aluno cego. Isso porque, em casos assim, o sentido se encontra na própria estrutura da figura. Veja os exemplos de tradução tátil das imagens nas Figuras 10 e 11.

Alunos nas séries iniciais de alfabetização na escola regular fazem uso da associação palavra/figura em inúmeras situações de aprendizagem. Se o aluno com cegueira for privado do recurso visual, terá de dar o salto para a escrita sem o auxílio previsto para os alunos que enxergam. Se o professor entender que a figura tem uma função pedagógica e não de mera ilustração, deve encontrar maneiras de torná-la acessível ao aluno com cegueira.

A seguir, no depoimento de Fabiana, jovem cega congênita, percebemos a frustração e a impotência da aluna diante da falta de acesso à imagem na sala de aula.

> Quando o professor precisava explicar um conceito que dependia de ilustrações, de desenhos, de representação gráfica, de um pré-requisito visual, ele dizia que não sabia como fazer e esperava uma solução minha, mas, eu, também, não sabia resolver isso e

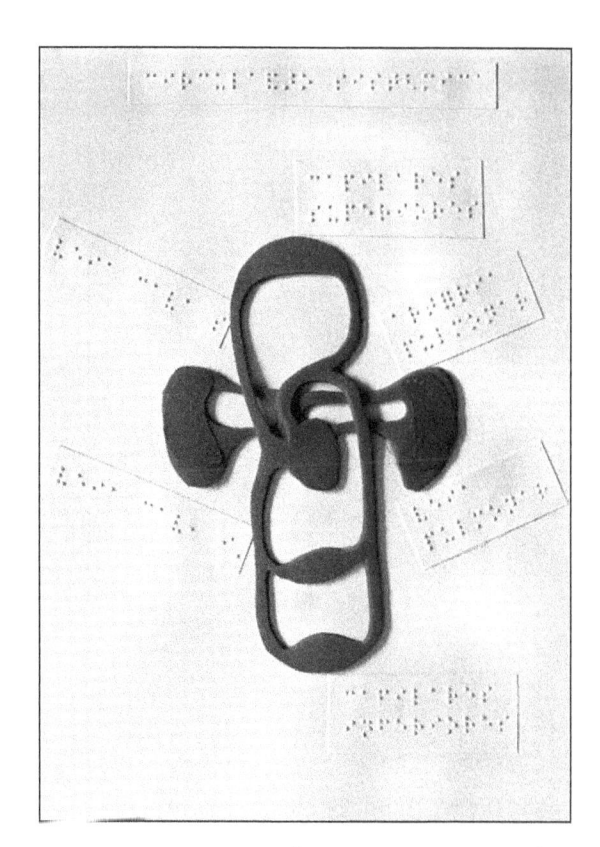

Figura 10 - Tradução tátil de sistema circulatório

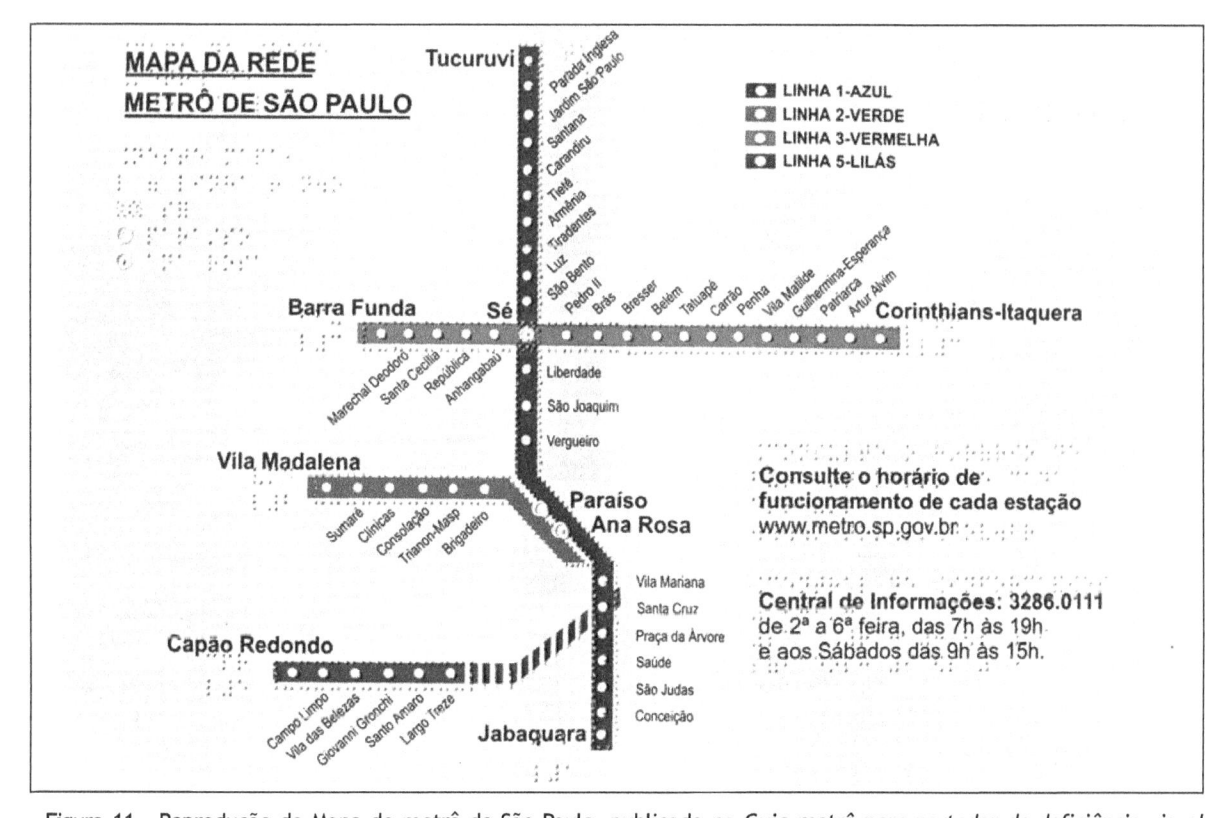

Figura 11 - Reprodução do Mapa do metrô de São Paulo, publicado no *Guia metrô para portador de deficiência visual*

nem tampouco sabia a matéria que ele estava dando. Então, como eu poderia apresentar uma solução? (Depoimento citado por Caiado 2003, pp. 90-91)

Uma saída é narrar a imagem, criando referências espaciais na mesa do aluno. Bolinhas de massinha, por exemplo, auxiliam o aluno a se orientar no espaço da mesa, ajudam a mapear a figura de lousa, de tal forma que o aluno cego possa acompanhar a descrição, utilizando qualquer sistema paralelo de representação como apoio.

Às vezes, no caso de uma imagem com clara demarcação de figura e fundo, a figura pode ser destacada, com pontilhados ou tinta em relevo. O truque vai ser passar o instrumento (uma carretilha de costura, por exemplo) no verso das linhas da figura, para que a imagem não fique invertida quando for virada com o relevo para cima.

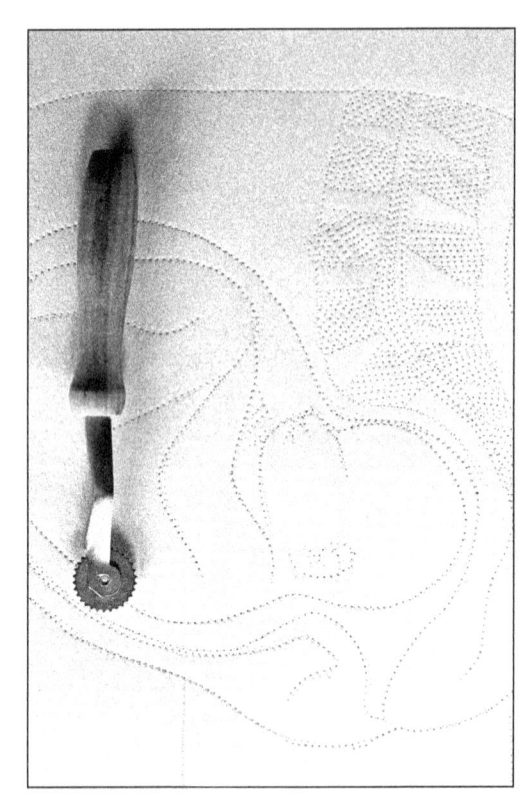

Figura 12 - Tradução tátil com carretilha

Existem diversas possibilidades para transformar traços em relevo, entre elas:

- desenho em giz de cera sobre a própria figura, tendo como base uma prancha de aglomerado de madeira dura na qual se tenha colado tela de náilon; isso resulta em traços leves que podem ser sentidos pelo cego;
- pintura linear com tinta "puff", que, quando aquecida (com secador de cabelo, por exemplo), cria um volume fofo sobre o traço;
- bolinhas de plastilina (massinha) para fazer pontos de referência sobre a mesa do aluno;
- manipulação das formas essenciais da figura recortadas em EVA (material emborrachado) ou em papelão;
- marcas com *thermo-pen*, um instrumento aquecido que, aplicado a *flexi-paper*, produz relevo;
- pintura com tintas texturadas em graus que vão de fino a grosso, variando entre as arenosas, as aveludadas, as craquelentas;
- colagem de cordonê ou barbante sobre o contorno da figura;
- linhas produzidas em *thermo-form*, para transformar gráficos e figuras em relevo (esse procedimento exige acesso ao equipamento especial);
- reproduções pela técnica clássica de pontilhado linear.

Antes de realizar a adaptação para o aluno, porém, é importante pensar sobre a figura. Trata-se de uma figura linear, em que os traçados são importantes, ou a figura é constituída por formas fechadas? Essa avaliação implicará uma adaptação por recursos que ressaltem as relações lineares ou as relações entre áreas e formas. Além disso, não são todas as figuras que fazem sentido para quem não tem visão de profundidade. O aluno com cegueira congênita pode não compreender desenhos em perspectiva, como o uso de ponto de fuga, que leva a uma diagonalização de linhas para um ponto no horizonte. A ilusão da diminuição da figura a distância também não faz sentido para o cego, pois a sua referência é tátil. A noção de planos gradativamente mais distantes pode ser transmitida usando o recurso de cenário de teatro, com os planos recortados em papelão.

Às vezes, figuras esquemáticas, abstratas ou geométricas, ou mesmo figuras metafóricas, são mais compreensíveis do que aquelas que representam paisagens. A leitura da imagem nos é tão natural que nem imaginamos como uma pessoa sem visão apreende uma figura em relevo se não nos colocarmos no lugar dela. As palavras de Wilson, que perdeu a visão por glaucoma aos 22 anos, ajudam a refletir sobre visualidade.

> Só quem viu sabe o que é ver, só quem viu, viu. Quem não viu, nao tem nenhuma condição de imaginar que dom fantástico que Deus nos deu, que o homem pode fazer coisas fantásticas com a visão. Eu escuto no noticiário o repórter informar que hoje estamos vivendo um céu de brigadeiro com visibilidade de 20 km. Que maravilha que é! E outro não pode ver nada. Pode-se colocar um holofote na sua frente, que não tem passagem de luz; é inexplicável! E também não se pode colocar para aquele que nunca viu o que seria um céu de brigadeiro, o que é determinada coisa, o que é o sol, o infinito, a lua, o espaço, o sorriso, o que distingue uma pessoa da outra, se todas têm uma boca, duas orelhas, um nariz, couro cabeludo, todos esses componentes, mas são tão grandes as diferenças desses componentes, sem falar na harmonia que esses conjuntos constituem. Como você vai falar para alguém que não consegue enxergar o que é um olhar de reprovação, um sorriso de aceitação, o que é, enfim, um sinal de accitação e aprovação? (Depoimento colhido por Barros 2002, p. 22)

Há maneiras de tornar a imagem acessível ao cego, que tem, como todos nós, o direito de ser público (e também produtor, por que não?) da cultura imagética. É preciso realizar uma conversão semiótica, de tal forma que o signo visual seja apreendido por via tátil-verbal. A palavra do outro descreve e significa, e a pessoa com cegueira então se apropria do sentido, trazendo suas experiências pessoais de vida para a situação.

Evgen Bavcar, fotógrafo cego, colocou à prova os pressupostos sobre o que um cego pode ou não fazer diante da visualidade. Ele conta que, quando vai ao museu, para na frente de um quadro e pede para alguém (pessoa amiga ou mesmo desconhecida) descrever detalhadamente o que está vendo. Depois solicita que a pessoa assuma a pose dos personagens do quadro e, com o tato, ele consegue perceber como as figuras estão colocadas espacialmente.

Figura 13 - Fotografia de Evgen Bavcar

EVGEN BAVCAR, FOTÓGRAFO CEGO

Evgen Bavcar nasceu em Lobravec, na ex-Iugoslávia, e perdeu a visão por acidente aos 11 anos. Profissão atual: fotógrafo e filósofo. Ele desafia o pressuposto de que é preciso ver para fotografar. Bavcar usa o tato e a palavra como instrumentos de trabalho. Coloca a câmera na altura da boca, usa o foco automático, mas também controla o foco manualmente quando quer, e tateia o objeto que pretende capturar. Assistentes o auxiliam na colocação da luz. Ele vê o resultado por intermédio da fala das pessoas que olham suas imagens.

Nelson Brissac fala do trabalho de Bavcar:

Não apenas nos momentos em que Bavcar usa a mão esquerda para apalpar as pessoas, estátuas e muros e, ao mesmo tempo, fotografa, ele introduz o elemento tátil ao se colocar em meio às coisas. Todas as fotos dele são a princípio táteis, porque ele entende o mundo como um universo que o cerca, e não como um universo que se descortina para ele a distância. A partir desse momento, as coisas estão ao alcance da mão, porque ele faz parte delas. É nesse sentido que trabalha com as mãos. E, mais ainda, é obviamente um fotógrafo e não um artista da luz; é um artista da sombra, com tudo aquilo de matérico que tem a sombra. É visível nas fotos dele como, evidentemente, luz e sombra são elementos formais ou, mais ainda, elementos materiais da mesma imagem. Bavcar trata a luz como inscrição, como adição e não como organização do espaço. Então, nesse segundo plano, nós estamos criando uma polifonia. Aquele que não pode ver está, na verdade, criando uma polifonia do olhar, está multiplicando as maneiras, as possibilidades de ver, substituindo, no caso e essencialmente, o olho pela mão. (Brissac *apud* Bavcar 2000, p. 42)

Bavcar, filósofo, fala de sua vivência como fotógrafo verbal:

Situando-me no ponto zero da fotografia, eu devo refletir novamente sobre uma significação apropriada da *câmara obscura*, da qual eu tenho a experiência material em absoluto. Se as minhas imagens existem para mim através da descrição dos outros, isto não impede em nada a possibilidade de vivê-las pela atividade mental. Elas existem mais para mim quanto mais elas possam se comunicar também com os outros.
Talvez Filistrato tenha visto a galeria de Nápoles; todavia, pelo seu texto, podemos imaginá-la. As pessoas que olham diretamente as minhas fotos me dão a possibilidade de me assegurar da realidade materializada dos meus atos mentais. Por essa razão, eu me considero um artista conceitual sempre obrigado a pré-imaginar a imagem sobre a película. O aparelho fotográfico não pode pensar por mim. (Bavcar 2000, p. 24)

No processo de adaptação curricular na escola inclusiva, muitas vezes, não é possível preparar material em quantidade equivalente ao que os outros alunos estão usando. Então, é essencial que se realize uma seleção criteriosa,[3]

---

3. Não se trata de censura de temáticas desconfortáveis, mas de uma seleção de imagens que se traduzam bem em outra modalidade sígnica, no caso, a tátil.

considerando a qualidade da imagem e a possibilidade de compreensão da representação da figura por outra modalidade de significação – o tato, mediado pela palavra. Aqui, como sempre, vale indagar ao próprio aluno se a adaptação atende às suas necessidades.

A imagem em movimento na sala de aula

Diversas publicações recentes abordando o uso da mídia e da tecnologia na escola estão auxiliando o professor a fazer melhor uso desses recursos. Não cabe aqui repetir as orientações dos especialistas, mas, sim, salientar alguns aspectos levantados na literatura, considerando as necessidades específicas de alunos que apreendem melhor conteúdos transmitidos por veículos não verbais.

Há várias situações no desenvolvimento de uma criança que impedem a exploração do mundo e as vivências de primeira mão, de contato direto, entre as quais citamos: limitação de mobilidade e autonomia, em virtude de deficiência visual, deficiência física, atraso no desenvolvimento neuropsicomotor ou deficiência mental; superproteção da criança que sofre de doença crônica ou que não demonstra ter noção de perigo; deficiência de ordem sensorial, que fecha ou limita uma via de acesso de significados. O filme pode trazer um mundo de vivências para perto da criança. Não substitui a experiência pessoal, o estar com o mundo nas mãos, certamente. No entanto, por ser um sistema sígnico híbrido, ao mesmo tempo sonoro, visual e verbal, e por trazer para a sala de aula o que aconteceu em outros tempos e em outros espaços (ou mesmo a fantasia e a não ficção), a imagem em movimento torna o conhecimento acessível a alunos que aprendem melhor por matrizes não verbais.

A HISTÓRIA DO FILME EDUCATIVO

A história do cinema está intimamente ligada ao filme educativo. O cinema nasceu em 1895, com a primeira exibição pública no Grand Café em Paris pelos irmãos Auguste e Louis Lumière. Os primeiros filmes produzidos eram de natureza documental: "vistas de cidades, e locais interessantes, pessoas famosas, o mar, os trens, dançarinos, ginastas" (Pfromm Neto 2001, p. 77). Em preto e branco, sem som, as filmagens duravam poucos minutos. Ainda no final do século XIX, foram produzidos filmes na área de saúde com o objetivo de ensinar procedimentos cirúrgicos. No Brasil, um dos primeiros trabalhos de registro antropológico foi um filme rodado por Roquete Pinto, em 1912, sobre os índios nambiquaras. As secretarias de educação de algumas capitais brasileiras reconheceram o potencial pedagógico do cinema para a escola e, a partir de 1925, foram propostos projetos de cinema nas escolas públicas. A ideia de colocar um projetor em cada escola começou no Rio de Janeiro, atingindo posteriormente São Paulo, Campinas e outros centros urbanos.

A função da produção para televisão, vídeo e cinema *na escola* não é meramente a de ilustrar visualmente o conteúdo curricular, de forma a interessar e motivar os alunos, que se cansam de aulas expositivas e de copiar da lousa. A intenção do trabalho com filme na sala de aula também não se restringe a estimular o aluno, nem a servir de reforço didático.[4] O vídeo não resolve problemas de comportamento e de atenção na sala de aula. E mais: não substitui o texto escrito.

A ideia de trazer a televisão para dentro da escola implica problematizar o conteúdo veiculado, tendo como objetivo o exercício crítico de formação do telespectador. Mediar o contato do aluno com conteúdos diversos é necessário quando o texto é apresentado tanto por via escrita quanto por via cinematográfica. O professor continua sendo tão necessário quanto sempre foi, assinalando aspectos relevantes, parando o filme para rever partes significativas, sublinhando aspectos de importância. A formação do espectador crítico na escola acontece pelos mesmos processos culturais de mediação que regem a introdução do leitor ao livro.

No caso de alunos surdos ou de alunos com deficiência visual, haverá necessidade de um tipo de mediação especial. Antes do início do filme, é recomendável situar o contexto em que a trama se desenvolve, relacionar os personagens que aparecerão ou resumir o assunto. No caso dos alunos surdos, há necessidade de interpretação em língua de sinais acompanhando as falas. Os alunos com deficiência visual, por sua vez, são capazes de acompanhar as falas, depois de identificar a quem pertencem as vozes. Nesse caso, é preciso verbalizar as mudanças de espaço e a presença de elementos de cena que pareçam relevantes. Os próprios alunos podem ser consultados sobre as suas necessidades diante de filmes.

A linguagem do filme

Da mesma maneira como ocorre no ensino da literatura, tanto a forma quanto o conteúdo são objetos de reflexão na escola. Queremos dizer com isso que, quando se estuda uma poesia ou uma obra literária em sala de aula, *o que* o autor está dizendo é tão importante como *a forma* (os sons das palavras, as figuras de linguagem, por exemplo) que ele utiliza para transmitir aquele conteúdo. No caso do filme, também. Não se pode isolar a mensagem apresentada da linguagem visual do cinema por meio da qual a mensagem é construída. É preciso prestar atenção em elementos que normalmente passam despercebidos, como: a maneira como a câmera captura o seu objeto, os cortes e a sequência criados durante a edição do filme, a trilha sonora, os efeitos especiais, o tipo de narrativa e diálogo, entre outros. Quando entendemos melhor a linguagem do filme, somos menos vulneráveis às mensagens subliminares, e também podemos compreender o que faz um grande filme. Isso é tornar-se um espectador crítico.

---

4. Esta síntese se baseia no texto de Marcos Napolitano (2002).

> ### JIMMY WRIGHT, CINEMATÓGRAFO CEGO
>
> Você consegue imaginar um cego exercendo atividade profissional no campo da filmagem? O inglês Jimmy Wright se interessou por fotografia quando era adolescente, mas sua carreira foi interrompida pela Segunda Guerra Mundial, em 1940. Tentou se alistar, mas não foi aceito como piloto, porque sua acuidade visual não atingia o nível exigido. Continuou, então, na área da fotografia, e posteriormente foi trabalhar com animação numa produtora de filmes, desenhando ataques aéreos em navios para treinamento da aeronáutica. Conseguiu se alistar em 1942 numa unidade de documentação aérea da guerra, mas, em 1944, o avião em que estava filmando caiu. Sofreu queimaduras sérias e perdeu a visão. No seu depoimento, Wright fala de suas realizações na filmagem de documentários, não mais como *cameraman*, mas em função editorial.
>
> A primeira coisa que me preocupou depois de sair do hospital, quando comecei a trabalhar no escritório, atrás da escrivaninha, atendendo ao telefone foi "o que é que eu vou poder tirar disso?" Quando eu era membro da equipe de filmagem, sempre ficava pensando com meus botões "bem, nós estamos atrás da câmera, filmando, o que será que as pessoas estão fazendo lá no escritório?" No entanto, quanto mais eu aprendia sobre o trabalho do escritório na produção do filme, mais interessado ficava. Embora não possa assistir ao resultado, no fim, escuto os comentários das outras pessoas que estão assistindo ao filme, e mesmo que eu tenha uma imagem mental totalmente diferente daquilo que elas estão vendo, não importa – a trilha sonora preencherá as lacunas para mim. Então, de fato, me realizo trabalhando no filme, convencendo as pessoas a deixar a gente filmar em determinadas locações, colocando juntas as pessoas certas para situações certas. [...] em algumas ocasiões, esses fatores chegam a ter maior influência sobre o resultado final do que a pessoa que está ali por trás da câmera. Quando chega a hora de editar, de gravar o comentário, fazer a mixagem de todas as trilhas sonoras, é nesse momento que sinto que posso realmente dar a minha contribuição, pois, enquanto alguém que enxerga fica se concentrando mais no visual, eu fico muito atento no som. Sou muito crítico. Se a equipe se esforçou muito para produzir um bom filme, então, não acho que dá para deixar que seja estragado no final por algo que daria para consertar. Se não gosto do som, eu aviso, e daí nós arrumamos. (Goodenough 1989, p. 128, tradução da autora)

O ritmo do filme é demarcado pelo movimento de câmera. É bem diferente assistir a uma cena em que a filmagem é primordialmente realizada com câmera fixa e assistir a essa mesma cena quando a câmera se desloca de forma irregular ou brusca, como num vídeo amador. Quando as cenas são filmadas por meio de deslocamento em *dolly* (mecanismo que se desloca sobre um trilho), a interferência do movimento humano é minimizada, criando fluência e suavidade. No alto de uma grua, ou montada num veículo como barco, automóvel, paraquedas, avião, helicóptero, a câmera pode seguir (ou perseguir) seu objeto em movimento, mostrando perspectivas que jamais temos possibilidade de visualizar no cotidiano terrestre. Isso acentua uma certa sensação que temos da magia do cinema. A tomada da câmera estabelece um ângulo superior, inferior ou na altura dos olhos, e com isso o diretor leva o espectador a se relacionar com a cena. Pelo ângulo da filmagem, o espectador se sente dentro da cena, participando junto com o personagem, ou fora, acima, assistindo objetivamente a tudo que se passa.

Quando as produções de imagens em movimento entram na escola, na maioria das vezes, são transmitidas na tela de uma televisão. No entanto, o filme obedece a linguagens diferentes, dependendo se a produção original foi um programa televisivo, uma produção em fita VHS (vídeo) ou um filme em película para cinema. Há diferenças nos gêneros que caracterizam cada tipo de produção. O noticiário, a novela, os programas de variedades e entretenimento são frequentes na televisão, ao passo que documentários, entrevistas e produções alternativas são produzidos em vídeo. No caso do cinema, existe uma forte tradição de dramas com enredo narrativo, filmes de ação e de ficção, explorando efeitos especiais e computação gráfica.

No caso da produção em VHS, para televisão ou vídeo, o jeito de filmar, a linguagem visual, difere da linguagem do filme em película para o cinema. Como a tela da tevê é pequena em comparação com a tela do cinema, a filmagem precisa ser mais próxima, em *close* ou plano médio. Amplas paisagens a distância fazem bom efeito no cinema, mas não na telinha, onde o plano muito aberto resulta na dissolução da imagem a tal ponto que não se consegue mais reconhecer as figuras. Veja como Arlindo Machado apresenta o desafio da imagem na telinha:

> Na própria prática corrente da televisão comercial, podemos encontrar exemplos inumeráveis de dissolução da figura em decorrência de um quadro demasiadamente aberto e incompatível com as dimensões significantes do vídeo; por exemplo, planos gerais de uma orquestra, em que a indefinição da imagem transforma homens e instrumentos num caos de linhas entrelaçadas; ou uma panorâmica sobre o carnaval de rua, em que os foliões em desfile são pulverizados numa tempestade de pontos multicores. Se a televisão mostra intenção de seguir a tradição figurativa – aliás, é para isso que ela foi inventada –, ela deve então se satisfazer com a sua única via de acesso à figura: a decomposição analítica dos motivos, o desmembramento da cena numa série de detalhes indicadores de sua totalidade. A imagem eletrônica, por sua própria natureza, utiliza uma linguagem metonímica, em que a parte, o detalhe, o fragmento são articulados para sugerir o todo, sem que esse todo, entretanto, possa jamais ser revelado de uma só vez. Isso torna o meio próprio para o primeiro plano (*close-up*): se no cinema o primeiro plano é o quadro estranho que mutila a continuidade da cena ilusionista, na televisão, trata-se do quadro natural, sem o qual nenhuma imagem figurativa se sustenta. (Machado 1997, p. 48)

Ao escolher um filme produzido originalmente para o cinema para passar como vídeo na televisão, o professor deve considerar se os seus alunos (30 a 40 alunos em sala) vão conseguir visualizar bem o conteúdo numa pequena tela. Grandes épicos, com cenas abertas e campos de batalha, não prendem a atenção na telinha, pelas razões já apontadas. No caso de alunos com dificuldade visual, o prejuízo se multiplica.

Além disso, outra diferença entre tevê e cinema leva à estruturação distinta dos filmes produzidos para um ou outro veículo. Assistimos ao cinema numa sala escura, em silêncio, com foco absoluto sobre a tela enorme à nossa frente. Quando assistimos à televisão, no entanto, não conseguimos isolar a tela do seu entorno e de todos os movimentos familiares que acontecem ao redor. Toca o telefone, a campainha, as pessoas passam de um cômodo a outro, as várias interferências impedem a concentração absoluta. Por isso, os programas de tevê precisam ser mais redundantes e fragmentados. Os sentidos se constituem em sequências mais curtas. Os intervalos comerciais também segmentam os programas. Arlindo Machado explica:

> Isso quer dizer que a programação de tevê, mesmo a de caráter narrativo, não pode ser linear, progressiva, com efeitos de continuidade rigidamente amarrados, como no cinema, se não o espectador perderá o fio da meada cada vez que a sua atenção se desviar da pequena tela. Pelo contrário, a televisão logra melhores resultados quando a sua programação é do tipo recorrente, circular, reiterando idéias e sensações a cada novo plano, ou então quando ela assume a dispersão, estruturando sua programação em painéis fragmentários e híbridos, como nas colagens pictóricas ou nas revistas de variedades. (Machado 1997, p. 52)

A televisão não exige do espectador o domínio da escrita. É um veículo popular, dirigido a toda e qualquer pessoa. Os conteúdos curriculares transitam na televisão, mesmo que de forma fragmentada, em programas de entretenimento, em noticiários e programas informativos, em programas educativos, em minisséries históricas, até mesmo em comerciais. Por sua própria natureza, a produção televisiva é multidisciplinar e horizontal: aborda inúmeros assuntos, mas de forma pouco aprofundada. Para trazer a programação da televisão para dentro da sala de aula, é preciso pensar sobre como articular o programa em questão com o conteúdo curricular.

Gêneros diversos

Há diversos gêneros na produção de cinema, televisão e vídeo. Seria limitado considerar apenas os documentários e os programas explicitamente educativos como produções apropriadas para uso escolar. Analisando as possibilidades de gêneros a seguir (p. 46), quais você considera que poderiam ser utilizados para enriquecer o trabalho em sala de aula, trazendo maior amplitude visual para os discursos escolares?

Cinema	Vídeo	Televisão
- Documentário - Filme biográfico - Romance ou drama - Filme baseado em obra literária - Comédia - Suspense e terror - Aventura e ação - Desenho animado/animação - Filme de guerra e luta - Ficção científica - Filme *cult* - Infantil	- Documentário - Entrevistas - Animação - Videoclipe musical - Espetáculo cultural - Filme instrucional - Produção *cult* - Videoarte - Vídeo educativo	- Programas informativos - Entrevistas - Telejornais - Programas educativos - Documentários - Novelas - Minisséries - Filmes seriados - Programas de auditório - Variedades e entretenimento - Videoclipe musical - Propaganda e publicidade

Marcos Napolitano propõe, por exemplo, que os alunos assistam a uma matéria de telejornal e comparem com a mesma matéria no jornal diário local, percebendo como o veículo interfere no conteúdo que é apresentado. Da mesma forma, sugere que o professor trabalhe paralelamente com a classe assistindo a uma minissérie baseada em obra de literatura brasileira e fazendo a leitura do original, levando os alunos a refletir sobre diferenças e semelhanças nas duas linguagens.

Uma opção por qualidade nas imagens da sala de aula

Você já parou para olhar criticamente para as imagens que a escola viabiliza para o trabalho pedagógico da sala de aula? Com tantas imagens disponíveis, em livros, em materiais de ampla circulação cotidiana, e mesmo no meio digital, criadas por profissionais qualificados, entre eles artistas plásticos, fotógrafos, ilustradores, *designers*, artistas publicitários, por que será que as mesmas figuras pobres, simplificadas, malfeitas, infantilizadas, continuam presentes no material didático oferecido ao aluno? Se o professor de língua portuguesa busca um repertório de qualidade nas seleções que apresenta para o aluno se apropriar da produção literária de seus conterrâneos, se o professor de ciências evita material didático pautado no senso comum e na banalidade, por que haveriam de circular na escola imagens de baixa qualidade, de cunho claramente mercadológico? Nos tempos atuais, em que a busca de imagens distantes no tempo e no espaço e as possibilidades de reprodução da (e portanto democratização de acesso à) imagem alcançam níveis como nunca vistos na história da educação, o que explicaria o limitado repertório pictórico oferecido à criança brasileira na escola?

Certamente, essa situação se deve, em parte, a uma tradição consagrada nos (quase extintos) cursos de magistério, em que se propunha a preparação de pastas de atividades contendo imagens prontas, referentes a datas comemorativas do calendário escolar, tantas vezes recopiadas e repassadas de um professor para outro que as distorções foram se integrando na própria figura. Ano após ano, imagens desse tipo foram constituindo uma estética escolar, cuja qualidade não se questiona. O material está pronto para ser entregue para o aluno. Basta mimeografar ou fotocopiar. Em silêncio, a classe de 40 alunos trabalha, colorindo os espaços. Concebe-se que essa atividade levará o aluno a se apropriar do conteúdo presente na imagem.

Circe Bittencourt, educadora do campo de ensino de história, mostra que a seleção de ilustrações para os livros didáticos não é neutra nem meramente descuidada. Pelo contrário, obedece a critérios relacionados à ideologia subjacente do autor e/ou da editora.

> Como a História Política ensinada optou, até os anos 60, por biografar os feitos dos chefes políticos, reis e presidentes republicanos, seus retratos constituíram-se em uma espécie de galeria de pessoas ilustres com características aristocráticas. Essa seqüência de personagens era exposta em uma cadeia cronológica que, longe de explicar o período inicial da República brasileira, acabava servindo para os alunos exercitarem a arte da caricatura, acrescentando bigodes, cavanhaques e outros adereços aos sisudos figurantes colocados no meio de textos que exaltavam suas realizações administrativas. Até recentemente, a Primeira República ou República Velha dos livros limitava-se a essa exposição de fatos e fotos. (Bittencourt 2001, pp. 79-80)

A autora não se limita a realizar a crítica. Propõe uma outra maneira de utilizar o material didático, qual seja, olhar as imagens como registro, não como ilustração ou material como valor motivacional, apenas.

> Ao se considerar o livro como um *documento*, ele passa a ser analisado dentro de pressupostos da investigação histórica e, portanto, *objeto* produzido em um determinado momento e *sujeito* de uma história da vida escolar ou da editora. Nesse sentido, cabe ao professor a tarefa de utilizar uma metodologia que possibilite leitura e interpretação que despertem o sentido histórico nas relações triviais da sala de aula. (Bittencourt 2001, p. 86)

Ainda outro fator responsável pela pobreza do material imagético apresentado na escola brasileira talvez seja a ideia de que qualquer material sirva para a criança da rede pública, desde que contemple o conteúdo que está sendo tratado. Circe Bittencourt, escrevendo sobre as imagens nos livros didáticos de história, aponta a sua preocupação com a qualidade dos materiais impressos:

> Os cuidados das editoras em relação à qualidade da impressão nem sempre são satisfatórios e se escudam na alegação dos preços. Dessa forma, existem ilustrações em tamanho minúsculo, ou ilegíveis pela má qualidade de impressão e de papel, ou ainda pela profusão delas em uma única página, que pouco auxiliam como material de apoio ao próprio texto escrito. (Bittencourt 2001, pp. 84-86)

Se partirmos da visão de que nosso alunado merece o que há de melhor, vamos exigir das editoras de material didático melhor qualidade: papel menos transparente, impressão com cores mais fidedignas, imagens em foco, repertório imagético mais rico e que evidencie a história da produção visual brasileira. E vamos buscar, em várias fontes, alternativas visuais da melhor qualidade possível.

Você se lembra da variedade riquíssima de desenhos, mapas, gravuras e pinturas que circularam em todo tipo de material impresso no ano 2000 sobre tudo que se referia a 1500, por conta dos 500 anos de Brasil? As imagens estão disponíveis – falta enxergá-las e trazê-las para dentro da escola.

Quando o professor decide ampliar a utilização de imagens na sala de aula, a questão que invariavelmente se apresenta é a necessidade de coletar um novo acervo de imagens. Trata-se de um exercício que exige tempo, mas que será de extrema valia, no qual os alunos podem colaborar. Nesse processo de coleta, não é apenas o conteúdo tratado que interessa, mas a autoria, o estilo e a época da produção, o tipo de imagem (fotografia, pintura, desenho, gravura, esquema, ilustração, gráfico, por exemplo) e, sem dúvida nenhuma, a qualidade estética do trabalho.

Ao renovar o acervo visual, a escola poderá começar a pensar nas possibilidades dos alunos com necessidades especiais, para que as imagens sejam acessíveis a crianças que apresentam baixa visão ou dificuldade de fixação do olhar em razão de distúrbios neuromotores. Para tanto, podem-se escolher imagens com grande contraste, com diferenciação clara entre figura e fundo, reproduções com foco nítido, por exemplo. Mas, além disso, é preciso colocar a figura numa base que permita o manuseio pela criança. A manipulação física, pegar a figura na mão, virá-la, apontar detalhes, traçar com o dedo sobre a figura: isso é que é "interação com o objeto", por meio da qual, segundo Piaget, a criança constrói o seu conhecimento do mundo.

3 Recursos em três dimensões:
Brinquedo e miniatura, maquete, sorobã, escultura

Importância da aprendizagem pelas ações sobre o objeto

Quando diante de um objeto que nos interessa, antes de pensar, estendemos a mão para tocá-lo. Por mais que tenhamos sido orientados ainda em criança – "tire a mão", "não pode tocar", "cuidado, isso quebra" –, parece que o impulso de conhecer com as mãos sempre será mais forte do que apreender pelo olhar. Sentimos necessidade de perceber pelo toque dos dedos a concretude das coisas, sua textura, sua plasticidade, sua temperatura, seu tamanho, volume e peso.

A ação física do aprendiz sobre o objeto é central na teoria construtivista de Piaget, que propõe que o conhecimento se constrói na interação do sujeito com o objeto. Como professores que somos e aprendizes que sempre seremos, sabemos do valor das vivências em que temos possibilidade de agir com a totalidade do nosso corpo. Os estudos do meio, as feiras de ciências, as montagens teatrais, as feiras culturais, os campeonatos e olimpíadas, e mesmo as tradicionais festas juninas, entre outros eventos, representam momentos importantes e memoráveis de aprendizagem no percurso escolar, não somente porque ocorrem fora da rotina da sala de aula, mas principalmente porque envolvem o contato corporal com objetos de conhecimento.

Do ponto de vista neuromotor, o ser humano é biologicamente programado para buscar contato com os variados estímulos sensoriais do

Figura 1 – Crianças realizando experiências em museu (Museu da Criança em Providence, Estados Unidos)

ambiente e reagir a eles. Esse processo se inicia ainda no útero. Depois do nascimento, no entanto, as pessoas do meio social do qual o bebê faz parte já estarão apontando sentidos e atribuindo valores diferenciados aos estímulos que bombardeiam o sistema neuromotor da criança.

O sistema neurossensorial do ser humano é de natureza tal que algumas sensações e reações ficam fora da nossa consciência e aprendizagem social; nesses casos, o corpo reage por simples reflexo. Por exemplo, quando tocamos num objeto muito quente, antes de identificarmos o que nos queimou, a mão é retirada instantaneamente do contato nocivo.

O recém-nascido também responde ao mundo primordialmente por ações reflexas.[1] Entre as primeiras ações do bebê no mundo constam a procura do contato oral guiado pelo cheiro e contato da pele, a reação ao som no ambiente, a busca visual pela fonte sonora e o exercício de coordenar o movimento das mãos para pegar o que vê e ouve, já nos primeiros meses de vida. O corpo todo responde ao mundo e age sobre o mundo. Os olhos abrem, a cabeça vira, a mão se dirige para pegar, a boca abre para sentir. Ao mesmo tempo, o Outro lhe indica o que é mais relevante nesse mar de estímulos sensoriais, atribuindo às percepções do bebê sentidos sociais constituídos ao longo da história daquele grupo. Trata-se de um processo integrado de desenvolvimento e aprendizagem – de aprendizagem e desenvolvimento – do ser corporalmente ativo, que já nasce dentro de um contexto social.

Se uma criança apresenta limitações que afetem a recepção das sensações ou a sua resposta motora a elas, vai ser preciso valorizar outras vias de acesso sensorial, bem como outras alternativas de ação sobre o mundo. Isso é importante tanto do ponto de vista cognitivo quanto do ponto de vista da saúde mental, já que a autoimagem positiva da criança se constitui não somente espelhada no afeto dos pais por ela, mas ao se perceber capaz de fazer coisas acontecerem, interagindo com as pessoas no meio ambiente.[2]

Na educação infantil inclusiva, principalmente, vai ser essencial garantir à criança pré-escolar com impedimentos na movimentação autônoma o contato em primeira mão com o mundo, inventando adaptações que lhe deem acesso aos objetos, trazendo esse universo para a sala de aula. Em muitas esferas do conhecimento, é possível promover um contato direto com o objeto de conhecimento. Fenômenos que usualmente acontecem do lado de fora da escola podem ser trazidos para dentro da sala de aula. Por exemplo, os alunos podem promover o nascimento de drosófilas (moscas-das-frutas) e observar seu ciclo de vida; podem testar os efeitos de luz natural e artificial sobre a produção de

---

1. Afirmação baseada nos escritos de Piaget (1968).
2. Segundo Winnicott (1977).

clorofila nas plantas; podem analisar diferenças entre rochas magmáticas, sedimentares e metamórficas. Em outros casos, no entanto, é preciso ir a campo. A presença física em locais públicos como o zoológico, o museu de arte, a biblioteca municipal, o prédio do corpo de bombeiros, o aeroporto, por exemplo, não pode ser satisfatoriamente substituída por uma simulação, uma imagem, uma maquete ou uma descrição verbal.

Experiências de vida

Antes de entrar na escola, as crianças com locomoção independente já tiveram amplas oportunidades de descobrir coisas interessantes sobre o mundo. Brincando no jardim, viraram pedras e perceberam que bichos de vários tipos vivem ali embaixo. Acompanharam barquinhos de papel ou de palitos pela água que corria na sarjeta, e viram como barragens criadas por barro, gravetos e lixo afetavam o percurso da água. Mesmo desconhecendo os tubos de ensaio, já fizeram seus primeiros experimentos de química, misturando talco com mertiolate e pasta de dente, por exemplo. Quem nunca tentou caçar sapos, mariposas, girinos e pintinhos, nem cuidou de filhotes de passarinho que caíram dos ninhos? Quem nunca cutucou um tatu-bolinha com um graveto, tentando fazê-lo se enrolar e desenrolar? Em sessões comparativas secretas, crianças encontram lugares escondidos para analisar as diferenças anatômicas entre meninas e meninos. Uma boa parte das "experiências científicas" da infância ocorre sem supervisão de adultos, quando irmãos, vizinhos e a criançada da rua se juntam para brincar. Vivências desse tipo formam uma base de senso comum para a sistematização das informações que o professor vai promover posteriormente na sala de aula.

Alunos sem locomoção autônoma, alunos com baixa visão ou cegueira ou alunos que tiveram uma vivência bastante protegida, no entanto, passam ao largo desse currículo oculto. Alunos surdos presenciam e possivelmente imitam muito do que seus pares fazem, mas, sem palavras (na fala ou em sinais) para significar as experiências, muito do que vivem pode passar despercebido. Se os familiares e os educadores que trabalham com esses alunos tiverem consciência da importância do contato direto com o mundo natural, promoverão oportunidades de exploração semelhantes às de outras crianças. Caso contrário, talvez seja necessário suprir lacunas nos conhecimentos informais desses alunos antes de formalizar o saber em nível mais teórico.

O brinquedo como recurso pedagógico na escola inclusiva

O brinquedo, que já integra o cotidiano de qualquer criança, é um dos recursos mais eficazes para promover a ação da criança sobre o objeto. O aluno com necessidades especiais que se vê excluído de muitas experiências vividas por seus pares pode, por meio do brincar, fazer jus ao seu direito de ser criança.

Há chances de os acontecimentos que ele presencia de longe ou dos quais ele apenas ouve falar chegarem até ele quando o brinquedo está na sua mão e quando ele está entre outras crianças, brincando. O brinquedo que valoriza as ações do aluno promove a acessibilidade e é um mediador de grande eficácia, por trazer o mundo para perto da criança, enquanto também coloca a criança dentro do mundo.

Pensando no brinquedo como recurso a ser explorado no trabalho pedagógico, destacamos em especial dois tipos:

- os brinquedos, objetos e estruturas que promovem os movimentos do corpo no espaço, estimulando as ações da criança e
- os brinquedos e objetos que integram o jogo simbólico, ou seja, o *faz de conta*.

Embora essas duas categorias sejam abstrações didáticas que se sobrepõem,[3] podem nos auxiliar a pensar analiticamente sobre os sentidos pedagógicos de diversos brinquedos na escola inclusiva.

Brinquedos de movimento e ação no espaço

Noções fundamentais do campo da física como peso, velocidade, inércia, resistência, gravidade, equilíbrio, densidade, entre tantas outras, são compreensíveis quando formalmente ensinadas, desde que já tenham sido vividas pelas ações do próprio corpo em movimento no espaço. São muito mais restritas as vivências corporais de alunos sem autonomia de locomoção, alunos com determinadas doenças crônicas ou com deficiência visual; daí a importância dos brinquedos de parque infantil, como balanços, escorregador e gira-gira. Esses, entre outros, são valiosos exemplos de brinquedos que levam a criança a explorar novos movimentos e ações do próprio corpo no espaço. Também são interessantes os veículos grandes de plástico ou madeira, como triciclos, carriolas, caminhões com

Figura 2 - Meninos se equilibrando sobre latas

---

3. Quando a criança monta num cavalinho de pau, por exemplo, ela está atribuindo um novo sentido simbólico a um cabo de vassoura enquanto galopa pelo pátio.

caçambas, esqueites ou patinetes, adaptados para levarem crianças com necessidades de natureza neuromotora. Tanques com água, areia ou bolas de plástico estimulam sensações prazerosas do corpo e levam a criança a ampliar seu repertório de movimentos, aprendendo sobre a resposta do meio aos gestos do seu corpo. Sem dúvida, é necessário o acompanhamento de perto do aluno com necessidades especiais por um adulto responsável na hora do parque na escola inclusiva, para que a criança que não tenha a mesma agilidade, coordenação, força muscular ou percepção espacial que as outras não seja vítima de acidentes.

Outro recurso valioso no desenvolvimento das ações e nos movimentos da criança com necessidades especiais é a armação de espaços cênicos para o brincar. Para tanto, conta-se com a arte do improviso, com o aproveitamento do mobiliário já existente. Alunos criam cercados com cadeiras, almofadas ou caixotes para demarcar embarcações ou naves interplanetárias; inventam casinhas dentro de caixas de papelão de geladeira ou fogão; montam cavernas e esconderijos embaixo de mesas cobertas de tecidos. Basta puxar um varal, esticar um lençol ou amarrar um cordão de um lado a outro da sala para delimitar os espaços do jogo. Os espaços cênicos conduzem ao jogo simbólico e ao imaginário, integrando significação e movimento do corpo na coletividade.

Os jogos simbólicos

Muitos autores, entre eles Piaget, Wallon e Vygotsky, destacam o valor do jogo simbólico no desenvolvimento infantil. Esse tipo de brincadeira é denominado simbólico porque a criança atribui sentidos novos a objetos do cotidiano, baseando-se na imitação das ações presenciadas no dia a dia. É conhecido como "faz de conta", e demarca o fato de que as crianças diferenciam realidade de fantasia para experimentar outras possibilidades, ao menos no imaginário. No jogo, os papéis podem se inverter: quem se acha medroso pode ser um leão feroz ou um super-herói; quem se acha atrapalhado pode ser um dançarino, e assim por diante. No jogo simbólico, atribuem-se novos significados aos objetos e também às pessoas. Os rótulos, autoimpostos ou atribuídos pelos outros, podem se dissipar.

Entre os brinquedos característicos do jogo simbólico temos bonecos e bonecas (inclusive os soldadinhos, ou os super-heróis, que são a saída permitida para os meninos

Figura 3 - Meninos surdos brincando com carrinhos

que também gostam do jogo do imaginário), carrinhos e veículos variados, a casinha e os móveis, conjuntos de panelinhas, acessórios para brincar de médico, de escolinha etc. Objetos em miniatura ou em tamanho natural, como frutas e legumes, bichos de pelúcia, animais pré-históricos, bichos da fazendinha ou do zoológico, flores naturais ou artificiais podem complementar as brincadeiras de faz de conta. Improvisando, a criança atribui novos significados a objetos cuja função original era outra.

Dependendo do argumento do jogo, da posição em que é colocada, de como é movimentada, por exemplo, uma caixa de fósforos vazia pode ser usada como uma gaveta, um berço, um carrinho, um soldadinho, entre tantas outras possibilidades. A criança conquista níveis mais sofisticados de pensamento abstrato à medida que consegue conceber objetos como portadores de significados, descolando o instrumento original das outras possibilidades de sentido.

Para demarcar os papéis sociais do jogo, é muito interessante a utilização de roupas, sapatos e acessórios variados: figurinos genéricos de teatro, fantasias, vestidos de noiva, tutus de bailarina, roupas de palhaço, máscaras, fantasias de super-heróis, roupas de pais e mães, bijuterias, maquiagem e pintura de palhaço, bolsas, coroas e chapéus, óculos e sapatos de todo tipo. Esses veículos sígnicos auxiliam os participantes a diferenciar o papel atribuído a cada um, delimitando mais claramente os espaços da fantasia e da realidade.

Talvez você esteja pensando que esse tipo de recurso pedagógico tem muito pouco de "especial". De fato, o brinquedo é acessível a todos, é plenamente democrático. Parece-nos que os melhores recursos pedagógicos são justamente aqueles que não se destacam pela diferença, que já fazem parte do repertório de estratégias do professor. Brincar, como dissemos acima, é fundamental para o desenvolvimento de alunos com necessidades especiais. Crianças com cegueira ou visão subnormal não percebem muitas das ações do cotidiano em razão do *deficit* visual e, por isso, não transferem as ações da vida diária para o jogo. No entanto, interagindo em contexto lúdico com um grupo de crianças que verbalizem enquanto movimentam os brinquedos, o aluno com deficiência visual conseguirá se inteirar das dinâmicas, levado espontaneamente por seus pares.

O aluno com limitações de movimento consegue observar as ações das pessoas no seu entorno, mas seu brincar pode se restringir bastante pelo atraso neuropsicomotor, pela incoordenação na manipulação dos objetos ou pela falta de um sistema de comunicação e linguagem. Estar no espaço lúdico com outras crianças é um primeiro passo no movimento de brincar inclusivo. Uma próxima etapa será viabilizar a ação física e simbólica do aluno com o brinquedo. Como ele vai movimentar um carrinho, ninar uma boneca ou medir a temperatura do colega, se há prejuízos severos de coordenação manual? Trata-se de um desafio crucial. Os colegas podem ajudar a descobrir uma forma de incluí-lo no jogo. O que não é aceitável é deixar a criança especial passivamente assistindo enquanto os outros brincam.

Quando a escola se utiliza do brinquedo como recurso mediador do conhecimento, não estamos pensando apenas na manipulação livre de objetos lúdicos. Entender o brinquedo como recurso pedagógico implica a seleção de determinados brinquedos com objetivos em mente. Requer planejamento e, em determinadas circunstâncias, a mediação das ações da criança diante do brinquedo, com um momento em roda para explicitar aquilo que foi aprendido no jogo. Não temos nada contra o jogo pelo jogo, mas, quando utilizamos o brinquedo numa dimensão pedagógica na escola inclusiva, há metas educacionais a atingir, entre elas, garantir que os alunos com necessidades especiais tenham oportunidades de vivenciar situações do cotidiano como as outras crianças costumam fazer.

Ações no espaço: Recursos tridimensionais para o ensino de geografia e ciências

A ideia de espaço é construída ao longo da vida, por meio das nossas múltiplas vivências corporais, segundo Antônio Carlos Carpintero (1991), arquiteto. Para esse autor, o espaço não é uma questão visual, ele advém dos movimentos do corpo que demarcam o espaço a partir do instante em que encontram um limite. Com base na física, ele lembra que o movimento cessa quando encontra outro objeto vindo em sentido contrário com força equivalente. Nessa perspectiva, o espaço se refere ao movimento, cabendo aos nossos sentidos indicar os limites e a distância das coisas.

Considerando o corpo como o referencial para todo o conhecimento, Carpintero explica como o homem vem, ao longo da história, inventando maneiras de trazer para um referencial acessível aquilo que está fora das dimensões que lhe permitem operar sobre as coisas. O homem inventou as escalas que nos permitem pensar por relações de tamanho, sendo que o corpo humano constitui a base para a quantificação e a medida.[4] Antes do sistema métrico, as medidas eram realizadas em polegadas, palmos, braças, pés, passos, cúbitos ou côvados (a distância do cotovelo até a ponta do dedo médio). A jarda, medida utilizada por alfaiates ingleses, foi padronizada no século XII como a medida entre a ponta do nariz e a ponta do polegar do rei Henrique I, com o braço esticado. A milha, por sua vez, teve origem nos tempos romanos: mil passos duplos (*milia passuum*, em latim) equivaliam a uma milha terrestre. O próprio sistema decimal se constituiu na *base dez*, por conta do número de dedos das nossas mãos.

---

4. Sintetizado com base em Machado (1992).

Figura 4 – Fotografia de penhasco na costa oeste da Ilha Inishmore, Irlanda

Figura 5 – Modelo gráfico de astros

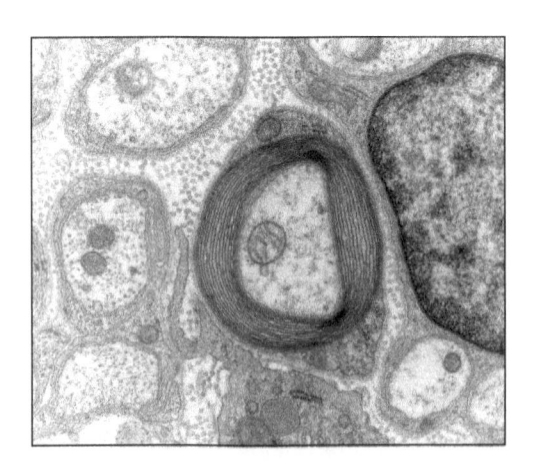

Figura 6 – Ampliação de célula microscópica

Veja na Figura 4, ao lado, a altura do penhasco: tendo como base as figuras humanas no alto do rochedo, conseguimos calcular a distância e sentir o risco da queda.

Por meio de representações como desenhos, figuras ou esquemas, diminuímos aquilo que é tão grande e tão distante que fica fora de nosso alcance (por exemplo, os astros do nosso sistema solar, na Figura 5). Objetos diminutos, por outro lado, são ampliados milhares de vezes, alcançando tamanhos que nos permitem visualizá-los numa dimensão compatível com o nosso corpo (por exemplo, as células de seres vivos, como vemos na Figura 6, a estrutura do DNA, os átomos com seus prótons, nêutrons e elétrons). Mesmo antes da invenção dos microscópios eletrônicos para ampliar o que era ínfimo e de telescópios altamente potentes para aproximar aquilo que se encontrava a anos-luz de distância, os cientistas já desenhavam figuras e gráficos para compreender o universo com base nas dimensões do próprio corpo.

Você percebe como todos necessitamos de recursos de representação que nos permitam operar abstratamente sobre aquilo que se encontra além da nossa vivência cotidiana no tempo ou no espaço? Para alunos com necessidades educativas especiais, não é diferente.

A maquete

A maquete é um dos recursos privilegiados para aproximar o aluno com cegueira das variadas topografias do nosso planeta, das múltiplas configurações das aglomerações urbanas do país e da diversidade de estruturas arquitetônicas. Torna palpável, literalmente, a variedade dos ecossistemas e dos espaços demográficos. Embora a maquete não dê conta de transmitir as dimensões de medidas infinitas para alunos com cegueira, ao menos permite um contato necessário para a construção de conhecimentos em sala de aula. Para o aluno cadeirante que permanece muito tempo em posição sentada, também é essencial a visualização do mundo de novas perspectivas, já que seu ponto de vista usual é muito baixo comparativamente com o das outras pessoas que deambulam eretas.

A produção de maquetes na escola inclusiva deve considerar as possibilidades de manipulação dos usuários com necessidades especiais. Peças muito pequenas e delicadas não são facilmente identificadas por pessoas com cegueira. A variação de texturas auxilia o aluno com deficiência visual a ler os vários planos. No caso de alunos com visão reduzida, os contrastes de cor são importantes. Também é interessante pesquisar materiais que resistam ao toque exploratório daqueles que precisam tatear para conhecer ou cuja movimentação involuntária inviabilize a sobrevivência de peças delicadas.*

Na educação infantil, quando as crianças brincam com carrinhos ou trens em pistas ou trilhos, isso nada mais é do que uma vivência espacial em maquetes informais e improvisadas. O jogo simbólico que ocorre em caminhos, morros e vales modelados no tanque de areia é muito rico. Quando as crianças criam cidades com caixas de papelão para movimentar bonecos dentro dos espaços, quando montam cercados para separar bichos de plástico criando um zoológico ou uma fazenda, estão dando início a processos de representação espacial que lhes permitirão posteriormente realizar leitura de mapas e plantas baixas.

A leitura de maquetes e plantas baixas não é necessariamente transparente. É provável que seja necessário mediar verbalmente a exploração do espaço tridimensional, indicando alguns pontos de referência, principalmente quando os esquemas são mais abstratos. Qual significado teria uma maquete do plano piloto de Brasília sem a mediação de alguém que conheça um pouco da história do projeto?

Nessa maquete profissional, a escala é muito precisa. Além de conter informações em braile, é possível apertar teclas para obter informações gravadas para cada ponto de interesse (Figura 7).

Na escola, não temos possibilidade de criar maquetes com esse nível de requinte tecnológico, mas, ainda assim, é possível produzir maquetes didáticas representando espaços de interesse para a escola inclusiva. Conforme o objetivo da criação da maquete, trabalham-se as relações de tamanho e noções de proporção. O nível de escolaridade dos alunos determinará, provavelmente, os cuidados com

---

* Aconselha-se a cola quente (utilizada com uma pistola elétrica) para a confecção de maquetes mais resistentes, quando os alunos apresentam movimentos involuntários importantes. Para o suporte de base, materiais como papelão ou madeira resistem melhor do que o isopor, além de serem ecologicamente mais adequados para o uso educativo.

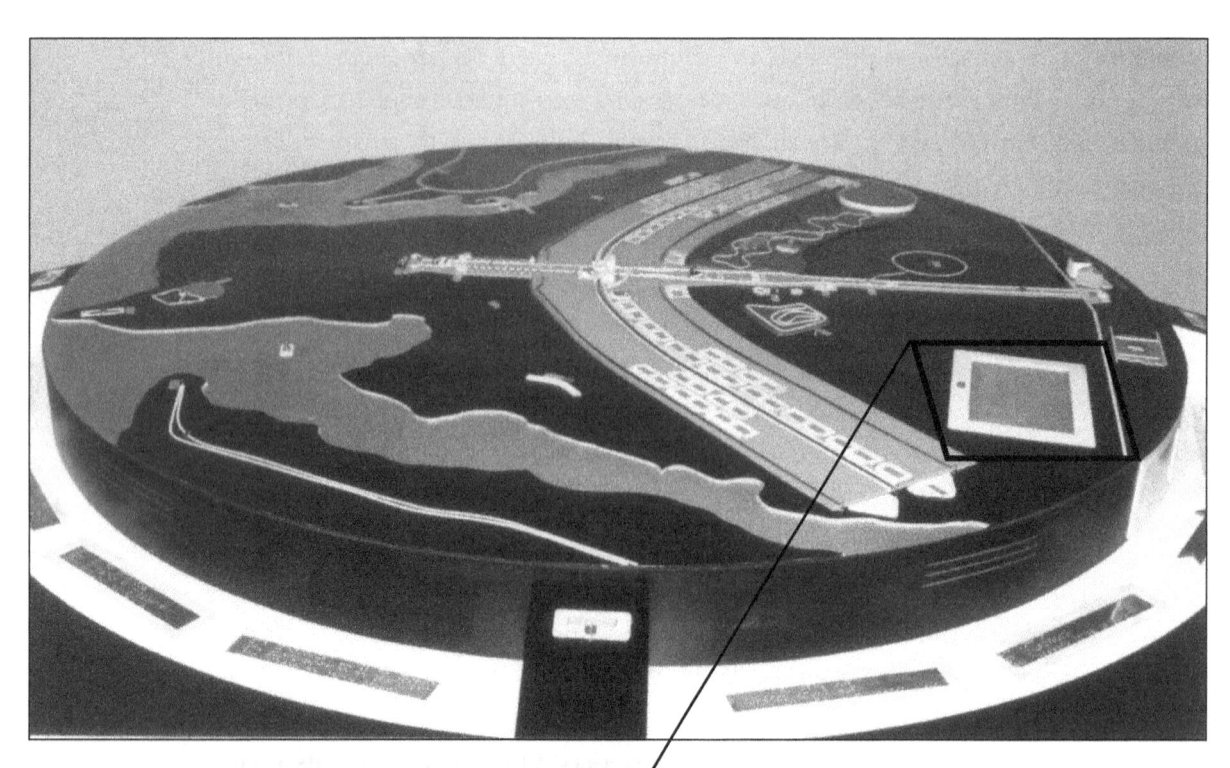

Figura 7 - Maquete do plano piloto de Brasília acessível para pessoas deficientes visuais

relação à precisão nas medidas da escala, com a representação de natureza mais naturalista ou esquemática e abstrata. O envolvimento dos alunos na construção da maquete enriquece muito a vivência pedagógica.

Além de oferecer a maquete pronta para os alunos com necessidades especiais tatearem, também é interessante investigar e conhecer o ponto de vista desses alunos. Oferecendo peças soltas de madeira, EVA ou papelão, cujo formato represente segmentos de uma área construída, eles poderão distribuí-los sobre uma prancha para mostrar como concebem os espaços de circulação de determinado prédio, como a escola, por exemplo.[5]

Lembre-se, não são somente os alunos com deficiência visual, os alunos cadeirantes ou com deficiência mental que conseguem compreender melhor

---

5. Sugestão encontrada em texto de Ochaita e Rosa (1995).

construções e prédios, bem como topografias do meio ambiente representadas em maquetes. Todos os alunos da sala poderão organizar melhor os conhecimentos apresentados por meio de estratégias novas como maquetes, simulações, esquemas e modelos tridimensionais.

O desafio de buscar estratégias para conhecer aquilo que está fora do alcance daquele que depende das ações corporais para compreender é muito parecido com os desafios já enfrentados por pesquisadores no transcurso da história da ciência, inventando modelos para demonstrar suas hipóteses. Muitos sistemas de representação já foram criados por cientistas. Modelos de sistemas planetários ou de circulação de sangue, por exemplo; maquetes e desenhos arquitetônicos tridimensionais; relevos, mapas topológicos, globos – há uma infinidade de sistemas didáticos de representação. Adaptá-los de acordo com as necessidades do aluno exige criatividade, mas é sempre possível contar com colaboradores da equipe profissional da escola, bem como com pessoas da comunidade. Também existem centros especializados que preparam e comercializam material adaptado para alunos com deficiência visual (veja *sites* no final do livro).

Recursos sígnicos tridimensionais na matemática

O homem utiliza recursos sígnicos há milênios, porque eles servem como instrumentos para quantificar objetos, registrar valores e planejar ações econômicas. Arqueólogos, estudando artefatos pré-históricos, propõem a teoria que se segue.

Há 40 mil anos, nas cavernas de Lascaux, onde homens primitivos deixaram de herança elegantes pinturas de bisões e cenas de caça, encontraram-se também pequenos artefatos com marcas.[6] Durante muito tempo, imaginava-se que eram peças decorativas, até que um arqueólogo se deu conta de que esses objetos constituíam um tipo de calendário.

A pintura da cena da grande caçada nas paredes da caverna, além de servir como registro histórico e apoio narrativo na hora de contar e recontar os feitos heróicos, também tinha a função social e mediadora de materializar o desejo de repetição de outras caçadas, deduziram os estudiosos. No caso do registro da passagem da lua e do sol, estamos diante de um processo sígnico que permite antecipar e prever: predizer a época das chuvas, do frio, da época de plantar e de colher. Além de calendários, o homem primitivo inventou outros sistemas para auxiliá-lo a marcar a passagem das estações, como as grandes construções circulares de pedras e menires (Stonehenge, por exemplo). Saber sobre a trajetória do sol e da lua equivalia a poder. Foi esse poder de conhecimento

---

6. Para essa síntese, apoiamo-nos em Michael Cole (1992).

que permitiu ao homem passar da coleta dos frutos que o bosque fornecia à colheita sazonal garantida pelo plantio sistemático. A produção de alimentos em maior quantidade levou a aglomerações de maior número de pessoas, que, por sua vez, geraram a necessária reorganização das estruturas socioeconômicas. Em vez da manutenção das culturas familiares de subsistência, as funções de trabalho se especializaram e as famílias passaram a realizar permutas de bens.

A moeda surgiu como um sistema sígnico para representar valores de coisas que estavam sendo negociadas. Quando esses valores chegaram a quantidades e complexidades com as quais a mente intuitiva não conseguia operar, o homem inventou a matemática. Da mesma forma, quando a oralidade não deu mais conta do volume de informações que um povo necessitava conhecer, quando o comércio intersociedades exigiu a comunicação a distância, o homem inventou formas de escrever, ou seja, de representar os sons da sua fala na sua ausência (Gelb 1963), pois, se as quantidades das coisas poderiam ser representadas por marcas, então, também era possível grafar os sons da fala. Evidentemente, essa invenção, da qual temos registros que datam de 5 mil anos, foi produto social, não de um único criador, mas de muitas pessoas que aprimoraram os sistemas de escrita linguística e numérica no transcorrer de séculos.

Nessa síntese, constata-se a estreita relação da matemática com a economia social. No entanto, o campo da matemática, hoje, abrange um leque muito mais amplo de competências, incluindo a aritmética, a álgebra, a trigonometria, a geometria, a matemática computacional, a matemática aplicada a campos como a física, a matemática pura, a estatística, com seus gráficos e tabelas, a previsão e a arbitrariedade. Em matemática, não se opera apenas com números, mas também com relações, com classes, conjuntos e agrupamentos, com sequências, com presenças e ausências, com lógica, com limites e com infinidades, com possibilidades e impossibilidades, com trajetos no espaço em duas ou três dimensões. Para dar conta da enorme variedade de conceitos desse campo de conhecimento, os sistemas de representação se complexificaram, atingindo graus de abstração que desafiam também a nós educadores da escola fundamental e média.

Como tornar acessível o conhecimento matemático ao aluno com necessidades educativas especiais é uma questão que preocupa o professor à medida que o aluno avança nas séries escolares. É muito difícil guardar informações numéricas na memória, assim como é complicado realizar cálculos mentais sem marcar as operações no papel. De fato, sem recursos especiais, alunos com cegueira e alunos com incoordenação manual severa terão bastante dificuldade de acompanhar a matéria nos primeiros anos do ensino fundamental, bem como a partir do 5º ano, quando as exigências começam a aumentar cada vez mais.

Existem algumas soluções já consagradas e amplamente utilizadas nas salas de recursos ou em classes especiais, como o cubaritmo e o sorobã, que conheceremos a seguir. Outros recursos utilizados na escola comum há várias décadas para auxiliar os alunos na aprendizagem da matemática são os blocos lógicos, o material dourado, as peças Cuisinaire, o tangrama, instrumentos que poderíamos denominar de obrigatórios para a educação inclusiva.

Outros materiais são criados com base nas necessidades do aluno, em parceria com a família. Às vezes, professores muito criativos e sensíveis às possibilidades de seus alunos inventam e adaptam jogos para tornar o conteúdo acadêmico acessível ao aluno com necessidades especiais. Veja os depoimentos de duas jovens cegas que puderam contar com a família, amplamente envolvida na busca de autonomia de estudos em matemática.

> Meu pai sempre fez para mim as figuras geométricas, mandou cortar na madeira. Desde criança, ele sempre me mostrou como era o desenho, colou com palito, fez com barbante, mandou cortar na madeira todas as figuras geométricas, sempre me explicou. Em casa tive muita ajuda, muita ajuda mesmo. Por exemplo, "uma reta que no meio tem o zero, do lado direito, estão os números positivos e do esquerdo os negativos", esse conteúdo o meu pai me explicou (Eliana). (Caiado 2003, p. 79)
>
> Meus pais fizeram um tabuleiro quadriculado de papelão com os eixos x e y numerados; na interseção, eu colocava alfinete, passava a linha e ia montando a função, assim eu fiz os três anos de colegial com gráfico (Emanuelle). (Caiado 2003, p. 66)

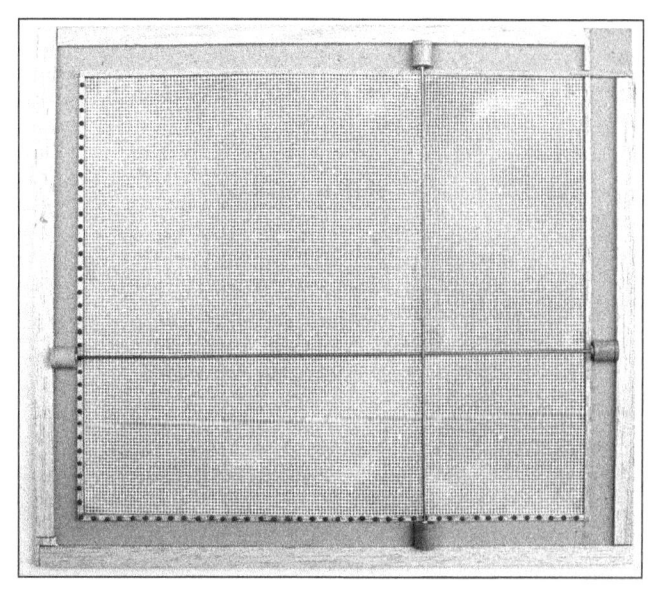

Figura 8 - Gráfico em X/Y

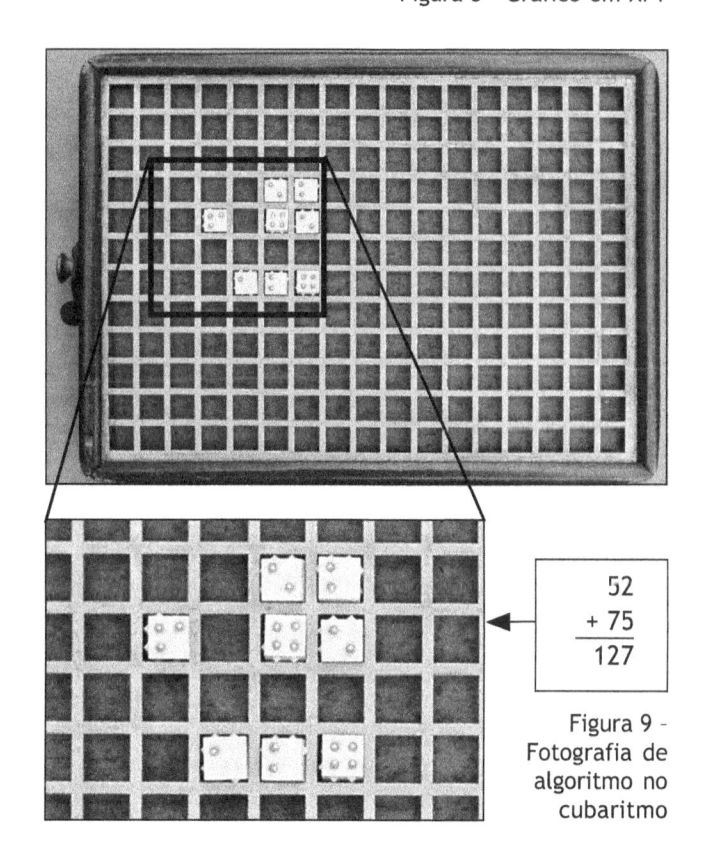

O cubaritmo

Esse recurso é composto de uma grade onde se encaixam cubos, com pontos em relevo do sistema braile de escrita numérica em cada um dos seis lados (os quatro pontos superiores),

Figura 9 - Fotografia de algoritmo no cubaritmo

correspondendo aos numerais de 0 a 9, além de uma face lisa e uma face com um traço. A função do traço é ser utilizado como traço ou separação na operação. Talvez você se pergunte, como seis faces do cubo corresponderão a dez numerais? Virando o cubo, os pontos ocupam nova posição, assim:

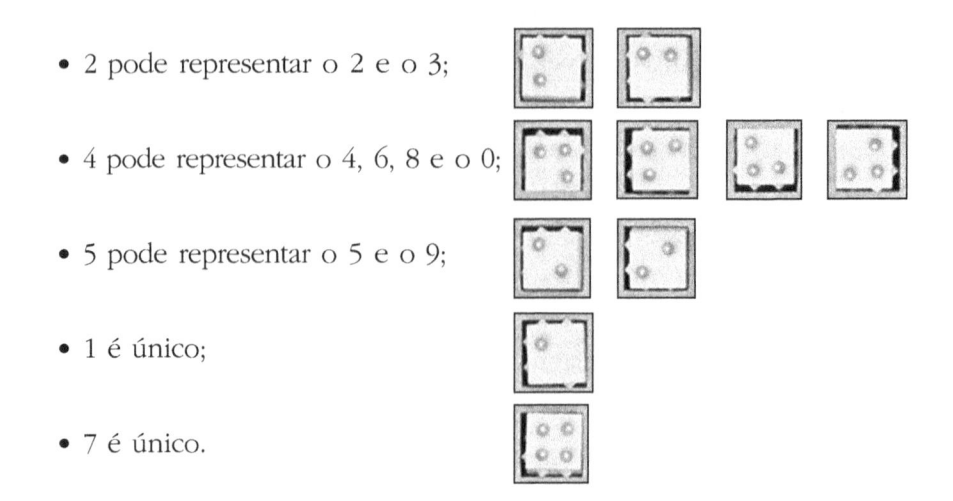

- 2 pode representar o 2 e o 3;
- 4 pode representar o 4, 6, 8 e o 0;
- 5 pode representar o 5 e o 9;
- 1 é único;
- 7 é único.

Organizando esses cubos na grade, o aluno pode estruturar operações em forma de operação ou sentença matemática, como o aluno vidente faz no caderno (veja no capítulo 7, p. 160, os sinais para as operações). Esse recurso é mais utilizado para operações, pois as sentenças são escritas no papel.

Esse material representa uma opção interessante para a autonomia do aluno com cegueira nas suas atividades escolares, quando as instruções são espaciais. Há o inconveniente, no entanto, de as peças saírem facilmente do lugar quando se esbarra na grade ou simplesmente durante o ato da leitura. Daí a importância de obter um recurso produzido com material de boa qualidade.

Sorobã

O sorobã, conhecido também como ábaco, é um instrumento de origem oriental, utilizado para contar e realizar diversas operações matemáticas.[7] No Brasil, o recurso foi adaptado para utilização com pessoas com deficiência visual por Joaquim Lima de Morais, em 1949. Trata-se de uma moldura separada por uma régua em duas partes horizontais, a inferior e a superior. A régua é dividida em seis partes iguais, com pontos salientes de três em três hastes, representando as unidades, dezenas e centenas de cada classe. Há 21 hastes verticais, em que se movimentam

---

7. As explicações sobre o sorobã foram resumidas com base na publicação de 1992 da Secretaria de Estado da Educação de São Paulo: *Sorobã adaptado para cegos: Descrição e técnicas de utilização*.

Régua longitudinal

Relevos marcando as casas decimais e dividindo a régua em 7 espaços iguais

Eixos sobre os quais se movimentam as contas

Contas - parte superior com 1 em cada eixo; parte inferior, com 4.

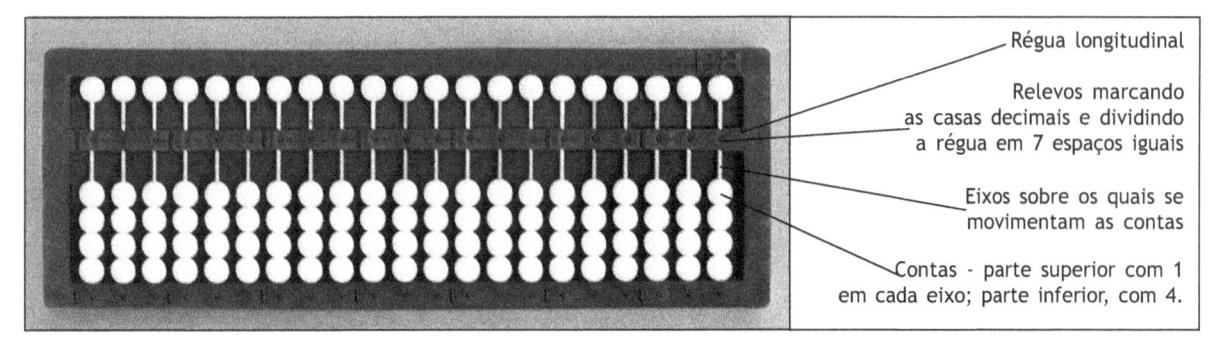

Figura 10 – Fotografia de sorobã

as contas, sendo que, na parte inferior, cada haste tem quatro contas e, na superior, uma. O sorobã possui uma borracha (EVA) na base da moldura que impede as contas de deslizarem sem terem sido propositadamente movidas pelo operador.

Para registrar quantidades e realizar operações, o operador coloca o sorobã em posição horizontal, com a parte inferior, que contém as quatro contas, voltada para si. Na posição de alinhamento, limpa, zerada, todas as contas devem estar afastadas da régua central: todas as contas superiores ficam encostadas na moldura superior, e todas as contas inferiores ficam abaixadas contra a moldura inferior. Trabalha-se com o dedo indicador e o polegar das mãos, usando o indicador para abaixar e levantar as contas superiores e o polegar para levantar e abaixar as contas da parte inferior.

Figura 11 – Fotografias de operador utilizando sorobã

Os registros de numerais são realizados da direita para a esquerda, a partir da unidade de milhar, dezena de milhar, centena de milhar, e assim por diante. Cada conta da parte inferior vale uma unidade, dezena ou centena, e cada conta da parte superior vale cinco unidades, dezenas ou centenas.

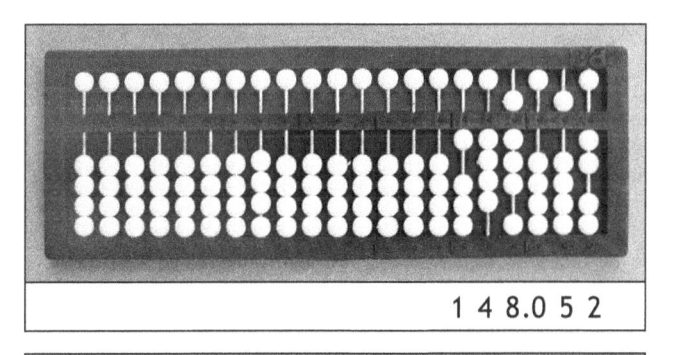

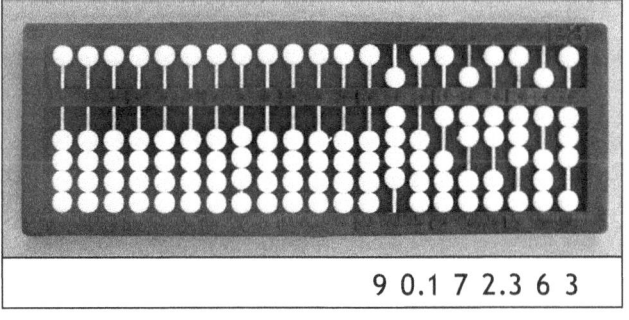

1 4 8.0 5 2

9 0.1 7 2.3 6 3

Figura 12 - Exemplos de registros de numerais

Para registrar o número, realiza-se a soma das contas que foram deslizadas até a régua, somando as inferiores com a superior. O limite no sorobã é o quinquilhão.

Estamos diante de um exemplo de informação em que uma imagem vale cem palavras, portanto, apresentamos, acima, dois exemplos de numerais para que você possa acompanhar o texto.

Esse instrumento permite a realização das quatro operações, ou seja, adição, subtração, multiplicação e divisão. Ele é utilizado para registrar os numerais, enquanto o cálculo é realizado mentalmente. Se você quiser conhecer a fundo as possibilidades desse instrumento para a realização de contas, há diversas obras que poderão auxiliá-lo, citadas na bibliografia complementar no final do livro.

Embora o sorobã tenha sido adaptado para pessoas com cegueira e baixa visão, esse recurso certamente servirá também para alunos com incoordenação manual que apresentem dificuldade de manipular contas, feijões e palitinhos, entre outros materiais pequenos improvisados pelo professor para os alunos que precisam quantificar concretamente.

Arte em relevo e três dimensões: A experiência do toque

No discurso do senso comum, é muito frequente ouvirmos as pessoas revelarem sentimentos de pesar diante da cegueira, considerando que aqueles que não enxergam foram privados de um dos grandes prazeres culturais que temos em sociedade: as obras de arte. Como conhecer o belo sem a visão?

De fato, a deficiência visual traz repercussões para várias esferas da vida, inclusive para a apreciação da arte. No entanto, a experiência estética não se dá apenas pelo visual. O belo não se limita às obras de arte, tampouco a arte se restringe ao belo. Muitas obras da arte tradicional retratam horrores de guerra, figuras diabólicas, feras terríveis ou destroços arquitetônicos. Na arte contemporânea, por sua vez, muitos artistas se põem a questionar o próprio conceito de belo (e de arte). Desfrutar da arte pode se dar de outras formas, por exemplo, pela linguagem. Isso principalmente se tratando da arte contemporânea, que é altamente conceitual e verbal.

No campo das artes visuais, um dos tipos de representação visual acessível ao cego é a imagem tridimensional – em relevo (alto-relevo ou baixo-relevo) ou escultura (modelada, entalhada ou construída). Trata-se sempre de representação: a figura tridimensional está no lugar da coisa real (ou de uma ideia), e assim nem todas as suas características são traduzidas na forma final. Uma escultura de bronze em tamanho natural de um indígena agachado pode ter as dimensões do referente original, mas não a sua coloração, temperatura e plasticidade. Além do mais, a estátua permanece na posição escolhida, estática; o indígena verdadeiro é dinâmico e vivo. A escultura, além de ser signo, é objeto cultural e de alguma maneira ocupa o lugar de "ser monumento", ser obra de arte, de relembrar o passado, homenageando quem talvez tivesse preferido ficar anônimo, mantendo sua vida e seus costumes.

Ao manusear a imagem tridimensional, a pessoa com cegueira pode conhecer aquilo que não lhe é acessível na vida real, por ser perigoso (um jacaré entalhado em madeira), por ser grande demais (uma réplica do Cristo Redentor), por ser distante, geograficamente (uma maquete de pirâmide maia), por ser fantasia (um unicórnio). Tais representações do real (ou do irreal) podem transmitir alguns aspectos relativos à forma, proporção, posição, mas a verbalização é necessária para completar uma imagem mental significativa, tanto no caso do apreciador com necessidades especiais como no de qualquer outra pessoa.

Tão importante quanto conhecer com as mãos, pessoalmente, aquilo que é inacessível, talvez seja a possibilidade de o cego partilhar de uma dimensão da vida cultural que é significativa para as outras pessoas da nossa sociedade: a fruição da obra de arte. Finalizamos este capítulo com o depoimento de Helen Keller (veja Capítulo 7), revelador do quanto lhe era gratificante poder ir ao museu de arte e conhecer obras de grandes artistas em primeira mão (no sentido literal).

Figura 13 - Estátua *Índio pescador*, do escultor Francisco Leopoldo e Silva, localizada na praça Oswaldo Cruz (SP)

> **DEPOIMENTO DE HELEN KELLER SOBRE TOQUE DA OBRA DE ARTE**
>
> Museus e lojas de arte também são fontes de prazer e inspiração. Sem dúvida, pode ser que muitas pessoas estranhem que, sem o auxílio da visão, a mão possa sentir a ação, o sentimento, a beleza no mármore frio; no entanto, é verdade que tocar grandes obras de arte me dá prazer genuíno. Ao traçar linhas e curvas com a ponta dos dedos, descubro o pensamento e a emoção que o artista retratou. Eu consigo sentir nos rostos de deuses e heróis o ódio, a coragem e o amor, assim como consigo detectá-los nos rostos vivos que me permitem tocar. Sinto na postura de Diana a graça e liberdade da floresta e do espírito que doma o leão da montanha e subjuga a paixão mais feroz. Minha alma se delicia no repouso e curvas graciosas da Vênus; e os segredos da selva me são revelados pelos bronzes de Barré. (Keller 1961, p. 112, tradução da autora)

(Veja sinopse do filme *Janela d'alma* para uma reflexão instigante sobre o olhar.)

4 Sistemas de comunicação suplementar e alternativa

Linguagem e comunicação são conceitos complexos, frequentemente considerados sinônimos pelo senso comum. No entanto, as distinções ficam mais claras quando estamos diante de alunos que ouvem, compreendem o que lhes é dito, mas não apresentam oralidade, em virtude de lesões cerebrais que afetam a neuromotricidade dos órgãos da fala. São alunos que adquirem linguagem, porque estão imersos num ambiente de linguagem oral. No entanto, não conseguem se comunicar oralmente, porque seus órgãos da fala não obedecem aos comandos do cérebro. A fala é um aspecto tão fundamental na nossa sociedade que quem não fala é visto como alguém que também não pensa. Por isso, alunos como esses são vistos como deficientes mentais e pouco se espera deles na escola.

Você sabia que a palavra *infância* significava originalmente *não falante*? Marisa Lajolo explica que

> esta noção de *infância* como qualidade ou estado do *infante*, isto é, *d'aquele que não fala*, constrói-se a partir dos prefixos e radicais lingüísticos que compõem a palavra: *in* = prefixo que indica negação; *fante* = particípio presente do verbo latino *fari*, que significa *falar, dizer*. (Lajolo 1997, p. 225)

A autora continua seus argumentos, mostrando que, como seres não falantes, as crianças estão sempre na posição em que são faladas pelo Outro, "até que esperneiam, acham a voz e, na força do grito, mudam a posição no discurso que, ao falar deles e delas [não somente as crianças, mas também mulheres, negros, índios e outros segmentos da humanidade], acaba constituindo-os e constituindo-as".

Um aluno que não fala, então, permanece na posição de *infante*, é tratado como se fosse criança, mesmo depois que cresceu, "adolesceu", tornou-se adulto. Educadores com experiência profissional nas instituições de educação especial brasileiras conhecem de perto as mazelas da infantilização de adultos com deficiência mental; sabem o quanto é difícil constituir uma outra prática, fundada em princípios de autonomia e respeito, quando se trabalha com adultos dependentes, que durante toda sua vida institucional foram ensinados a obedecer, a aceder, a cumprir tarefas mecânicas organizadas para eles.

Trabalhar com sistemas de comunicação alternativa na educação especial implica mudar de paradigma, pois, quando se dá voz, também se dá opção, permite-se a expressão do desejo, constitui-se a autonomia. A passividade se transforma em movimento; quem era quieto, passa a *espernear*, no sentido referido por Marisa Lajolo. Tanto em casa quanto na escola, o aluno passa a solicitar, a exigir, e isso incomoda, dá trabalho.

Quando uma criança sem fala, e com necessidades especiais marcantes, chega na escola inclusiva, seja precocemente, no nível de educação infantil, seja mais tardiamente, no ensino fundamental, já ocorreu alguma constituição de modos de comunicação na dinâmica da família. Os familiares mais próximos já descobriram, ou inventaram, maneiras de ler (ou adivinhar) os desejos e as necessidades da criança, com maior ou menor acerto. Muitas vezes a criança consegue mostrar sim e não, por meio de expressão facial ou por movimentos de alguma parte do corpo. O choro, o sorriso, o enrijecimento do corpo são formas de responder que as mães aprendem a interpretar. No entanto, sistemas sutis de comunicação como esses, que servem para as interações do cotidiano em casa, não poderão dar conta da diversidade de situações discursivas do ambiente escolar. Será necessário introduzir um sistema menos idiossincrático (que só mãe e filho partilham), mais convencional, que possa ser utilizado por uma variedade de interlocutores.

Não se trata de atropelar as dinâmicas interacionais criadas com muito custo pela família, que já estabeleceu maneiras próprias de interagir e resolver as necessidades do dia a dia, mesmo porque a família é o principal aliado da escola na interação com o aluno não falante. Trata-se, pelo contrário, de envolver a família no processo de decisão sobre o sistema mais conveniente para aquele momento, considerando também curto e médio prazos, bem como o léxico (as palavras) essencial que deverá compor a prancha de comunicação.

É frequente a queixa de profissionais especializados de que a família não colabora, rejeita a prancha de comunicação, prefere manter suas formas antigas, já cristalizadas, pois, com o novo sistema, o filho incomoda mais, reivindica, solicita atenção, dá mais trabalho, no geral. A introdução de um sistema alternativo de comunicação realmente provoca mudanças na dinâmica interacional da família, mas é preciso trabalhar conjuntamente. A família não é o inimigo.

A necessidade de sistemas de comunicação suplementar e alternativa

Em depoimento publicado em Moreira e Chun (1997, p. 43), uma mãe de criança com paralisia cerebral com grande comprometimento da motricidade evidencia algo da ineficácia da comunicação pelo olhar ou pela gestualidade corporal.

Era incrível ver como ele compreendia o que estava acontecendo, mesmo sem poder falar, ele tentava se comunicar, seu "olhar brilhava", sua expressão facial mudava, o corpo tentava falar. No entanto, nós, muitas vezes, não entendíamos "o que ele queria dizer", pois ele não tinha como se explicar, somente apontar. Isso acabava em irritação, por parte dele, e frustração do nosso lado.

Ao mesmo tempo, essa fala ilustra que a criança é um ser desejante, que entra no mundo da linguagem, onde já se encontra o Outro. No início, a criança é interpretada pelo Outro, num processo dialógico, no qual a mãe (geralmente) realiza uma leitura daquilo que a criança traz. No entanto, a criança nasce numa sociedade onde já existe um sistema linguístico em funcionamento, ao qual todos se submetem, tanto adultos quanto crianças.[1]

Quando a fala não evolui da forma esperada nem no tempo previsto

O fato de a fala ter tido chance ou não de se desenvolver naturalmente faz uma grande diferença nos processos de interação social, bem como, posteriormente, durante a aprendizagem escolar do aluno.

Procure imaginar a vantagem que se tem nos processos de interação e comunicação quando um indivíduo que já domina a escrita da língua perde a capacidade de falar, por qualquer razão, em comparação com aquele que nunca chegou a adquirir a língua falada tampouco a escrita. Apesar de algumas dificuldades técnicas iniciais sobre como fazer, será relativamente simples substituir a fala pela escrita, devolvendo voz à pessoa, em outra modalidade.

No caso da criança pequena, no entanto, quando a fala não se desenvolve naturalmente e da forma esperada na primeira infância, as interações familiares não fluem, não se sabe o quanto a criança está compreendendo. A expectativa do outro sobre os processos cognitivos da criança pode se rebaixar, a conquista da autonomia é afetada, entre tantos possíveis prejuízos. Nesses casos, além de encontrar um instrumento para devolver à criança que não vocaliza a possibilidade de ser ativa na intercomunicação, muitas vezes também é preciso que profissionais especializados intervenham para restabelecer processos de interação de pais e criança, imobilizados diante de uma situação tão inusitada: a de interagir com um pequeno ser que não responde verbalmente da maneira como esperariam. No bailado coordenado do sujeitamento à linguagem, em que o adulto guia o filho pelos meandros do sistema linguístico, os movimentos de troca ficam truncados, as respostas não fluem e, com o tempo, o adulto passa a determinar pela criança, escolher por ela, pensar por ela, cada vez mais.

---

1. Essa maneira de conceber a questão é discutida mais detalhadamente por Vasconcellos (1999) em sua dissertação de mestrado.

Para iniciar esta apresentação sobre os sistemas de comunicação suplementar e alternativa,[2] traduzimos a definição de Rolf Schlosser e Nora Rothschild, profissionais da instituição canadense pioneira nos anos 70 na criação, utilização e divulgação de sistemas pictográficos de CSA.

> CSA se refere a abordagens que pretendem complementar (comunicação suplementar) ou substituir (comunicação alternativa) a fala natural e/ou a linguagem escrita de alguém. Alguns indivíduos que não conseguem emitir sons utilizam CSA para substituir a fala natural. No entanto, há indivíduos que apresentam um pouco de fala funcional e que utilizam CSA para ampliar suas tentativas de falar. (Traduzido de Schlosser e Rothschild 2002, p. 7 CE)

Os sistemas de comunicação alternativa são constituídos de conjuntos de signos e têm sido agrupados em duas grandes classes: 1) os sistemas em que o próprio corpo atua para significar e 2) os sistemas que dependem de auxílio de instrumentos.

Os sistemas em que o interlocutor usa o próprio corpo para comunicar intenções e sentidos incluem a comunicação expressiva e indicativa por gestos faciais, manuais e corporais presentes nas interações, e que normalmente acompanham a fala quando não há comprometimento da oralidade. Também incluem-se os gestos particulares, idiossincráticos, que são convencionalizados entre alguns poucos interlocutores para as necessidades cotidianas. Há ainda sistemas de sinais manuais ou corporais compostos de palavras-chave, que seguem basicamente a estrutura da língua oral (como o português sinalizado, por exemplo), e, finalmente, a língua de sinais, constituída como língua autônoma, por possuir estrutura gramatical plena.

Entre os sistemas que foram elaborados com base em objetos físicos ou formas de comunicação visual, inclui-se o uso de signos tangíveis para significar, como objetos reais ou miniaturas e brinquedos. No plano bidimensional, tem-se

---

2. Desde que os sistemas de comunicação alternativa foram formalmente introduzidos no Brasil, em 1977, tem-se buscado um termo satisfatório que dê conta do sentido pretendido por *augmentative and alternative communication*. Criticou-se o neologismo *aumentativo* em "sistemas de comunicação aumentativa e alternativa", que foi substituído por *suplementar*, gerando a sigla CSA (comunicação suplementar e alternativa). Recentemente, nova terminologia foi proposta, que se aproxima mais da sigla em inglês, qual seja, CAA (comunicação ampliada e alternativa). Optamos por utilizar a expressão anterior e sua respectiva sigla, CSA, no entanto, informamos ao leitor brasileiro que todas essas nomenclaturas circulam na literatura científica e na internet.

o uso de fotos, desenhos, ilustrações ou esquemas diversos para comunicação. Sistemas convencionalizados, de natureza figurativa ou pictográfica (com representação figurativa da imagem visual), como o PCS e o PEC, são conjuntos mais completos, registrados, com direito autoral, que foram sistematizados com base na utilização com usuários em muitos tipos de contexto. Um próximo nível inclui os sistemas logográficos, como o sistema Bliss de comunicação e o sistema Rebus. Trata-se de formas gráficas cujos signos demonstram alto grau de convenção e abstração. Finalmente, temos a comunicação que se utiliza da escrita ortográfica, com estrutura linguística completa, sem limites de léxico. Na tabela abaixo,[3] percebe-se uma classificação que progride em direção à maior convencionalização, estrutura e abstração. A possibilidade de dominar o último nível de comunicação alternativa permite a estruturação de todo e qualquer sentido. No caso da escrita, as conquistas tecnológicas dos últimos 20 anos permitem digitalizar o som, de tal forma que a escrita é transformada em voz.

SISTEMAS DE COMUNICAÇÃO SUPLEMENTAR E ALTERNATIVA	
Sistemas de sinais corporais	**Sistemas de sinais físicos**
Expressões e gestos faciais, manuais e corporais de uso comum	Sinais tangíveis (objetos, miniaturas)
Gestos idiossincráticos	Imagens (fotos, desenhos, esquemas)
Sinais de palavras-chave	Sistemas pictográficos (PCS, PEC)
Língua de sinais	Sistemas logográficos (Bliss, Rebus)
	Escrita ortográfica

Decidindo entre sinais corporais e sinais pictográficos

A decisão sobre qual tipo de sistema alternativo de comunicação deve ser escolhido, se gestual ou pictográfico, se figurativo ou alfabético, requer bastante reflexão, envolvendo preferencialmente a família, a escola e profissionais de saúde (fonoaudiólogo e terapeuta ocupacional, por exemplo). Embora não seja complicado aprender a utilizar signos visuais como instrumentos de comunicação, a introdução de um sistema gráfico exige um investimento de tempo e a preparação de materiais para os vários contextos interacionais. Para funcionar com eficácia, precisa ocorrer o envolvolvimento de muitas pessoas além do próprio usuário e seus familiares. Daí a necessidade de pesar as vantagens e desvantagens e pensar sobre a funcionalidade de cada sistema com antecedência. Segundo Almirall e Soro-Camats, os sistemas de sinais manuais costumam ser mais utilizados com pessoas sem prejuízos de motricidade, que se movimentam com autonomia, embora apresentem problemas de aquisição ou uso funcional

---

3. Progressão elaborada por Almirall, Soro-Camats e Bultó (2003, p. 8).

da fala oral (pessoas surdas ou com afasia, por exemplo). O próprio corpo é o seu instrumento de interação. Os sistemas pictográficos, por sua vez, têm sido utilizados primordialmente com pessoas com comprometimento motor associado à fala ausente ou não inteligível.

Além de considerar as habilidades do usuário do sistema, também é preciso pensar nos interlocutores e nos contextos em que a comunicação vai se dar. Este capítulo pretende auxiliá-lo a conhecer as várias opções e possibilidades dos sistemas de comunicação alternativa, com base em trabalhos realizados no Brasil e no exterior.

Quem são os usuários de CSA

Os sistemas de comunicação alternativa são recursos necessários para pessoas, tanto crianças quanto adultos, que apresentem impedimentos ou prejuízos na produção de sons e palavras reconhecíveis na língua. Tradicionalmente, esses sistemas vêm sendo utilizados com pessoas ouvintes, com nível de compreensão suficiente para usar signos ou sinais como instrumentos de expressão de desejo, de vontade. No decorrer dos últimos 35 anos, no entanto, estendeu-se a clientela inicial, para promover o uso de CSA com outras pessoas que necessitavam de um instrumento alternativo para se expressar e mesmo para constituir linguagem. Didaticamente, podemos pensar em três grupos que podem se beneficiar do uso dos sistemas de comunicação suplementar e alternativa:[4]

1. pessoas que necessitam *a longo prazo* de um meio alternativo de expressão, mas que preservam a capacidade de compreensão da linguagem oral;
2. pessoas que necessitam *temporariamente* de um auxílio de comunicação, pois há expectativa de aquisição ou retomada da fala no futuro. Nesse grupo, encontram-se pessoas que vocalizam, mas cuja fala é pouco compreensível; pessoas que passaram por processos cirúrgicos dos órgãos fonoarticulatórios ou que estão se reabilitando após lesão cerebral que afetou a fala. Crianças com deficiência mental ou transtornos do desenvolvimento da linguagem também podem ser incluídas nesse grupo, considerando a comunicação alternativa como um instrumento intermediário até que se dê a aquisição da linguagem oral;
3. pessoas que necessitam de comunicação alternativa para aquisição de linguagem. Encontram-se aqui pessoas com autismo, com deficiência mental grave, com deficiência múltipla, pessoas com quadro sensorial como surdez, surdo-cegueira.

---

4. Classificação proposta por Basil (2003a).

O que levaria ao não desenvolvimento da fala na infância? Na maioria dos casos, a causa tem origem orgânica por lesão[5] do sistema nervoso central (no córtex cerebral) ou por dano periférico (atingindo a enervação responsável pelos órgãos da fala). No jovem ou adulto que já havia desenvolvido fala e linguagem, a perda da fala pode se dar por traumatismo encefálico causado por acidente vascular cerebral (AVC), chamado de derrame, ou acidentes que provoquem falta de oxigenação cerebral, como afogamento, parada cardíaca, ferimento por tiro, asfixia, doenças ou agentes tóxicos que afetem o sistema nervoso central, entre outros.

Quando o dano é periférico, pode ficar prejudicada a enervação dos órgãos fonoarticulatórios envolvidos na emissão da voz e no controle da articulação. Às vezes, pode ocorrer malformação na região oral (fenda palatina) ou cirurgia de laringe ou boca em razão de tumor que impede a fala ou compromete o reconhecimento de sons da língua pelo interlocutor. Nesses casos, os sistemas de comunicação alternativa também são indicados.

O sistema Bliss de comunicação

Quando o sistema Bliss (o pioneiro entre os sistemas alternativos pictográficos) começou a ser utilizado nos anos 70, houve um grande investimento na adequação desse recurso para pessoas com paralisia cerebral e outros quadros de deficiência neuromotora, geralmente com capacidade cognitiva preservada, que não haviam adquirido linguagem oral durante a infância.

A partir da prática clínica (em sessões terapêuticas em consultório ou escolas especiais), percebeu-se que outras pessoas poderiam se beneficiar dos sistemas de comunicação alternativa; algumas experiências bem-sucedidas foram realizadas com pessoas com motricidade íntegra, mas sem fala funcional, incluindo crianças com síndrome de Down, alunos com autismo, adultos afásicos e mesmo alunos surdos. Veja a seguir as reflexões de Luciana Wolff, uma fonoaudióloga brasileira que realizou pesquisa recente sobre o uso de CSA no campo do autismo:

---

5. A lesão do sistema nervoso central pode ser provocada por variados problemas ainda durante o período de gestação (infecções, anomalias genéticas, malformação, por exemplo); por ocorrências relacionadas ao momento do parto (traumatismos, falta de oxigenação, prematuridade); ou por intercorrências posteriores ao nascimento (infecções, traumatismos, isquemias cerebrais, reações alérgicas, falta de oxigenação).

O que é difícil para o autista é o contato com o outro, e a linguagem oral aproxima esse contato. Mas ele pode se utilizar de um outro meio para se comunicar, podendo mostrar o que quer ou contar algo e assim ser interpretado. Percebemos neste estudo o fato de que o uso da CSA aproxima esses sujeitos com TID [transtornos invasivos de desenvolvimento] de seus interlocutores. [...] Com esta pesquisa, podemos observar e esperar o melhor momento para abrir espaço para algo vindo da criança, que pode, se desejar, comunicar-se de uma outra maneira (que não a oral), através dos símbolos. Existe o desejo de expressar, de mostrar, pois eles se utilizam de gestos: apontam ou levam o braço do outro até o objeto desejado. Há momentos em que eles demonstram o que querem, mas de um modo sutil, onde o outro não compreende, então, eles se irritam muito e podem se tornar agressivos. (Wolff 2001, p. 60)

O QUE SÃO DISTÚRBIOS NEUROMOTORES

A paralisia cerebral é definida como um quadro de sequela de dano cerebral não progressivo que ocorre ainda no período de maturação do cérebro, até cerca de 2 anos, afetando a região cerebral responsável pela motricidade e pelas sensações sensoriais. Quando há lesão cerebral afetando áreas motoras do cérebro depois dos 2 anos, tais quadros poderão ser chamados de distúrbios neuromotores, mas não de paralisia cerebral. A fala geralmente não é comprometida na deficiência física de natureza ortopédica (aquela que afeta musculatura e esqueleto), como nas malformações congênitas, amputações ou sequela de poliomielite. Usualmente, não provocam alterações neuromotoras da fala as deficiências físicas provocadas por lesão medular (como *spina bifida* ou traumatismos graves na coluna vertebral) ou do sistema nervoso periférico, responsável pelos movimentos dos membros (como é o caso da lesão por esforços repetidos – LER) em que não há acometimento de função cerebral.

O uso da imagem e a codificação em sistemas

Historicamente, destacamos o sistema Bliss de comunicação (Blissymbolics)[6] como o primeiro sistema gráfico aproveitado e readaptado como instrumento de comunicação no campo da educação especial e da reabilitação.

O sistema Bliss é bastante lógico e se apoia em elementos gráficos que são recombinados para criar uma gama de novos sentidos. Como na escrita de línguas chinesas, os elementos simples são combinados em signos compostos, com a sobreposição ou justaposição de dois ou mais elementos mínimos.

Por exemplo, compare na Figura 1 os signos para professor, aluno e escola. Todos

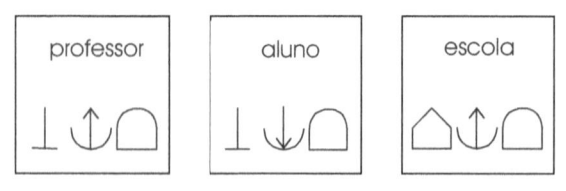

Figura 1 - Signos Bliss para professor, aluno e escola

---

6. O sistema Bliss não está regularmente disponível no Brasil. Para ter acesso aos signos em português, pode-se recorrer a *sites* da internet, como www.symbolnet/bliss.re.htm.

são signos compostos que relacionam conceitos. O professor é "a pessoa que dá conhecimento"; o aluno é "a pessoa que recebe conhecimento" e a escola é "o espaço onde se dá o conhecimento".

> ### HISTÓRIA DO SISTEMA BLISS
>
> O criador do sistema Bliss de comunicação, Charles Bliss (1897-1985), era austríaco, chamado originalmente de Karl Blitz. Criou um sistema gráfico que denominou *semantografia* (*semanto* = sentido, significado; *grafia* = escrita), com o objetivo de contribuir para a paz mundial com um novo projeto de linguagem universal. Em vez de representar aspectos fonéticos da língua (os sons emitidos), os signos gráficos representam conceitos, como se entendem popularmente os sistemas escritos das línguas chinesas e egípcia. Desejava oferecer ao mundo uma versão gráfica (visual e escrita) fácil de desenhar, que funcionasse como o Esperanto, acessível a pessoas de várias culturas do mundo todo. Imaginava que as pessoas pudessem se comunicar por meio de pictogramas mesmo sem partilhar o mesmo idioma, pois os sentidos seriam compreendidos pelas figuras e pela lógica gráfica da criação. O sistema foi publicado em 1965, na Austrália, com o título de *Semantography* (Bliss 1965). No início dos anos 70, profissionais do Hugh MacMillan Hospital, em Toronto, tomaram contato com o livro de Bliss ao pesquisar uma maneira de oferecer um sistema gráfico de comunicação a pessoas com paralisa cerebral e outros distúrbios neuromotores que prejudicavam severamente a possibilidade de fala. Bliss foi contatado e cooperou com o Blissymbolics Communication Institute em Toronto, para adequar seu sistema ao campo da reabilitação.

Alguns elementos são indexicais (parecidos com o referente, como vimos em Lúcia Santaella), outros esquematizam desenhos do nosso repertório cultural, portanto, são reconhecidos, embora não sejam figurativos. Outros são arbitrários, definidos por convenção.

Figura 2 – Signos figurativos (cavalo, óculos) e signos não figurativos (vida, Deus)

Utilizam-se classificadores, ou marcas, que indicam funções gramaticais. Por exemplo, o sistema inclui indicador de ação, no caso dos verbos, com o marcador (∧) sobre o signo; denota que o signo se refere a qualidades para os adjetivos e alguns advérbios com o marcador (∨). Pode aproveitar outro signo e apontar localização específica com marcadores como (∨ ⟩ ⟨ ∧). Denota o plural com a marca (×) e ainda indica que o signo se refere a um objeto ou coisa com o marcador (▫). Existe ainda um marcador (◯) dos signos criados pelo usuário e seu interlocutor, quando se percebe a necessidade

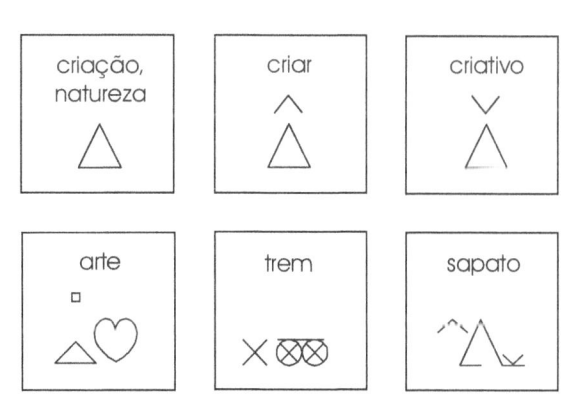

Figura 3 – Signo para criação/natureza (substantivo); criar (verbo); criativo (adjetivo); arte (com marcador de objeto); trem (com marcador de múltiplo); sapato (com marcador de localização)

Escola inclusiva

de um sentido que não foi contemplado no dicionário do sistema Bliss. Dessa forma, utilizando os mesmos signos básicos, multiplicam-se as possibilidades de uso, sem criar outros desenhos.

Em Toronto, os profissionais começaram trabalhando com pranchas, organizando os símbolos Bliss para a prática de comunicação cotidiana com os alunos. Uma das estratégias foi trabalhar na lógica da ordem das frases, respeitando as funções gramaticais usuais da língua, representadas com cores de fundo, o que foi denominado Chave Fitzgerald. Optou-se por colocar os signos numa prancha seguindo a ordem de uma frase típica da língua inglesa, cada função em uma cor.

No caso do português, uma frase típica segue a ordem seguinte: pessoa; verbo; substantivo; adjetivo ou advérbio. Na prancha de comunicação organizada seguindo a Chave Fitzgerald, os signos são agrupados por cor respeitando a ordem abaixo.

Pessoas	Verbos	Substantivos	Qualificadores (adjetivos e advérbios)	Elementos sociais	Letras e números
↓	↓	↓	↓	↓	↓
amarelo	verde	laranja	azul	rosa	branco

A utilização da prancha de comunicação

Você deve estar se perguntando sobre como a prancha é utilizada. O usuário iniciante tem poucos signos na prancha. Para começar, por exemplo "sim" e "não", signos referentes a ele próprio, ou à(s) pessoa(s) que cuida(m) dele (mãe, pai, avó, babá). Considerando que a prancha é sua forma de manifestar seu desejo, logo entram signos daquilo que ele pede muito ou gosta de fazer (passear de carro, tevê, ou o seu cachorro).

O usuário do sistema aponta o signo para o seu interlocutor, que vai repetindo verbalmente o que compreendeu, para, em seguida, lhe responder. O uso da prancha envolve a interpretação dos sentidos compreendidos pelo interlocutor. Os signos pictográficos têm legenda acima da figura, portanto o interlocutor não precisa conhecer os desenhos, basta ler a palavra. Nesse processo dialógico, os signos gráficos são possibilidades de escolha e possibilidades de dizer algo, como propõe Roseli Vasconcellos (1999). A premissa subjacente é que "há aquisição de linguagem independente do prejuízo motor articulatório, e que os sinais gráficos, por estarem submetidos ao funcionamento da língua, são capturados na interpretação do interlocutor" (Panhan 2001, p. 32). Assim como ocorre em qualquer situação de interação verbal, há um movimento linguístico, em que os interlocutores fazem turnos: um fala, o outro responde, negociam-se significados, corrigem-se interpretações equivocadas. Os signos pictográficos não são portadores de sentidos fixos, mas se ampliam e se alteram conforme o contexto. Um mesmo signo pode ter vários significados, dependendo da situação em que é utilizado. Chamamos essa natureza de múltiplos sentidos de polissemia.

Para que o sistema funcione como linguagem, e não como comportamento treinado, ele precisa ser apresentado naturalmente em contextos reais de interação, não passo a passo, artificialmente. Helena Panhan (2001), comentando uma tese que relata o trabalho com uma menina com paralisia cerebral, explica que os signos eram "mostrados e significados em diferentes situações vivenciadas que levavam a criança a 'escolher' (pegando, olhando) os símbolos a serem colocados nas pranchas de comunicação". Nessa forma de trabalhar, não havia um processo formal de ensino, de treino, nem um programa de testes de respostas corretas que demonstrassem que o aluno tivesse reconhecido cada signo. O treino formal acarreta o problema de uma aprendizagem que se restringe a contextos fechados, dificultando a generalização. Numa abordagem mais natural, os signos podem ser utilizados como linguagem, para dizer coisas para qualquer pessoa em qualquer situação.

Figura 4 – Polissemia e possibilidades de ampliação de sentido. Signo para "dizer"; "contar"; "relatar"; "falar"; "expressar"; "conversar"; "chamar"

Como determinar quais serão os primeiros signos a colocar na prancha? Se tomarmos como paralelo a situação do bebê que começa a falar, dois aspectos da linguagem comunicativa ficam claros. Não é o Outro quem determina qual será a primeira palavra de cada um, mas, sim, o próprio falante. E não há regra que fixa a escolha do léxico para todos os novos falantes. O bebê pode enunciar "mamã" primeiro, mas sua primeira emissão pode ser "papá" ou qualquer outra palavra significativa para ele. Ao mesmo tempo, a palavra "mamã" não tem um único significado fixo. Pode ter o sentido de "a pessoa mãe", de "querer a mãe", de "querer a mamadeira", e assim por diante. O contexto é utilizado para entender o que se pretende, e o cuidador ajuda a interpretar os sentidos.

Roseli Vasconcellos explicou em seu estudo (1999) que não elegia previamente os signos que comporiam a prancha. Também não elencava uma série de necessidades básicas (banheiro, beber, comer, frio), nem determinava uma hierarquia de categorias gramaticais. Partindo de textos escritos pela mãe da criança, que Vasconcellos lia para a aluna em voz alta, essa profissional identificava a resposta da própria criança por meio do "riso, sons e expressões faciais", marcando, assim, o léxico significativo para a menina.

O sistema PCS

O primeiro sistema de CSA utilizado formalmente no Brasil foi o sistema Bliss de comunicação, mas hoje o PCS (Picture Communication System) é muito mais utilizado, entre outras razões porque existe uma distribuidora no Brasil que

Figura 5 – Exemplos de signos nos sistemas PCS e Bliss

fornece dicionários com signos em português, programas de informática para produção de pranchas e outras modalidades de apoio ao usuário. Por sua natureza figurativa, os signos do PCS são fáceis de compreender; crianças pequenas conseguem identificar os significados com maior facilidade do que conseguiriam no caso do Bliss. Compare as figuras ao lado.

Talvez você esteja pensando que, se o PCS é mais fácil de entender, por que não deixar o Bliss de lado? Apesar dos problemas ainda relacionados à falta de uma forma satisfatória de distribuição do sistema Bliss no Brasil, sabemos que, por ser logográfico, mais abstrato e sofisticado, jovens e também adultos com bom nível de compreensão cognitiva preferem o Bliss. As figuras não são infantilizadas, como as do PCS, e permitem a representação de significados abstratos com maior facilidade, justamente por não se prenderem a imagens que representam a realidade.

Além do Bliss e do PCS, existe ainda o sistema PEC (Picture Exchange Communication). Nesse caso, os desenhos são os do PCS, mas o fundo das figuras é preto e o desenho é branco, com alto contraste, o que promove a boa visualização da imagem. O sistema foi desenvolvido nos Estados Unidos por Lori Frost e Andrew Bondy, dirigido a alunos com comportamento difícil. É aplicado utilizando uma metodologia comportamental. Nesse sistema, pretende-se ensinar o aluno a solicitar o que deseja de forma socialmente aceitável (trocando um pictograma pelo objeto ou pela atividade que ele quer). Os pictogramas são figuras avulsas, para que possam ser facilmente manipulados na hora de serem entregues ou trocados por algo.

Diferentes tipos de prancha na escola inclusiva

Certamente, a comunicação alternativa é um campo novo de estudo, mas isso não quer dizer que apenas o especialista está autorizado a introduzir pranchas de comunicação. O ideal é poder contar com uma equipe interdisciplinar que tome decisões conjuntas, pensando sobre as necessidades do aluno de forma global e integrada, e atuando sob a supervisão de pessoas experientes em CSA, mas, para a maior parte dos casos na escola brasileira, o aluno com necessidades especiais na área de comunicação permanecerá sem voz na escola, se tiver de esperar a presença de uma equipe qualificada e experiente nesse campo.

O professor que utiliza estratégias visuais no ensino já está atuando na perspectiva da comunicação alternativa. Há muito que pode ser feito, baseado em conhecimentos rudimentares, enquanto a escola vai conhecendo esse mundo novo de possibilidades que é a comunicação pictográfica.

Educadores já sabem que dar aula implica estudo. Quando o professor se vê diante de uma criança cujas necessidades educativas especiais desafiam o seu nível atual de conhecimentos, vai ser preciso buscar novas informações; lembramos que essa busca não é uma pesquisa individual, mas, sim, da escola e da família.

Tipos de prancha, contextos de comunicação

O professor pode dar início formal à utilização da comunicação alternativa valorizando algumas práticas que, muitas vezes, já são desenvolvidas na escola. Um bom exemplo disso é o trabalho com objetos tangíveis e miniaturas, fotografias e figuras desenhadas. A ideia é apresentar conteúdos visualmente, de tal forma que seja possível ao não falante fazer escolhas e manifestar-se como qualquer outro aluno.

Pranchas de rotina, pranchas de horário

Alunos com necessidades especiais não letrados sentem-se mais situados na rotina escolar quando têm uma forma de acompanhar a sequência das atividades previstas para o dia. Objetos pregados num painel funcionam como signos de atividades que vão acontecer em sequência naquele dia e minimizam a ansiedade do aluno. Esse tipo de prancha é grande, devendo ficar pendurada na parede para que todos possam visualizá-la. Alterações podem ser propostas se os pictogramas ou objetos forem pregados com o recurso do velcro. Os alunos podem participar da montagem da rotina, colocando e tirando os signos da prancha. Quando o aluno com necessidades educativas especiais não consegue lidar com um excesso de informações visuais, os signos menos relevantes podem ser retirados.

Também podemos trabalhar com fotografias de pessoas (usando fotos do professor de educação física, de música ou de artes, por exemplo) para

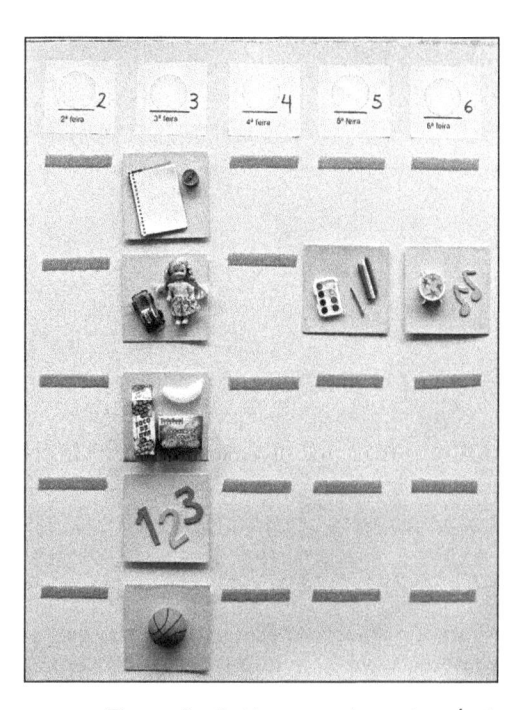

Figura 6 – Rotina com signos tangíveis

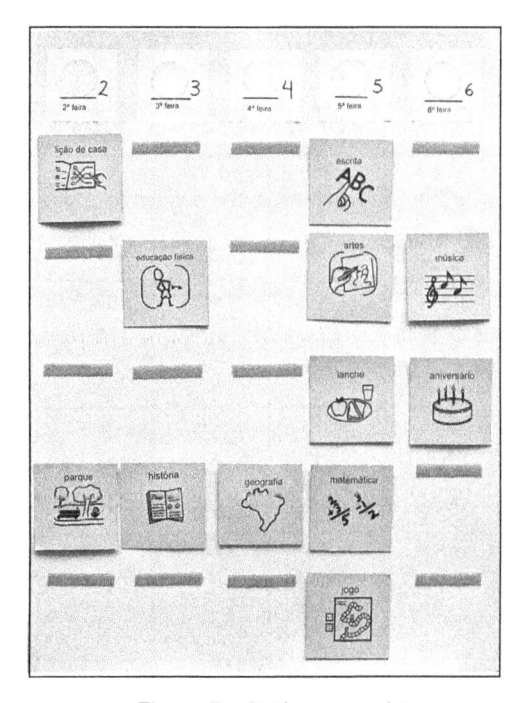

Figura 7 – Rotina com pictogramas

Figura 8 - Pranchas de escolha: "o CD que eu quero ouvir"; "a história que eu quero ouvir"

Figura 9 - Prancha "Marcha soldado" em PCS

marcar os momentos das atividades previstas. Quando temos um usuário de PCS, a rotina do dia ou da semana pode ser estruturada com os pictogramas convencionais. Dessa maneira, todos os alunos passam a ler o PCS, o que vai auxiliá-los a se comunicar com o colega com necessidades especiais em outras situações interacionais.

Pranchas de opção de atividade

Na escola, há momentos em que os alunos escolhem atividades que querem realizar. Essa escolha pode ser individual (quando o aluno escolhe um brinquedo ou livro, por exemplo) ou social (quando os alunos votam e negociam preferências que todos devem respeitar). Muitas vezes, na escola inclusiva, o aluno que não fala fica literalmente sem voz nessas ocasiões. Pranchas podem ser montadas (ou improvisadas na hora) para todo tipo de situação de escolha. A qual brinquedo do parque ele quer ir? Que música gostaria de ouvir? Com qual grupo de alunos prefere se juntar? Que instrumento quer tocar na bandinha? Que cor de tinta quer usar agora? Que história quer ouvir? O aluno não falante também tem preferências, mas, se não tiver um instrumento para fazer valer sua opinião, alguém fatalmente escolherá por ele. Com pranchas de escolha, montadas com objetos, embalagens, fotografias, desenhos, pictogramas ou palavras escritas, enfim, qualquer referente que remeta ao elemento de opção, ele vai ficar mais autônomo para se manifestar.

Pranchas para montagem de histórias

Nas atividades de sala de aula, a participação do aluno com necessidades na área de comunicação é mais ativa quando se utiliza um recurso visual para marcar elementos de destaque. Ao contar uma história, por exemplo, o professor muitas vezes se utiliza de um livro com ilustrações e interage com os alunos, que se manifestam sobre os mais diferentes aspectos da narrativa. Com uma prancha de história, o aluno pode participar diretamente da narrativa, colocando os elementos e personagens na sua prancha, contribuindo com perguntas, com comentários. Quanto mais genéricas as figuras, melhor, veja porque: se as figuras forem genéricas, uma mesma figura pode ser significada de maneiras diversas, dependendo do contexto de utilização. Dessa forma, um mesmo pictograma de uma menina pode ser utilizado em várias histórias, no papel de: Narizi-nho, Cinderela, Chapeuzinho Vermelho, Princesa, Maria, Bela Adormecida, e assim por diante.

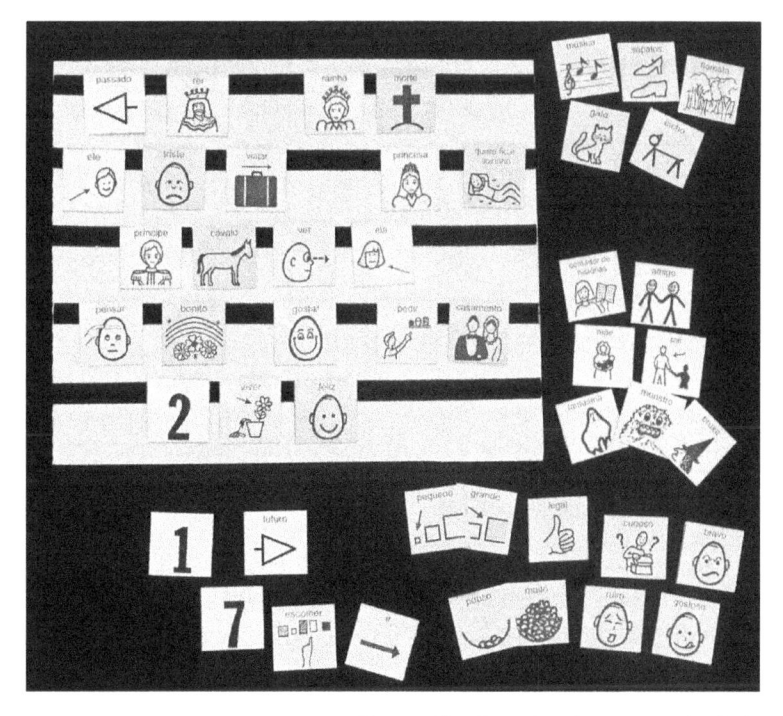

Figura 10 – Prancha de contos de fada

Nesse tipo de situação, o ideal são tiras de velcro pregadas em paralelo numa base de aglomerado de madeira (ou outro material), onde os pictogramas podem ser colocados em sequência.

Prancha de atividade escolar

Na prancha de atividade escolar, o raciocínio é semelhante ao da prancha de história. Dependendo de como será utilizada, se para toda a classe ou apenas com o aluno com necessidades especiais, a montagem vai variar. Se a prancha for em forma de cartaz, visível a todos, as figuras devem ser grandes, esquemáticas e claramente organizadas, para promover uma boa visualização. No caso da prancha individual, pode-se utilizar uma pasta dobrável, específica para as possibilidades de dado aluno. Alguns profissionais gostam de trabalhar com

Figura 11 – Prancha temática para interação durante a história

cartazes em que as atividades usuais são ilustradas, ao passo que outros preferem uma matriz em que os pictogramas são destacados e acrescentados aula a aula. Não há uma única maneira correta de compor uma prancha. Tudo depende da funcionalidade e das possibilidades de interpretação dos signos.

Quando acontecem atividades especiais na escola, como passeios, aniversários, festas, a participação do aluno pode ser garantida se ele tiver uma

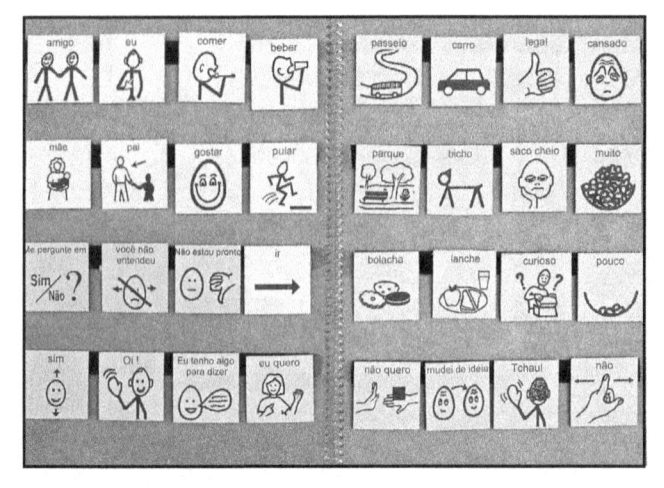

Figura 12 – Prancha de passeio

prancha com pictogramas específicos referentes à atividade em questão. Veja, por exemplo, uma prancha que pode ser preparada para uma atividade de estudo do meio. Como no caso da prancha de história, é interessante preparar uma prancha que sirva para usar em lugares diversos, com interlocutores não familiarizados com essa forma de comunicação. É sempre recomendável incluir signos sociais, como "Oi, meu nome é...", "Use perguntas com respostas sim/não para falar comigo", "Obrigado", "Começar de novo", "Adivinhe", pois o aluno talvez esteja se comunicando também com pessoas desconhecidas, mediados por outro aluno ou educador.

Pasta casa/escola

No caso do aluno com comprometimento severo de fala, a comunicação entre as pessoas da escola e da casa se mostra imprescindível, já que ele não poderá ser portador de recados, como as outras crianças. Embora esse aluno seja o mais diretamente interessado, muitas vezes, a escola e a família tomam decisões que lhe dizem respeito sem consultá-lo, muitas vezes até mesmo sem informá-lo. A participação do aluno com necessidades especiais nas intervenções que lhe dizem respeito vai ser mais efetiva se ele tiver conhecimento do que está sendo resolvido, e se for porta-voz, levando recados, estando presente para compor mensagens da casa para a escola, da escola para a família. O caderno de recados da criança é uma prática que algumas creches e escolas de educação infantil já adotam. A ideia aqui é investir nessa prática para alunos mais velhos também, na forma de uma pasta de pictogramas que portem significados sintéticos. Com a ajuda de algumas pistas visuais, o aluno pode contar aos colegas algumas atividades que aconteceram em casa no fim de semana, e pode participar em casa algumas novidades que ocorreram na escola.

Colete de comunicação

É possível perceber a enorme variedade de estratégias comunicativas

Figura 13 – Pasta casa/escola

que foram sendo criadas para promover a participação efetiva do aluno nos diversos contextos sociais. Buscam-se novos materiais, produtos mais leves, visualmente mais atraentes, mais fáceis de transportar e de limpar. Uma das estratégias que têm dado certo com alguns alunos é o colete de comunicação. Nesse instrumento, o interlocutor porta no próprio corpo os sentidos que o aluno poderá pegar. É claro que, no colete, não cabem muitos signos, mas, para a criança que necessita de um instrumento interativo, o colete é uma solução muito eficaz.

Prancha de escrita

As letras do alfabeto, bem como os numerais, podem fazer parte das pranchas pictográficas para aqueles que estão começando o processo de letramento. Também existem pranchas alfabéticas para pessoas que usam a escrita com fluência. Pranchas alfabéticas vêm sendo utilizadas no contexto do paciente acamado há muito tempo, antecedendo em vários séculos as iniciativas aqui descritas. Com a sistematização do conhecimento gerada pelos trabalhos com comunicação pictográfica, no entanto, muito se refletiu sobre a disposição das letras, sobre os tipos de suporte e as maneiras de trabalhar com as pranchas alfabéticas. Aqui resumimos algumas ideias que consideramos essenciais sobre as pranchas de escrita.

Quanto à disposição das letras na prancha, algumas pessoas preferem manter as letras na ordem alfabética normal, outras dão destaque às vogais, que são mais utilizadas, agilizando a seleção da letra.

Quando o aluno utiliza uma prancha alfabética em suas atividades escolares, é importante que ele também tenha as letras com os acentos, o "c" cedilha, e todas as marcas de

Figura 14 Colete de comunicação

A	B	C	D	QUANDO
E	F	G	H	ONDE
I	J	K	L	COMO
M	N	O	P	QUE
Q	R	S	T	SS
U	V	X	Z	RR
W	Y	Ç	?	ESPAÇO

Figura 15 - Prancha alfabética básica

A	E	I	O	U
B	C	D	F	G
H	J	K	L	M
N	P	Q	R	S
T	V	W	X	Y
Z	Ç	RR	SS	
NÚMEROS	PLURAL		APAGA	ESPAÇO

Figura 16 - Prancha com vogais em destaque

pontuação, inclusive um signo para parágrafo e letra maiúscula. O mesmo que se exige de outro aluno na escrita do português precisa ser ensinado ao aluno usuário de prancha, para que ele se habitue a escrever corretamente quando tiver acesso à tecnologia assistiva, quando puder utilizar um computador com autonomia.

Alguns profissionais gostam de preparar o aluno para trabalhar no teclado do computador e por isso compõem a prancha alfabética seguindo a ordem das letras do teclado (prancha *qwerty*, sequência das teclas superiores à esquerda). É claro que, nesse caso, apenas as teclas referentes às marcas gráficas precisam constar, e não as funções do computador (como esc, enter, F1, F2 etc.)

Figura 17 – Prancha alfabética completa

Figura 18 – Prancha na ordem *qwerty* como teclado do computador

Figura 19 – Exemplo de prancha PCS básica

Pranchas básicas

Não temos a pretensão, nestas poucas páginas, de ensinar o professor que não tem formação em educação especial e não conhece a CSA a introduzir uma prancha de comunicação pictográfica para o aluno não falante. No entanto, no movimento atual de inclusão, alunos não falantes têm sido cada vez mais matriculados na escola. Em alguns casos, esses alunos trazem uma prancha de comunicação básica que vem do trabalho realizado em fonoaudiologia, por exemplo. O educador pode se familiarizar com esse instrumento e aprender a se comunicar por meio dos pictogramas, e mesmo solicitar a inclusão de alguns pictogramas que se mostrarem importantes para o contexto da sala de aula. Veja um exemplo de uma prancha básica.

Pasta de comunicação

Alguns alunos que dominam um vocabulário extenso utilizam uma pasta de comunicação em vez de uma prancha. Nesses casos, o vocabulário está organizado por assunto, não por ordem gramatical. Alunos sem fala funcional que apresentam alguma autonomia para locomoção e que conseguem folhear as páginas para indicar os signos usam esse tipo de suporte. É mais prático, pode ser levado para qualquer lugar, e permite a inclusão de um vocabulário muito maior do que é possível colocar numa prancha de mesa.

Composição da prancha

O agrupamento dos pictogramas é um dos aspectos-chave na composição da prancha de comunicação. A decisão de como organizar os pictogramas não é estética (o que fica mais bonito), mas, sim, funcional (como o aluno visualiza e alcança melhor as figuras). Por exemplo, se o aluno tem autonomia para indicar o signo com a mão, os signos devem ser dispostos na região que ele consegue indicar com maior facilidade. Se o aluno for destro, por exemplo, e a posição do seu braço tende a ser em extensão, os pictogramas precisam ser colocados predominantemente à direita, na região alta da prancha, longe do corpo, para que ele possa indicá-los.

É importante prever espaço para colocação de novos signos, à medida que for necessário. No agrupamento em xadrez, os espaços podem ser preenchidos posteriormente, conforme o vocabulário aumente (veja Figura 19). Esse tipo de composição também tem como vantagem a visualização melhor dos pictogramas. Essa mesma disposição vale para letras, numerais e pontuação.

Outra opção é o agrupamento em blocos de colunas separadas, para facilitar a escolha de um agrupamento e subsequente varredura item a item.

Seleção direta ou indireta

O aluno tem condições de indicar o signo com autonomia, usando alguma parte do corpo? Se consegue apontar com o próprio corpo ou com algum instrumento, chamamos a indicação de seleção direta. Ele pode utilizar qualquer dedo, a mão, o braço, o pé, o cotovelo ou mesmo o dedo do pé para apontar.

Alguns alunos precisam de um instrumento que lhes permita maior precisão na indicação de signos. Nesses casos, o terapeuta ocupacional é o profissional que auxilia o aluno na decisão sobre a melhor órtese. Ele pode utilizar, por exemplo, uma ponteira de cabeça, uma ponteira de queixo, um *splint* (ponteira manual), um feixe de luz preso num capacete ou auxílios de natureza tecnológica. Alguns alunos conseguem autonomia para apontar se sua prancha estiver inclinada.

Quando o aluno não tem autonomia e coordenação para apontar ou indicar fisicamente o item desejado, a seleção é denominada de indireta. Nesses casos, o interlocutor aponta os itens em sequência, e quando o aluno indicar sim, de alguma maneira já combinada ou conhecida (sorriso, vocalização, movimento corporal, piscadela, entre outras possibilidades), ele verbaliza o que entendeu (ou mesmo escreve numa folha a palavra) e recomeça a varredura. É fácil perceber que esse processo vai demorar bastante para chegar numa frase completa. Por isso, costumam-se agrupar os elementos, determinando primeiro em que grupo o elemento está, para depois seguir linha a linha ou coluna a coluna. De qualquer forma, mesmo que o tempo para a enunciação seja demorado, é ainda melhor do que a ausência total da possibilidade de falar.

Mitos sobre a comunicação alternativa

Como veremos nos trabalhos educacionais com outros sistemas e códigos de linguagem e comunicação, como a língua de sinais e o braile, circulam na educação especial uma série de mitos sobre a comunicação alternativa que em nada beneficiam o processo escolar do aluno com necessidades educativas especiais. Vamos refletir sobre o mito mais tenaz:

Se o aluno usar CSA, poderá usar a prancha como muleta, prejudicando suas possibilidades de desenvolvimento da fala

Apesar de mais de 30 anos de história de uso formal de sistemas alternativos de comunicação, ainda persiste o mito de que a introdução de um sistema paralelo de comunicação inibirá a manifestação da linguagem oral. Pelo contrário, existem resultados de pesquisas empíricas que demonstram que, com o uso de CSA, o número de vocalizações aumenta. Entre as razões que levam à melhora da oralidade, destacam-se alguns fatores (Rosell e Basil 2003, pp. 18-19):

1. A pressão terapêutica e familiar sobre a fala é atenuada; a diminuição da ansiedade facilita o relaxamento geral e, às vezes, também a emissão da voz. Por outro lado, o usuário aprende que, se em algum momento não puder pronunciar uma palavra, contará com a ajuda do seu sistema alternativo para expressar-se.
2. A compreensão de conceitos aumenta, porque o usuário dispõe de diferentes canais de entrada de estímulos (auditivo e visual), com a vantagem adicional de que os sinais gráficos são permanentes, ao contrário das palavras e dos sinais manuais, que desvanecem no tempo. A maior compreensão dos fenômenos e a possibilidade de comunicá-los favorecem o interesse pelo meio e, em consequência, o aumento de vocalizações, mesmo que seja somente para chamar a atenção do interlocutor e depois continuar comunicando-se com sistemas de sinais.

3. O uso de sistemas de sinais pode ajudar o interlocutor a manter um estilo de diálogo mais concreto, formular enunciados relevantes, incidir sobre um mesmo vocabulário etc. Muitos interlocutores se encontram dispostos a dialogar com uma pessoa quando sabem que podem obter uma resposta compreensível. Essas condições podem favorecer a presença de modelos corretos de linguagem oral e, portanto, aumentar a possibilidade de ampliá-los. [...]

4. Por último, cabe destacar que a pessoa que usa sistemas suplementares de sinais se encontra em um meio que usa principalmente a fala para comunicar-se. A tendência natural do ser humano a adaptar-se ao meio e a interagir agilmente com seus semelhantes torna difícil pensar que os usuários de sinais que possam utilizar também a fala não cheguem a fazê-lo.

A prancha não precisa substituir o que já foi apropriado. Aquilo que a criança consegue comunicar com eficácia por outros meios, como vocalização, gestualidade, olhar, não precisa ser repetido utilizando a prancha. Num processo flexível, em que ocorre uma hibridização de sistemas linguísticos, os pictogramas, a vocalização e a linguagem do corpo funcionam conjuntamente, dependendo do contexto para significar o mundo.

Os sistemas importados e sua adequação ao contexto cultural brasileiro

Quando Charles Bliss inventou a semantografia, pretendendo criar um sistema de comunicação gráfica universal, não pôde prever a dimensão que seu projeto viria a tomar em outra esfera social, como instrumento de comunicação e interação para um grupo de pessoas que se encontrava marginalizado no meio social. No entanto, Charles Bliss anteviu que a linguagem é dinâmica, que o léxico pode mudar e a consitutição de novos significados é uma realidade. Uma das importantes vantagens do sistema Bliss é que ele possibilita a criação de novos símbolos. Entretanto, isso não quer dizer que as convenções do sistema não devam ser respeitadas. Se para cada pessoa for inventada uma prancha com pictogramas distintos, com desenhos particulares, que subvertam a convenção e desconsiderem o direito autoral do sistema maior, voltamos para um processo idiossincrático, sem diálogo com outros usuários desse mesmo sistema.

Por exemplo, se a convenção estabelecida dita que a cor de fundo para verbos é verde, então, não podemos usar cor-de-rosa, caso essa fosse nossa preferência particular. Como um usuário vai poder se comunicar com outro, se a convenção for se perdendo? É preciso entender que um grupo de profissionais se empenhou para construir um sistema coeso de signos, e esse produto tem direito autoral. Embora arbitrárias (tanto faz verde ou rosa), as decisões sobre o desenho geral do sistema estabelecem normas que devem ser seguidas. Caso contrário, o

Figura 20 – Signos marcados por realidade norte-americana: "beisebol" e "boneco de neve" em Bliss

usuário vai sofrer muito nas mãos de profissionais e educadores se cada um muda a sua prancha como melhor lhe convém.

O desafio que vivemos como profissionais que trabalhamos com comunicação alternativa é o de respeitar os princípios e a coesão lógica do sistema, enquanto, ao mesmo tempo, buscamos uma forma de adequar os pictogramas ao nosso contexto cultural brasileiro sem ter de redesenhar cada figura. O Bliss e o PCS são sistemas importados do exterior e carregam fortes marcas da cultura em que foram criados, como verificamos nos exemplos da figura 20.

Conforme referido, tanto o Bliss quanto o PCS preveem a possibilidade de invenção de novos signos, de adequação para outros idiomas, como a língua portuguesa, e para outros contextos. Essas propostas de léxico novo e adaptação dos signos são necessárias e devem ser encaminhadas para as instâncias corretas, num processo social de negociação, para que outros usuários brasileiros possam usufruir essas contribuições. Caso contrário, voltaremos às nossas ilhas de atendimento individualizado sem troca nem evolução conjunta.

No exterior, existe uma grande variedade de sistemas pictográficos disponíveis. No Brasil, nosso acesso aos sistemas gráficos é bem mais limitado, sendo que os mais conhecidos e utilizados são os descritos neste texto. Em vez de reinventar novos sistemas pictográficos (ou pior, importar outros sistemas), o que exigiria um empenho insano, será que não seria melhor trabalhar conjuntamente no Brasil para realizar um ajustamento dos pictogramas dos sistemas já em uso aqui, para que atendam melhor às nossas especificidades culturais? É preciso trabalhar no coletivo, com a participação de usuários e família, escola e profissionais de saúde e da linguagem, para fazer essa boa ideia funcionar da melhor maneira possível em todo e qualquer contexto interacional.

5 Oralidade, leitura e escrita na escola inclusiva

Contribuições da psicolinguística como base para o letramento

Os estudos das últimas décadas no campo da psicolinguística reclamam que a aprendizagem da escrita deveria acontecer de forma tão natural e indolor quanto a aquisição da fala. Sírio Possenti (1999, pp. 36-37) sugere que

> a escola poderia aprender muito com os procedimentos "pedagógicos" de mães, babás e crianças. Duvido que alguém tenha visto ou ouvido falar de uma mãe que dá exercícios do tipo completar frases, dar listas de diminutivos, decorar conjugações verbais, construir afirmativas, negativas, interrogativas etc. Crianças de alguns anos de idade utilizam-se, no entanto, de todas essas formas. Perguntam, afirmam, exclamam, negam sempre que lhes parecer relevante ou tiverem oportunidade. Como aprenderam? Ouvindo, dizendo e sendo corrigidas quando utilizam formas que os adultos não aceitam. Sendo corrigidas: isso é importante. No processo de aquisição fora da escola, existe correção. Mas não existe reprovação, humilhação, castigo, exercícios etc.

A criança aprende a falar naturalmente, porque se encontra imersa num mar de linguagem, onde sentidos são constituídos nas trocas entre interlocutores com níveis variados de competência linguística, outras crianças, adultos da família e adultos próximos ou mesmo desconhecidos. O domínio da língua se dá de forma contextualizada, em práticas significativas, não por meio de exercícios artificiais.

Antes de chegar na escola, e de iniciar formalmente o processo de alfabetização, a criança já tem uma série de conhecimentos sobre o mundo das letras. Diferentemente do que se pensava, a criança não inicia seu processo de aquisição de escrita começando do zero. E isso vale para todas as crianças, com ou sem necessidades especiais. Entre nós, o mérito dessa revolução conceitual sobre a gênese da escrita na infância é de Emília Ferreiro e Ana Teberosky (1984), que mostraram que, dependendo da vivência anterior, a criança já inicia o processo formal de alfabetização escolar sabendo, possivelmente, que:

- desenhar é diferente de escrever;
- os propósitos da escrita e do desenho são distintos;
- os números são diferentes das letras e servem para contar;
- a fala e a escrita têm estilos diferentes;
- os rótulos trazem os nomes das coisas.

Observar as crianças nos contextos naturais de uso da língua vem evidenciando o "currículo oculto" que serve de base para a construção do conhecimento infantil sobre a língua escrita. O roteiro desse currículo é bem diferente do que a escola considera como pré-requisitos para alfabetizar uma criança no pré ou no primeiro ano. O modelo de prontidão no ensino formal, em que a criança treina habilidades perceptuais e motricidade, ainda permeia a prática escolar, e se mostra ainda mais arraigado no trabalho com o aluno cego, com a devida substituição do treinamento da percepção tátil no lugar da percepção visual. Também no caso de crianças com impedimentos de mobilidade, o trabalho pedagógico tende ao treinamento de discriminações cada vez mais finas. O equívoco de tal modelo é que, numa abordagem de treinamento de habilidades perceptomotoras, o educador não evidencia para a criança a função social da escrita nas atividades do cotidiano, nem o propósito que essa modalidade de comunicação traz como veículo de significação entre interlocutores. Além disso, desconsidera as hipóteses que a criança já elaborou sobre o que significa ler e escrever.

Lendo e interagindo com este texto, você já deve estar pensando conosco que a criança cega, por exemplo, não tem oportunidades equivalentes de contato natural e cotidiano com o braile como a criança vidente tem com a escrita gráfica. Está justamente aí um dos primeiros desafios a enfrentar: como trazer até as mãos da criança o braile que está no cotidiano, mas com o qual a criança pré-escolar com cegueira não tem contato? Além do braile nas embalagens de remédios, nas embalagens de congelados, nas placas de prédios públicos, nos acionadores de elevadores, você se recorda da presença da "escrita branca" em outros portadores de texto do nosso dia a dia?

Da mesma forma, crianças com deficiência física que afete a coordenação manual e a locomoção não vivenciam o brincar de escrever que é tão importante para a construção do currículo oculto. Quando não há fala compreensível, muitas vezes, essas crianças são consideradas deficientes mentais graves, e pouco se espera delas. Você se recorda de ter visto crianças com deficiência física junto com a mãe ou o pai no supermercado, pedindo para comprar este ou aquele produto que ela reconhece pelo logotipo na embalagem? Essa vivência tão banal e corriqueira é muito rara para crianças cadeirantes, entre outras razões, pelo próprio desgaste físico de empurrar o filho na cadeira de rodas com uma mão e o carrinho de supermercado com a outra.

Para que a criança com cegueira construa noções sobre a função social da escrita, será necessário evidenciar, de várias maneiras, as ações de escrita que estão por toda parte, e o sentido que isso tem em cada contexto, tornando a escrita palpável, inclusive pela descrição verbal daquilo que está acontecendo à sua volta. Também será importante que ela tenha ampla oportunidade de "brincar de escrever" na reglete, equivalente ao que a criança pré-escolar vidente faz quando vai explorando uma variedade de traços, imitando as ações de escrita que observou em adultos.

As situações cotidianas de interação com leitura e escrita também precisarão ser garantidas para crianças cadeirantes ou que apresentem distúrbios de coordenação manual. Se a criança não chega até o objeto escrito, esse objeto vai precisar chegar até as suas mãos. Com raríssimas exceções,[1] ninguém se apropria da leitura e da escrita sendo mero observador. É preciso interagir física, social e cognitivamente com a produção escrita para entender que relações a grafia tem com a fala.

A história mostra que há muitas maneiras de escrever; se não for possível manejar um lápis, então, vamos propor outro instrumento: letras em material emborrachado (como o EVA) ou madeira, teclas de uma máquina de escrever ou um escriba que anota letras indicadas de uma prancha de cartolina. Veja o depoimento de Helena Maranhão (1999, p. 13), portadora de paralisia cerebral, sobre seu processo de alfabetização:

> Dos professores da Quero-Quero, guardo uma lembrança especial de Norma. Ela era uma moça muito bonita, com um sorriso amigo, que transmitia segurança. Foi ela quem me alfabetizou. Ela usava um método interessante para ensinar seus alunos, que tinham dificuldades muitas vezes graves na coordenação manual, ou para ler e para escrever. Havia uma grande caixa com quadradinhos com letras. Unindo esses quadradinhos, formávamos palavras que depois deveríamos ler. Do outro lado dos quadradinhos, estavam os números com os quais montávamos as contas que íamos efetuando.
> Aprender a ler e a escrever foram os fatos mais importantes da minha vida. Porque pude ampliar meus horizontes. Aprendendo a ler, eu pude ter informações por mim mesma. E não era mais preciso eu perguntar para os outros o que eu queria saber. Foi essa, talvez, a minha primeira descoberta da independência. Naquela época, eu ainda

---

1. Entre as exceções, encontram-se algumas crianças com autismo ou síndrome de Asperger.

dependia dos adultos para muitas coisas, inclusive necessidades práticas como tomar banho, comer e andar; eu precisava de muita ajuda. Então, a leitura era a única forma de ter a sensação de estar fazendo uma coisa realmente sozinha.

O educador concebe o processo de escrita como transparente para a criança; pensa que, quando apresenta à criança as letras e os sons correspondentes, ela já deveria compreender como esse sistema de representação funciona. Cláudia Lemos considera que, ao projetar sobre o aluno a sua própria compreensão do sistema escrito, o professor se impede de enxergar pelos olhos da criança e, com isso, releva as hipóteses que ela traz para a escola.[2] Não é possível transmitir o letramento à criança, pois trata-se de uma construção pessoal. É preciso auxiliá-la a percorrer um caminho individual complexo de transformação para poder operar com esse sistema sígnico. O caminho de transformação será o mesmo para quem enxerga e para quem não enxerga, para quem tem locomoção independente e para quem se desloca numa cadeira de rodas. No entanto, o acesso à escrita não é o mesmo.

No caso do aluno com cegueira, é rara a presença do braile nas ações cotidianas, exigindo criatividade do educador para apontar verbalmente a presença dos atos de escrita que passam despercebidos para esse aluno. É preciso lembrar de partilhar com ele o que as pessoas estão fazendo e por quê. O mesmo vale para o aluno com deficiência física. Se a limitação física o impede de manejar o lápis ou a caneta, ainda assim, ele pode ser convidado a participar das práticas de leitura e escrita que acontecem diariamente em casa e na escola, quando se anotam números de telefone, se leem informações em embalagens, se escrevem recados, convites, se manipula correspondência, entre tantas outras ações do dia a dia.

Letramento e oralidade

A escrita tem vínculos estreitos com a oralidade, mas é uma variedade distinta, com funções sociais diferentes, as quais marcam a maneira como cada modalidade linguística se estrutura. A escrita, bem como a fala, é sempre dirigida a algum interlocutor. A interlocução é própria da linguagem, então, tanto a fala quanto a escrita são sempre dirigidas a alguém. No caso da escrita, esse alguém pode ser alguém específico, como um colega de classe para quem se manda um bilhete; pode ser indefinido, como no caso de instruções de um manual ou de uma receita de bolo, ou pode ser imaginário ou virtual, como num texto literário ou num *site* da internet. O escritor dirige sua escrita de forma mais ou menos definida, considerando a capacidade linguística de seu interlocutor, bem

---

2. Discussão produzida com apoio de Lemos (1998).

como sua camada social. Nos dois exemplos a seguir, você consegue adivinhar, pelas características do texto: a) o gênero dos textos em questão (que tipo de texto é); b) quem os escreveu; e c) quem são os interlocutores pretendidos?

O estilo do texto é uma dica importante para descobrir que o primeiro exemplo é de um postal, escrito por um adulto para uma criança, e o segundo são instruções de um jogo, numa linguagem formal, objetiva e dirigida a um leitor desconhecido. Além do texto propriamente dito, a diagramação, o tipo de grafia (manuscrita ou impressa), o tamanho das letras, a disposição, tudo isso também se lê e auxilia na interpretação do conteúdo.

O fato de que, na escola, a escrita é dirigida a *ninguém*, gera uma série de dificuldades. Sem interlocutor, o aluno acaba tentando reproduzir os padrões artificiais oferecidos na escola ou cria uma escrita que apresenta vários problemas de coesão. Na ausência de um interlocutor genuíno, escreve aquilo que considera que agradará seu professor, e daí usa palavras difíceis, cujo sentido muitas vezes ele próprio não domina plenamente.

Em relação à escrita, na escola, quando o aluno escreve, o objetivo geralmente não é o de dizer o que se pensa, de se comunicar com alguém a distância ou de registrar algo relevante para referência posterior. Trata-se de um exercício. A escritura escolar é proposta usualmente como simulação, em preparação genérica para o futuro. A artificialidade dessa situação marcará não somente o percurso de aquisição da escrita como também as decisões sobre as palavras usadas e a estrutura gramatical empregada.

Para Luís Percival Britto, a relação entre a oralidade e a escrita, além de linguística, é ideológica. Ele considera que a imagem da língua

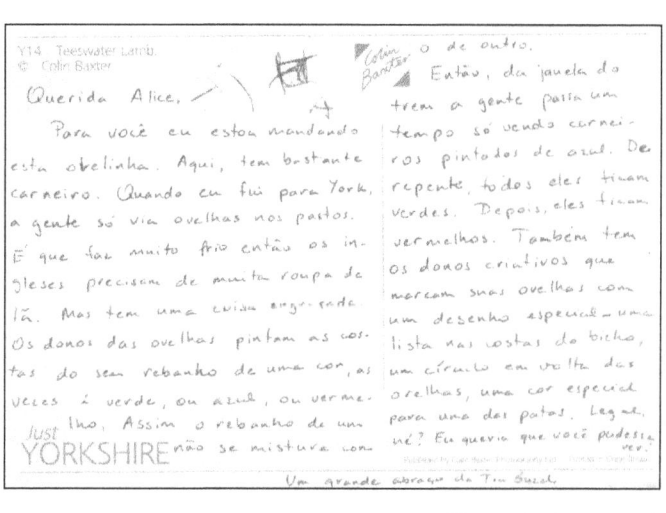

Figura 1 - Um postal

Figura 2 - Instrução para jogo

determina os procedimentos linguísticos que o aluno utilizará. Na nossa sociedade letrada, escrever dá *status* e representa ascensão social. Escrever como se fala significa perder *status*, por isso, o escritor se utiliza de determinados procedimentos para enfeitar a escrita, sofisticá-la para torná-la compatível com a imagem de língua culta que ele possui. Esse autor afirma (1999, p. 125):

> O processo de construção de uma redação é uma disputa (não uma integração) constante entre a competência linguística do estudante (basicamente oral, não formalizada e desescolarizada) e a imagem de língua escrita que cria a partir da imagem do interlocutor e de interlocuções privilegiadas.

Ouvir histórias: Fundamentos para aprender a escrever

A linguagem oral é base para a linguagem escrita.[3]

Uma vivência oral rica no período pré-escolar é fundamental para a apropriação da escrita, mostram os pesquisadores do fracasso escolar. Entende-se como vivência oral rica as práticas sociais nas quais a criança tenha uma efetiva participação: conversas e diálogos em que ela é ouvida, onde tem espaço para relatar coisas que aconteceram com ela, conversas em que o tema é de escolha e interesse da criança e diálogos dirigidos por ela.

Entre as vivências linguísticas essenciais para a formação do futuro leitor e escritor constam: a prática social de "contar casos", em que uma pessoa assume o papel de contadora e as demais ouvem atentas, reagem, duvidam, antecipam o que vai acontecer e se surpreendem com o final inesperado; ouvir e contar piadas; fazer música em grupo. A vivência do livro de história, na hora de dormir ou em outro momento consagrado da rotina familiar, rodas para ouvir histórias da carochinha, histórias das lembranças da infância contadas pelos mais velhos – tudo isso representa rica vivência linguística oral. Mesmo naquelas comunidades em que a interação com material escrito é muito pequena (Rego 1988), quando as práticas sociais linguísticas são preservadas nos grupos sociais, a criança se apropria da escrita como mais uma frente da linguagem que já domina. É por isso que é tão importante que crianças com necessidades especiais sejam incluídas nas situações sociais de contar histórias e fazer música em grupo.

Helena Maranhão, uma garota com deficiência neuromotora por sequela de paralisia cerebral, partilha conosco o significado das histórias na sua vida:

---

3. Essa afirmação talvez seja contestada adiante no Capítulo 6, quando falarmos sobre o aluno surdo, que não tem acesso à oralidade. O aluno surdo não participa da linguagem oral, mas pode ter uma vivência linguística igualmente importante na modalidade gestual.

> Eu sempre gostei de ouvir histórias à noite, antes de dormir. Meu pai sabe contar histórias muito bem. Narrava as que ele havia lido, as que conhecia também por ouvir contar e, principalmente, as que ele inventava. Estas eram cheias de detalhes e as mais interessantes. Até hoje gosto de ouvir as histórias de papai.
>
> Quando aprendi a ler, pude começar a ler histórias. Entre as minhas preferidas estavam *Chapeuzinho Vermelho, Os Três Ursos* e *Cachinhos de Ouro*. Além disso, eu sempre admirei meus pais, que eram professores e gostavam muito de ler. Eu dizia que quando crescesse gostaria de ser como eles. Então, saber ler, que aprendi com a Norma, foi também o primeiro passo nessa direção. (Maranhão 1999, p. 13)

Ouvir histórias é essencial para o letramento, entre outras razões, porque fornece a estrutura do texto. Cada tipo de texto tem sua organização, com marcadores que nos auxiliam a acompanhar e antecipar o que vai acontecer (tais como "Era uma vez..."; "Há muito tempo, quando os bichos falavam..."; "Num país muito distante..."). Quando se conhece a forma de organização dos vários gêneros, como os contos de fadas, as fábulas, as aventuras, as biografias, os poemas, os mitos, entre tantos outros, fica muito mais fácil desenvolver um texto escrito, tendo como suporte uma configuração cultural significativa. Muitas vezes, a escola se preocupa com o fato de que o léxico (vocabulário) do aluno é muito reduzido. Na verdade, o número de palavras que alguém conhece é uma questão secundária. Tendo a estrutura da linguagem, o repertório de palavras aumenta sem dificuldade, à medida que o universo se amplia.

A história também é base do letramento, porque na nossa cultura o momento da história é permeado de afeto. Helena não se lembra apenas das histórias que o pai contava, mas da presença dele, da atenção que recebia, do quanto era bom estar com ele. Quando as práticas escolares da roda de história conseguem criar um clima de cumplicidade entre educador e crianças, estas adentrarão no mundo de possibilidades que o livro poderá trazer para suas vidas. O livro se torna amigo e a escrita, confidente.

Além de ouvir histórias e acompanhar a leitura na roda, é fundamental que o aluno tenha o livro na mão, para ler por si, mesmo antes de saber decifrar o sentido das letras. Uma opção para a criança com cegueira é o livro infantil adaptado ou integrado. Trata-se do livro impresso acrescido de uma transcrição do texto para o braile e com adaptação das ilustrações em relevo. O livro integrado é definido como um material que traz o texto em tinta e também a transcrição em braile, sendo acessível tanto para o leitor que enxerga quanto para quem não enxerga. Nesse tipo de material, o aluno vidente entra em contato naturalmente com a escrita branca (o braile).

O livro falado, gravado, digitalizado

A prática de ler para as pessoas com cegueira é muito antiga. Antes do início da educação dos deficientes visuais no começo do século XIX, o único acesso ao texto era por meio de alguém que emprestasse a voz na leitura de um texto, e a pena para escrever por eles. A criação do código do sistema braile revolucionou a vida dos cegos, permitindo que escrevessem por si próprios e dando acesso aos livros que antes só podiam conhecer se alguém se dispusesse a servir de ledor.

No entanto, nem todos os livros foram transcritos, e materiais menos perenes, como folhetins e jornais, cartas ou impressos informativos, não eram transcritos. Até hoje, permanece a necessidade do ledor, principalmente quando não se tem acesso a recursos da informática de última geração que transformam impressos em braile. Na situação de sala de aula, por exemplo, a prática de escrever grandes quantidades de informações na lousa a cada aula pode representar uma certa exclusão do aluno com cegueira, como vemos no depoimento de Marcos:

> Uma das dificuldades que nós temos é o professor que escreve muito. Há professor que escreve o tempo todo na lousa e não fala nada. Bom, aí eu fiquei fora! É a mesma coisa que você ligar uma televisão sem som. A televisão está em casa, você está assistindo, você está lendo a legenda, mas para mim é como se a televisão estivesse desligada. Agora, se o professor falar o tempo todo é uma delícia, porque aí eu estou participando da aula dele. Basta isso, ele não precisa se preocupar comigo, com a minha cegueira. Ele está dando o recado dele e pronto. (Caiado 2003, p. 75)

Nesse tipo de situação, é essencial que o professor escreva e também leia o que está grafando na lousa, criando estratégias para que o aluno possa acompanhar as suas anotações e tabelas, caso contrário, este último terá muita dificuldade em acompanhar o andamento da classe, ficando sempre alheio ao que transcorre.

Uma solução simples que vem sendo praticada na educação inclusiva é solicitar que um aluno copie da lousa utilizando um carbono para fazer uma cópia que será posteriormente transcrita para o braile. Dessa forma, o aluno com cegueira poderá reunir anotações que lhe servirão de base de estudo para avaliações posteriores. Outra solução é solicitar a um colega a leitura em voz baixa daquilo que o professor estiver escrevendo.[4]

Com o advento dos equipamentos de gravação, acessíveis ao grande público (de classe média) no Brasil a partir dos anos 60, tornou-se possível produzir e socializar em bibliotecas públicas ou dirigidas ao público com cegueira as gravações magnéticas (em rolo, inicialmente, e depois em fita cassete) e atualmente digitalizadas e gravadas em CD. Muitos voluntários trabalharam e continuam contribuindo com a preparação de gravações de livros, como mais

---

4. Essas sugestões, entre outras, constam da dissertação de mestrado de Hitomi Yamamoto (1995), especialista em educação de alunos com cegueira que atua há muitos anos em salas de recursos para alunos com deficiência visual.

uma fonte de acesso ao texto.⁵ Há vários tipos de produção, incluindo leitura integral e texto abreviado:

- gravações de leitura em voz natural;
- gravações lidas com interpretação, por pessoas com treinamento de ator;
- produções gravadas em estúdio, em que diferentes vozes interpretam o narrador e os vários personagens, com ou sem efeitos sonoros e fundo musical.

Tradicionalmente na educação especial, pensamos no livro falado como um recurso que se destina ao aluno com cegueira, mas outros alunos sem autonomia para leitura também podem se deliciar ouvindo histórias gravadas. Em países desenvolvidos, qualquer consumidor pode optar entre as várias modalidades de publicação de livros: capa dura, capa mole, impressão ampliada ou livro gravado. As editoras descobriram que não eram apenas os cegos e idosos que queriam os livros falados, mas havia um enorme mercado também entre motoristas sem tempo para ler em casa, que gostavam de se manter atualizados com as publicações recentes ouvindo gravações de romances ou outros gêneros no percurso entre residência e local de trabalho. Se o livro impresso é para todos, o livro falado também pode ser, por que não?

Na educação especial, devemos refletir sobre dois aspectos desafiadores no processo de letramento de pessoas com necessidades especiais na escola inclusiva.

1. Quando se dá um atraso significativo na apropriação da leitura/escrita, como muitas vezes ocorre no caso de alunos com distúrbios neuromotores ou de jovens com deficiência mental, a literatura disponível para leitores iniciantes é bastante infantilizada. Paulo Freire também enfrentou esse problema quando realizou seu grande projeto de alfabetização de adultos e se viu diante da necessidade de revitalizar a produção de materiais para adultos recém-introduzidos no mundo da leitura.

   O professor da classe inclusiva se pergunta, com muita propriedade, como conseguirá motivar alunos adolescentes ou adultos a lerem material dirigido a crianças pequenas de 6 a 8 anos? Quando recebe material produzido para crianças, o jovem considera que está sendo tratado com condescendência e rejeita o texto.

2. Em virtude de aspectos como a dependência de outras pessoas para virar a página, o desconhecimento de vocabulário, bem como um ritmo menos ágil de leitura, muitos alunos com necessidades especiais

---

5. O Instituto Benjamin Constant, assim como outras organizações, oferece orientações em seu *site* na internet sobre como o voluntário deve proceder na gravação de livros para a fitoteca.

não conseguem ler a mesma quantidade de texto que se espera dos alunos regulares. Vai ocorrendo um descompasso crescente entre o aluno com necessidades especiais e seus colegas em termos de quantidade de publicações lidas, com o desempenho do aluno com necessidades especiais cada vez mais aquém.

Nessas circunstâncias, uma opção pedagógica viável é propor a adoção do livro gravado. Muitos educadores poderão levantar críticas diante dessa ideia, afirmando que, se o aluno deficiente percebe que poderá ter acesso ao livro ouvindo as gravações, ele não vai se esforçar para ler, já que ouvir a fita lhe exige bem menos esforço. Não se trata de substituir o ler pelo ouvir. As duas práticas são importantes. No entanto, entre ficar sem contato com a obra de determinado autor e ouvir a gravação dela, na impossibilidade de lê-la com autonomia, pensamos que é preferível que o aluno tenha contato com a obra gravada. Dessa forma, poderá conhecer os personagens de uma obra, acompanhar as intrigas e o desenrolar da história discutida em sala de aula, mesmo que não tenha realizado a leitura por si. Talvez não tenha instrumentos para ler um texto complexo com autonomia, mas conseguirá ouvir o texto gravado e se apropriar de informações compatíveis com sua faixa etária.

Onde conseguir as obras gravadas? Elas podem ser adquiridas em:

- fitotecas utilizadas pelos alunos com cegueira;
- ONGs onde voluntários se dispõem a ler e gravar textos para pessoas com necessidades especiais;
- editoras brasileiras que estejam seguindo a prática internacional, disponibilizando livros gravados comercialmente para todo tipo de público;
- produtoras comerciais de histórias musicadas para crianças em CD.

Histórias musicadas

Você sabia que, na pré-escola e no primeiro ciclo da educação fundamental, já existe uma prática equivalente ao uso do livro falado? É tão banal o uso da história cantada nos discos e fitas para crianças que nenhum educador se opõe à presença desse recurso na escola, considerando que a criança vai se tornar dependente do disco e por isso não vai querer aprender a ler por si. Destacamos entre as produções clássicas no Brasil as histórias musicadas: *Pedro e o lobo*, *Os saltimbancos* e *Dona Baratinha*, bem como edições cuidadosas de outros contos de fadas, mitos e fábulas. Histórias já conhecidas do público infantil, como *Marcelo, marmelo, martelo*, de Ruth Rocha, e *O menino maluquinho*, de Ziraldo, foram lançadas em CD. Recentemente, a produtora Palavra Cantada vem lançando histórias musicadas em edições primorosas, entre as quais constam: *Mil pássaros*, em que Ruth Rocha lê sete histórias; *Noite feliz*, com músicas e narrativas de Natal, e *Histórias gudórias de gurumfórias de maracutórias ziringabutórias*, narrando façanhas de Francisco Marques, o Chico dos Bonecos, com seus brinquedos sonoros.

A indústria cultural brasileira tem crescido muito nos últimos 20 anos e vem lançando materiais belíssimos, de alta qualidade artística, para o público, infantil. O cuidado com os arranjos dos projetos de novos grupos de músicos está representando uma grande contribuição do ponto de vista cultural. Com esse impulso recente, a sonoridade da música característica de nossa diversidade regional chega à escola valorizada por um excelente trabalho de interpretação.[6]

Existe todo tipo de narrativas musicadas, abordando meio ambiente, diversidade cultural e história do Brasil, como vemos no exemplo que segue:

> Eu (Paulo Tatit)[7]
>
> "Perguntei pra minha mãe
> Mãe, onde é que você nasceu?
> Ela então me respondeu
> Que nasceu em Curitiba
> Mas que sua mãe que é minha avó
>
> Era filha de um gaúcho
> Que gostava de churrasco
> E andava de bombacha
> E trabalhava num rancho
>
> E um dia bem cedinho
> Foi caçar atrás do morro
> Quando ouviu alguém gritando
> Socorro, socorro
>
> Era uma voz de mulher..."

Diversos trabalhos musicados são intertextuais, ou seja, remetem a histórias que já constam do repertório cultural da criança e focalizam ludicamente um dos aspectos presentes na história, como, por exemplo, a sequência numérica, como se percebe no segmento a seguir:

---

6. Não cabe aqui indicar obras, pois seria fácil omitir trabalhos importantes. Na parte final do livro, entre os *sites* citados, o leitor poderá encontrar endereços na internet de diversas produtoras que trabalham com histórias contadas e cantadas.
7. Segmento extraído do CD *Canções curiosas*. São Paulo: Palavra Cantada – Prod. Sandra Peres e Paulo Tatit, sem data.

> Soneca (Rodolfo Stroeter e Edgar Poças)[8]
>
> São 7, são 7, são 7 anõezinhos
> Contei 1, 2, 3, 4, 5 e 6
> São 7 que eu sei e passaram só 6
> Se não pinta o 7 eu conto outra vez.
> (...)

O trabalho de Dércio Marques, por exemplo, propõe-se a musicar poesias:

> A língua do nhém
> (Poema de Cecília Meireles, música de Dércio Marques)[9]
>
> Havia uma velhinha que andava aborrecida
> Pois dava sua vida para falar com alguém
> Estava sempre em casa a boa da velhinha
> Resmungando sozinha
> Nhém, nhém, nhém, nhém, nhém...

Há numerosos trabalhos produzidos para as crianças brasileiras que lidam com a sonoridade da palavra, com as estruturas dialogadas e de perguntas e respostas, que podem ser explorados na aproximação da linguagem oral e escrita em sala de aula. Veja o exemplo abaixo, em que a herança cultural do circo constitui um diálogo musical:

> Remelexo (Palhaço Frajola)[10]
>
> *Palhaço*: Boa noite, boa tarde, bom dia!
> *Meninos*: Olá como vai sua tia!
> *Palhaço*: Tudo bem, tudo bem, tudo bem?
> *Meninos*: Muito bem, muito bem, bem, bem!...

Os absurdos e as brincadeiras de sentidos e sonoridades têm espaço tradicional no cancioneiro infantil, como vemos no exemplo a seguir, que se tornou um grande favorito nas escolas em São Paulo, por permitir infinitas invenções, cada uma mais indigesta que a anterior:

---

8. Segmento extraído do CD *Canções de ninar*. São Paulo: Palavra Cantada – Prod. Sandra Peres e Paulo Tatit, sem data.
9. Segmento extraído do CD *Anjos da Terra*, Dércio Marques, São Paulo: Devil Discos, sem data.
10. Segmento extraído de *Remelexo – Cirandas e cantigas de brincar*, Palhaço Frajola. Belo Horizonte: Sonhos e Sons, sem data.

> Sopa (Sandra Peres)[11]
>
> Que que tem na sopa do neném?
> Que que tem na sopa do neném?
>
> Será que tem espinafre?
> Será que tem tomate?
> Será que tem feijão?
> Será que tem agrião?
> É 1, é 2, é 3
>
> Será que tem rabanete?
> Será que tem sorvete?
> Será que tem berinjela?
> Será que tem panela?
> É 1, é 2, é 3

Algumas letras oferecem uma possibilidade ímpar de trabalhar conteúdos tradicionais de ciências e estudos sociais, como vemos neste exemplo do CD *Canções de brincar*, produzido pela Palavra Cantada:

> Água (Paulo Tatit e Arnaldo Antunes)
>
> Da nuvem até o chão
> Do chão até o bueiro
> Do bueiro até o cano
> Do cano até o rio...

Não foi nossa pretensão apresentar *toda* a produção musical que pode ser utilizada na sala de aula, tampouco indicar as melhores músicas para o trabalho pedagógico. O ensino de música na escola é muito mais abrangente do que trabalhar com músicas como recurso do letramento. Nossa intenção aqui foi evidenciar relações com a oralidade presentes em algumas produções voltadas ao público infantil que se destacaram nos últimos dez anos pela qualidade musical e que exemplificam possibilidades de trabalho com a linguagem, considerando alunos que aprendem melhor quando texto e melodia se integram do que quando o verbal é apresentado "a seco".

Na próxima parte deste capítulo, abordaremos as estratégias de acessibilidade ao texto escrito, considerando necessidades especiais de pessoas com visão subnormal ou que tenham dificuldade de fixar o olhar em razão de distúrbios neuromotores.

---

11. Letra extraída de *Canções de brincar*. São Paulo: Palavra Cantada – Prod. Sandra Peres e Paulo Tatit, 1996.

Adaptação dos textos para melhor visualização[12]

Quando há visão reduzida, o que o aluno efetivamente enxerga varia conforme a causa e a extensão do dano visual. Outro fator determinante será o grau de melhora na recepção da imagem obtido pela correção da acuidade por meio de óculos. Alunos com quadro neuromotor deficiente também podem apresentar dificuldades de visualização, em virtude de problemas relacionados à coordenação muscular dos olhos e da cabeça, que atrapalham a fixação e o foco. Para esses alunos, alguns cuidados podem ser tomados na sala de aula a fim de melhorar a sua condição de leitura, mas será preciso analisar as necessidades caso a caso.

O ser humano *aprende a enxergar*, por isso, a história de cada um afeta o aproveitamento do resíduo visual. Quando se adquire um *deficit* visual depois da primeira infância, ou mesmo da adolescência em diante, um trabalho consistente para aprender a localizar, fixar e interpretar determinados detalhes melhora a visualização.

O aluno com visão reduzida e com dificuldade de fixação visual

Para que o educador possa apresentar materiais gráficos compatíveis com as especificidades individuais do aluno com visão reduzida, ele precisa de informações sobre as necessidades desse aluno. Circulam na escola algumas ideias equivocadas sobre o comportamento visual dessa criança, então, esperamos que a síntese que segue possa servir para orientar a postura pedagógica, a escolha e a produção de material gráfico para aqueles que necessitam de adaptações especiais.

Para efeito didático, vamos apresentar quatro tipos frequentes de alteração visual, lembrando que há alguns outros fatores que podem estar associados ao aproveitamento do resíduo visual, como a época em que a perda (congênita ou adquirida) ocorreu, a correção da miopia, hipermetropia ou astigmatismo com óculos, o acompanhamento por profissionais especialistas em programas de treinamento, a presença de movimentos involuntários da cabeça ou dos olhos (nistagmo), entre outros.

A localização da lesão no olho está diretamente relacionada com o tipo de prejuízo

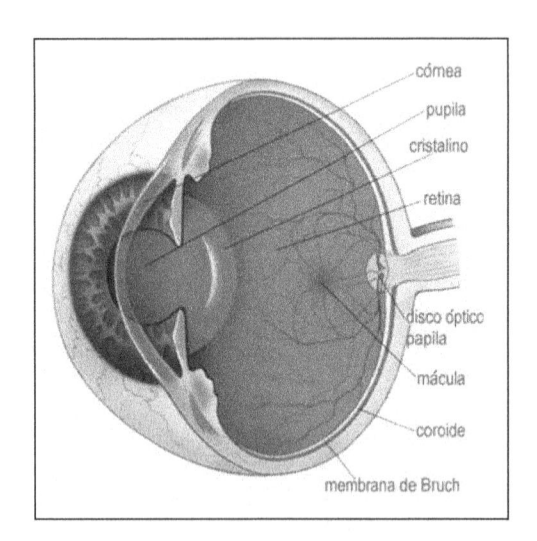

Figura 3 - Corte do olho

---

12. As orientações desta parte foram sintetizadas com base nos livros: Oliveira, Kara-José e Sampaio (2000a) e Oliveira, Kara-José e Sampaio (2000b).

visual que o aluno deficiente visual apresenta. A Figura 3 poderá ajudá-lo a identificar as partes do olho e a função de cada parte.

De forma muito resumida, as células nervosas sensíveis à cor (cones) e à luz (bastonetes) encontram-se na retina. Os cones se localizam próximos da mácula, região central da retina onde se forma a imagem na sua maior nitidez. Na mácula, ou fóvea, ocorre a percepção dos detalhes, tanto na visão para perto quanto na visão para longe. Essa é a área que usamos para leitura, pois envolve a discriminação dos detalhes da grafia. A percepção dos movimentos e da presença dos objetos, dos contrastes, ocorre na parte periférica da retina. Utilizamos essa parte quando nos locomovemos. Os bastonetes, sensíveis à claridade, permitem enxergar quando há pouca luminosidade (à noite, por exemplo).

O dano a uma parte específica do olho afetará, então, a percepção visual de uma determinada maneira. Por exemplo, se a região da mácula estiver afetada, perdem-se os detalhes e a nitidez, mas, se houver dano na região periférica da retina, a visão noturna poderá ser afetada e o campo visual ficará reduzido, provocando insegurança na locomoção. Por isso, as adaptações de material devem considerar o tipo de visão residual que o aluno conseguiu preservar. As células remanescentes também podem assumir novas funções por meio de treinamento. Quem pode indicar aquilo que é mais confortável, o que dá para visualizar bem, é o próprio aluno. Seguindo o princípio da mediação, no entanto, o educador pode ainda assim destacar verbalmente para o aluno aquilo que é mais relevante no material que está sendo trabalhado.

Caracterização da visão conforme o quadro clínico

A *catarata congênita* é definida como uma opacificação do cristalino (a lente), e resulta numa visão ofuscada, com perda geral de foco. Há graus e tipos diferentes de catarata, causados por diversos fatores, entre eles o vírus da rubéola, durante a gestação. Vemos na simulação a seguir (p. 104) que a catarata, por impedir a passagem da luz, prejudica a nitidez da visualização em todo o campo visual.

O *glaucoma* define-se como o aumento da pressão interna do olho. Quando o aluno apresenta glaucoma congênito,[13] pode ocorrer aumento do globo ocular, com bastante sensibilidade à luz, lacrimejamento e coceira. O cuidado envolverá o controle da pressão intraocular por meio de colírios e possivelmente cirurgia. A visão periférica fica prejudicada no glaucoma, e o campo visual do aluno pode ficar bastante restrito, como se ele estivesse enxergando por um tubo (visão tubular).

---

13. Na faixa etária do escolar, é mais frequente o glaucoma congênito.

Figura 4 – Foto sem alteração

Figura 5 – Imagem sem foco

Figura 6 – Imagem apenas central, com perda da imagem periférica

Figura 7 – Imagem sem visualização de algumas partes

A *toxoplasmose* pode ser transmitida para o feto pela mãe infectada durante a gestação. É contraída por contato com fezes de animais infectados pela zoonose: gato, cachorro, aves, porco. A lesão na retina (coriorretinite) provoca ausências de parte da imagem. Se a lesão for na mácula, na região central, os prejuízos serão ainda maiores.

Considerando as diferenças de visualização, não é possível adaptar um único material para todas as crianças com visão reduzida. As necessidades de cada caso precisam ser consideradas individualmente. Como princípio geral, no entanto, podemos afirmar que o aluno com baixa visão não consegue utilizar material impresso comum. No caso da maioria desses alunos, para garantir o acesso ao material didático, exigem-se traços mais espessos e fontes (letras) ampliadas, tanto para a escrita quanto para as ilustrações, incluindo figuras, tabelas, mapas e desenhos.

Quando há quadro de distúrbio neuromotor, o aluno às vezes apresenta incoordenação dos movimentos dos olhos e/ou da cabeça, mesmo que sua acuidade visual não esteja afetada. Tremores, movimentos involuntários de cabeça, estrabismo e/ou nistagmo (movimento lateral involuntário do globo ocular) atrapalham a fixação visual no momento da leitura, fazendo com que o aluno perca seu lugar no texto, obrigando-o a recomeçar a todo instante. A adaptação visual de textos e imagens pode beneficiar alunos com paralisia cerebral e outros distúrbios neuromotores, crianças com deficiência mental, autismo, como também alunos com visão reduzida. O texto fica mais acessível quando é reproduzido eliminando-se os excessos de detalhes e estímulos visuais, deixando a imagem e o texto mais limpos.

Sônia Salomon propõe um trabalho com pessoas com perda visual para que aprendam a ajustar a posição da cabeça e do corpo, encontrando uma posição confortável.[14] Talvez o aluno com visão subnormal enxergue melhor ao virar a cabeça de lado, para utilizar a visão periférica. Talvez seja o caso de aproximar o texto dos olhos. Diferentemente do que dizem, trazer o texto para bem perto dos olhos não prejudica a visão. O que pode acontecer é cansaço, desconforto ou problemas posturais em consequência da posição assimétrica da cabeça e da tensão no pescoço. Por isso, intervalos durante a leitura para alongar, descansar, mudar de posição, serão importantes.

Figura 8 - Prancha de mesa

Não é somente a criança que se posiciona para ver. O material também poderá ser erguido. A visualização melhora quando se utiliza uma prancha em cunha ou um apoio para erguer o texto na horizontal.

Se a criança não consegue ver a lousa, mesmo com recursos ópticos especiais (telelupa), ela poderá se aproximar da lousa. Nesse caso, o texto deverá estar numa altura que ela consiga enxergar quando fica bem perto.

Figura 9 - Material sobre caixa

Às vezes, a criança deficiente visual movimenta a cabeça de maneira pouco usual, mas é dessa maneira que conseguirá enxergar. Mediada pelo adulto, ela pode aprender a procurar os detalhes relevantes, que lhe fornecerão importantes dicas para identificação daquilo que está diante de si.

Numa cédula de real, por exemplo, vários fatores visuais – como a cor, as figuras ou a localização dos numerais – são pistas determinantes do valor. Se procurar na área central, encontrará a figura; ao lado esquerdo, encontrará o numeral. Do outro lado da cédula, onde está desenhada uma figura, a nota é lida em posição vertical, e os numerais são menores e mais difíceis de identificar. Mesmo que a lesão visual em si não diminua, a função visual pode melhorar consideravelmente quando o deficiente visual sabe onde procurar as informações de que necessita para identificar o valor da cédula. Com isso, desenvolve o potencial do resíduo visual.

---

14. Essas recomendações são propostas por Sônia Maria Salomon (2000). Sugestões práticas também se encontram em capítulo de Baumel e Castro (2003).

Ampliação gráfica do texto

Como dissemos, para o aluno com visão reduzida ou com problemas de coordenação visual, o tamanho padronizado das fontes para os materiais didáticos geralmente é muito pequeno para uma boa visualização, exigindo-se a ampliação. Não há um tamanho de fonte ou tipo de fonte ótimos, que valham para todos os alunos com visão reduzida, pois, como vimos, as necessidades variam de acordo com a natureza da visão residual. Na escola, são utilizados textos escritos de todo tipo, incluindo também gráficos e tabelas, escrita numérica, mapas, figuras e desenhos. O material poderá ser copiado a mão, digitado ou escaneado, considerando o tamanho que a criança conseguirá visualizar. Diversos aspectos interferem na visualização de um texto, como o tamanho das letras, os tipos das letras, o quanto uma letra está próxima da outra, o espaço entre as linhas. Trabalhando no editor de textos, tudo pode ser ajustado, principalmente quando se utiliza o procedimento de escanear o texto para poder editá-lo, sem ter de reescrever tudo. Para auxiliar na melhor visualização, é possível:

- ampliar o texto em fotocópia;
- editar a página, retirando os excessos de detalhes;
- aumentar espaços entre as letras e entre as linhas;
- utilizar escrita em negrito, com traços mais espessos;
- substituir o tipo de fonte por outro mais nítido (o mais indicado, segundo especialistas que atuam com alunos com cegueira, é a fonte Arial).

Visualização de maiúsculas e minúsculas

Atualmente, ao iniciar a alfabetização nas escolas brasileiras, têm-se utilizado letras maiúsculas, que se diferenciam mais entre si do que as minúsculas. Por exemplo, compare as letras abaixo:

A	B	C	Ç	D	E	F	G	H	I	J	K	L	M	N	O	P	Q	R	S	T	U	V	W	X	Y	Z
a	b	c	ç	d	e	f	g	h	i	j	k	l	m	n	o	p	q	r	s	t	u	v	w	x	y	z

A seguir (p. 107), nos agrupamentos de letras minúsculas (fileira superior), percebe-se que as formas das letras são parecidas, mas distinguem-se porque uma é a inversão da outra; uma tem uma "haste" que sobe, enquanto a outra desce, entre outras sutis diferenças – são sutilezas que o iniciante não nota prontamente. As letras maiúsculas na fileira inferior são muito menos semelhantes entre si.

p	q	d	b
P	Q	D	B

h	n	u	r
H	N	U	R

i	j	l
I	J	L

t	f
T	F

a	e	o
A	E	O

Algumas letras maiúsculas também são bastante semelhantes entre si, como podemos comprovar na fileira superior da tabela abaixo. No entanto, o que as distingue não são inversões de posição, fator bastante desafiador para o aluno iniciante, que às vezes ainda confunde direita e esquerda. Você pode comprovar que as diferenças são quanto à quantidade e localização de traços que compõem a letra, que se posiciona basicamente num eixo vertical. Para a criança que está iniciando seu contato com as letras, detalhes assim fazem uma grande diferença, principalmente para quem apresenta baixa visão.

E	F
e	f

A	H
a	h

P	B	R	D
p	b	r	d

G	Q
g	q

Z	N	M
z	n	m

Talvez você se pergunte, por que, então, não escrevemos apenas com letras maiúsculas, já que são mais fáceis de grafar para o iniciante. Também são mais fáceis de escrever no caso do aluno que apresenta incoordenação manual, por serem mais retilíneas. Dada a complexidade da questão, não existe um procedimento correto que possa ser determinado antecipadamente. No entanto, o domínio da leitura e escrita de qualquer material produzido na nossa sociedade exige fluência na decodificação de tipos muito variados de escrita.

Refletindo sobre o ato de escrita para alunos com necessidades especiais

Alunos que apresentam moderada incoordenação manual e interferência de movimentos involuntários decorrente do distúrbio neuromotor (como a paralisia cerebral, por exemplo) *talvez* consigam escrever letras maiúsculas com apoio de uma régua vazada, mas dificilmente conseguirão escrever em letra cursiva legível, de maneira ágil e funcional. Por que insistir nisso, se há alternativas tecnológicas, como escrever numa máquina eletrônica ou no teclado de um computador? Vale a pena investir no treinamento dos movimentos manuais quando os prejuízos motores manuais são consideráveis?

Existe uma polêmica entre especialistas da educação especial, da qual o professor deve se inteirar, sobre o treinamento de escrita manual, tanto no campo da deficiência visual quanto no da deficiência motora.

No caso do aluno com cegueira, alguns especialistas argumentam que o braile é o seu veículo de escrita, portanto, não há sentido em ensinar as formas das letras do alfabeto em tinta, usando relevos e recortes para que ele possa sentir o formato das letras. Outros profissionais reconhecem que, embora o cego não tenha como ler grafia em tinta, o aluno deficiente visual vai conseguir entender muito mais do que se passa a seu redor na sala de aula se tiver familiaridade com a forma das letras. Para tanto, o aluno com cegueira pode manusear letras do alfabeto em material tridimensional, como madeira, plástico ou letras emborrachadas. Além de reconhecer as formas, ele deve aprender a grafá-las, utilizando prancha texturizada.

Ademais, ele precisa aprender a assinar o próprio nome, tendo em vista a função social da assinatura. A assinatura em braile como marca pessoal *não existe*. Criar uma assinatura manuscrita numa régua vazada não é solução, porque qualquer pessoa poderia pegar esse instrumento e grafar a assinatura de uma pessoa com deficiência visual num documento ou cheque. Se o objetivo de ensinar o aluno cego a escrever em tinta for a assinatura do nome próprio, seria uma insensatez ensinar apenas as letras que constam do seu nome; ele deve aprender todas, bem como os numerais. Conhecendo também a escrita em tinta de numerais, na ausência de uma reglete para escrita em braile, ele terá possibilidade de fazer uso de papel e caneta para anotar um número de telefone, um endereço, registrar um recado ou bilhete, para posterior transcrição em braile.

Figura 10 - Desenho de aluno cego sobre prancha com tela

Utilizando uma máscara vazada de metal, plástico ou papel-cartão, conhecida como régua guia, ele poderá exercer sua cidadania, como todas as outras pessoas, quando aprender a grafar as letras do nome.

Tem circulado entre educadores de alunos cegos uma estratégia para auxiliar a mapear as letras maiúsculas do alfabeto dentro de um espaço que já é do seu domínio, qual seja, a cela da reglete braile. Tomando emprestado

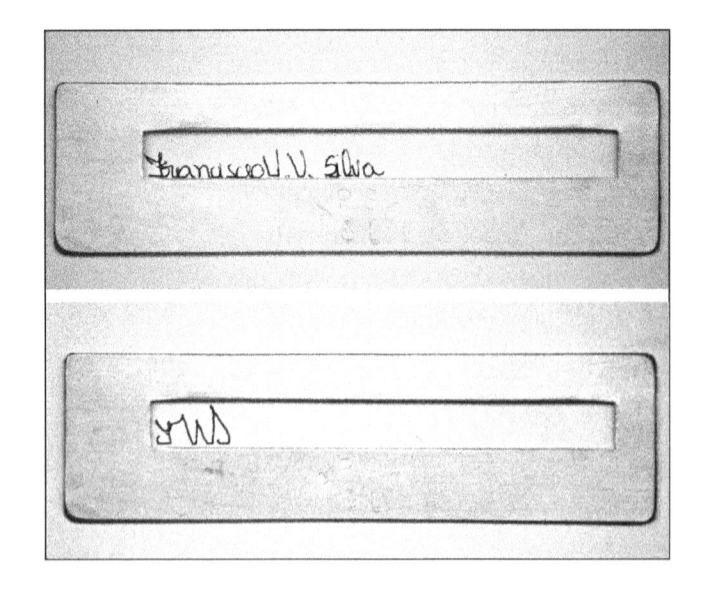

Figura 11 - Assinatura e rubrica na régua guia

do campo da tecnologia o desenho dos numerais de mostradores digitais, propõe-se uma escrita de letras que se apoia nas relações dos seis pontos, diagonalizando traços quando necessário. Nesse caso, o aluno deve seguir sempre a mesma sequência, pois, como não terá retorno visual sobre sua produção, não terá como corrigir falhas. Algumas letras são mais difíceis de grafar do que outras utilizando esse instrumento, como se observa para as letras G, Ç e W, bem como as vogais acentuadas. De qualquer forma, trata-se de uma estratégia que vem a somar.

Utilizando a prancha coberta de tela, o aluno com cegueira pode realizar exercícios de escrita para sentir a forma das letras que marcou. Como exercício, a prancha texturada é útil para a aprendizagem das letras. Explorando tamanhos e formas, a própria pessoa com cegueira poderá analisar os resultados de suas marcas, definindo o tamanho que lhe permite maior percepção da forma da letra.

As crianças que enxergam têm amplas oportunidades de desenvolver a coordenação de traçados em atividades lúdicas e representacionais na educação infantil, quando desenham, pintam, fazem colagens e modelagem. Brincando, exploram as possibilidades das marcas e dos movimentos na folha. Lembre-se de que a criança com cegueira também precisa de uma vivência equivalente, garantindo-se o *feedback* tátil do trajeto de suas marcas. Atividades de artes plásticas trarão grande benefício para a fluência das marcas e a orientação de seus traçados, quando ela estiver aprendendo a grafia das letras formalmente.

Existe ainda a possibilidade de orientar a escrita de uma rubrica no lugar da assinatura do nome completo. Quando o espaço de assinatura for muito pequeno, a rubrica pode ser a melhor solução (Figura 11).

No caso do aluno com distúrbios neuromotores que afetem a motricidade manual, um guia em metal ou plástico vazado pode servir como espaço para conter a escrita. Alunos com movimentos manuais involuntários e/ou incoordenados têm maior facilidade em grafar letras bem quadradas. Por exercerem muita força sobre o lápis, pode ser interessante utilizar papéis de gramatura 90 e lápis de carpinteiro com esses alunos.

Refletindo sobre o ato de ler

Temos até aqui valorizado a utilização das letras maiúsculas na escrita de alunos com deficiência. Para leitura, no entanto, é preciso garantir o aprendizado das letras de imprensa minúsculas, porque, quando se tem uma quantidade muito grande de texto para ler, as letras minúsculas permitem uma agilidade de leitura bem maior. Compare a leitura do texto a seguir grafado em letra maiúscula e em minúscula.

> DR. AUGUSTO RUSCHI, O NATURALISTA E OS SAPOS VENENOSOS.
> ELE ERA NATURALISTA PORQUE GOSTAVA DA NATUREZA, ESTUDAVA A NATUREZA, ENTENDIA OS BICHOS, AS MATAS, AS FORMIGAS, OS PASSARINHOS E DEFENDIA A NATUREZA.

> Dr. Augusto Ruschi, o naturalista e os sapos venenosos.
> Ele era naturalista porque gostava da natureza, estudava a natureza, entendia os bichos, as matas, as formigas, os passarinhos e defendia a natureza.

Mesmo as letras sendo maiores, a interpretação do texto é muito mais fácil em minúsculas. O segredo disso está nas hastes das letras b, d, f, h, k, l, t, que aparecem acima das outras letras, e das "pernas" que aparecem abaixo, nas letras g, j, p, q (e, às vezes, no z manuscrito).

Assim, aumentar o tamanho da fonte não significa colocar tudo em maiúscula, mas, sim, aumentar o tamanho das letras na fonte usual de imprensa.

Aumentando os contrastes

Outra opção que pode auxiliar a visualização é trabalhar com contrastes mais demarcados, variando a cor de fundo, para encontrar uma relação entre a cor de fundo e a cor de texto que seja apropriada para o aluno. Isso também vale para a escrita na lousa. Os contrastes melhores na lousa verde são o giz branco ou amarelo; na lousa branca, a caneta preta ou azul. Nos livros didáticos, a transparência do papel, em que o texto do verso aparece, atrapalha muito. Quando o aluno precisa de adaptações para visualizar melhor, talvez seja recomendável trabalhar no caderno só na frente, desconsiderando o verso.

Talvez não seja necessário ampliar as imagens, bastando reforçar os traços do material, no caso de desenhos, mapas e gráficos, por exemplo. Dependendo do aluno, ele poderá visualizar melhor os traços de caneta de ponta porosa preta média ou fina. Talvez prefira a esferográfica preta, que não fica tão borrada. Para escrever, poderá utilizar esses instrumentos ou ainda lápis macio, como 6B ou 3B, mas outros tipos podem ser testados, dependendo da pressão manual que o aluno exerce sobre o grafite. O próprio aluno precisa avaliar o instrumento que lhe serve melhor na prática escolar.

Iluminação

Como vimos, dependendo das necessidades especiais para leitura, tanto no caso de perda visual como no de distúrbio neuromotor, poderá ser necessário adaptar a iluminação. Alguns alunos com paralisia cerebral apresentam bastante fotofobia, e não suportam o mesmo grau de claridade ou reflexão de luz que outros alunos. No glaucoma, no entanto, a visibilidade é muito prejudicada quando há pouca claridade, porque a visão periférica (que se encontra mais danificada) atua na luz baixa.

Lembre-se, é preciso iluminar o texto, não os olhos do aluno. Geralmente, a luz indireta é melhor, principalmente para leitura em papel brilhante, como o cuchê.

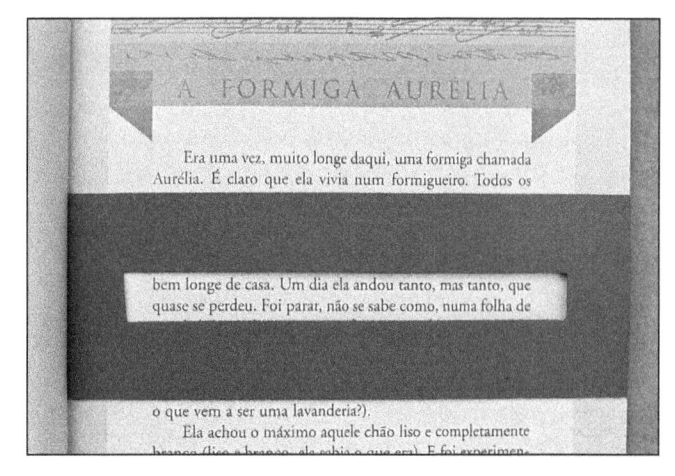

Figura 12 - Guia de leitura

Guias e réguas

Outros recursos simples, como guias e réguas, auxiliam na leitura e são interessantes tanto para alunos com incoordenação motora como para os que apresentam visão reduzida. Uma régua que corre sob a linha de escrita ajuda a não perder o lugar. Um guia em papel ou lâmina de material emborrachado (EVA) na cor preta (ou outra cor que auxilie na visualização), com janela recortada, pode correr sobre o texto, dando destaque à parte que está sendo lida. No caso de alunos com glaucoma, além de vedar o resto do texto, conduzindo o aluno na leitura da linha, veda a iluminação do restante da folha a ser lida, já que a brancura ofusca os olhos de quem apresenta fotofobia. Essa estratégia pode ser utilizada para substituir a necessidade de trabalhar com folhas não brancas.

Conclusão

Lembramos que são as necessidades da prática cotidiana que determinam os recursos e os instrumentos mais eficazes para solucionar as dificuldades do cotidiano da sala de aula. Profissionais especializados podem ser consultados, contribuindo para auxiliar o professor a encontrar maneiras simples de resolver problemas de acessibilidade na prática pedagógica. Os familiares também conhecem estratégias que podem ser aproveitadas na escola. No entanto, muitas vezes, o próprio aluno tem ideias práticas que atendem às suas necessidades. Ele é o maior interessado, e precisa ser valorizado nas decisões pedagógicas que lhe dizem respeito. Como vimos neste capítulo, estratégias inicialmente inventadas tendo em vista um tipo de necessidade podem ser transferidas para outros usuários, num processo de hibridização de instrumentos que é muito salutar na educação especial.

6 A língua de sinais na escola inclusiva

Inúmeros mitos circulam na escola regular sobre o aluno surdo, relacionados a sua capacidade de leitura labial e a seu aproveitamento em sala de aula, bem como à questão da língua de sinais e do alfabeto manual. Este capítulo pretende definir e clarear alguns conceitos utilizados nessa área de atuação e dialogar com você, de forma a desmitificar concepções e generalizações que foram se estabelecendo na cultura escolar, transmitidas de um para o outro, até constituir um ideário de um aluno surdo genérico que pouco contribui para o processo escolar desse aluno com necessidades especiais bastante específicas. Também propomos a ideia de que outras pessoas, ouvintes, com necessidades especiais de outra ordem, como distúrbios neuromotores ou deficiência mental, podem se beneficiar dos sinais para interagir na escola e em casa.

A criação dos sistemas de sinais em vários contextos

Vygotsky (1987/1934) escreveu que os homens pré-históricos trocaram a comunicação gestual pela comunicação oral, pela palavra, quando começaram a utilizar ferramentas; trabalhando, com as mãos ocupadas, precisaram inventar uma alternativa para dialogar. Essa ideia ressalta a naturalidade da interação pela linguagem das mãos e, de certa forma, explica por que o movimento contrário (da linguagem oral para a gestual) é um processo reinventado na história dos grupos sociais com tanta frequência, quando a situação exige.

Você sabia que existem várias linguagens manuais criadas em diversos momentos da história da humanidade, para uso em contextos variados, tendo em vista possibilitar a comunicação e a interação linguística em situações em que a fala era inviável, proibida ou impossível?

Mergulhadores, por exemplo, criaram um sistema de códigos gestuais para se comunicar debaixo d'água, onde a fala não é possível. Considerando os riscos de uma comunicação equivocada em circunstâncias perigosas, fica evidente o quanto essa comunicação deve ser bem assimilada durante os cursos de mergulho para garantir a segurança no meio líquido.

Uma língua de sinais também se desenvolveu entre indígenas do planalto americano.[1] Nesse caso, tribos distintas, incluindo os *blackfoots*, os *cheienes*, os *siouxs* e os *arapahoes*, que não falavam a mesma língua, encontravam-se periodicamente e precisavam de uma forma convencional de comunicação. Desenvolveram, ao longo do tempo, um sistema sinalizado bastante eficiente, com o qual conseguiam realizar alianças e comércio.

No período medieval, do outro lado do oceano, grupos de monges criaram sua própria comunicação manual. O voto de silêncio em mosteiros europeus dos primeiros séculos da era cristã levou à convencionalização de gestos para permitir a comunicação cotidiana entre monges. Em algumas comunidades, até hoje, monges trapistas (da ordem cisterciense) comunicam-se por gestos em suas atividades cotidianas no mosteiro.

Veja como se concebia a função do silêncio no período monástico, segundo regras registradas por são Basílio Magno.

> **A PRÁTICA DO SILÊNCIO SEGUNDO SÃO BASÍLIO MAGNO, IV D.C.**
>
> É bom para os noviços também a prática do silêncio. Se dominam a língua, darão simultaneamente boa prova de temperança. Com o silêncio aprenderão junto dos que sabem usar da palavra, com concisão e firmeza, como convém perguntar e responder a cada um. Há um tom de voz, uma palavra comedida, um tempo oportuno, uma propriedade no falar, peculiares e adequados aos que praticam a piedade. Não os aprende quem não tiver abandonado aquilo a que estiver acostumado. O silêncio traz consigo o esquecimento da vida anterior, em conseqüência da interrupção, e proporciona lazer para o aprendizado do bem.
> Assim, a não ser por questão especial atinente ao bem da própria alma, ou por inevitável necessidade de um trabalho em mãos, ou por negócio urgente, guarde-se o silêncio, excetuada, é claro, a salmodia. (Basílio Magno c. 370/1983, p. 70)

Repare que, na Igreja primitiva, considerava-se que era preciso desvestir-se dos costumes anteriores, purificando-se no silêncio, para aprender uma nova maneira de viver. O contato com o mundano contamina a alma, e o silêncio tem a função de apagar as lembranças da vida pregressa.

Bases históricas da língua de sinais

A língua de sinais que conhecemos hoje no Brasil, utilizada pelos surdos, teve origem na sistematização realizada por religiosos franceses,

---

1. Veja mais sobre este assunto em Tomkins (1969).

desenvolvida a partir de 1760. Já havia antecedentes de educação de surdos, com ênfase no ensino da escrita com o alfabeto manual e na fala, com algumas histórias de sucesso. Muitas estratégias de ensino foram inventadas, umas mais, outras menos sensatas. Um pesquisador alemão pouco convencional chamado Samuel Heinicke inventou uma máquina de linguagem para ensinar os surdos a falar. Em vez de aproveitar a visão como sentido principal, ele propôs o paladar, associando sons vocálicos a sabores (A com água; E com extrato de losna; I com vinagre; O com água com açúcar; U com azeite; para os sons híbridos, fazia misturas dos sabores).

O abade de l'Épée é destacado na história da educação do surdo por ter reconhecido a necessidade de usar sinais como ponto de partida para o ensino (Rée 2000). O próprio l'Épée relatou como se envolveu com esse trabalho. Duas irmãs gêmeas surdas estavam sendo educadas pelo padre Vanin, que veio a falecer. L'Épée se propôs a dar continuidade ao ensino em 1760 por temer que, sem professor, elas morressem na ignorância de sua religião. Decidiu mudar a metodologia utilizada anteriormente, que era o uso de gravuras para ensinar o cristianismo, pois entendeu que a compreensão se restringiria ao significado literal, físico da imagem, e que o sentido mais profundo da fé seria impossível de transmitir apenas por figuras. Resolveu ensinar linguagem pelos olhos, em vez de pelos ouvidos, apontando os objetos com uma mão e escrevendo o nome correspondente numa lousa, com a outra. Lembrou-se de um alfabeto bimanual que utilizara na escola para poder se comunicar com os colegas sem ser descoberto pelo mestre. Com esse método associacionista, logo as meninas estavam lendo e escrevendo os nomes das coisas. No entanto, esse sistema não permitia maiores avanços, porque não contemplava nenhuma gramática, nem sentidos abstratos, essenciais para o ensino religioso, restringindo-se à nomeação de objetos presentes, visíveis, perceptíveis pelos sentidos. Ele chegara a um impasse.

Num momento de *insight*, porém, deu-se conta de que as meninas já deveriam possuir um sistema gramatical, pois elas se comunicavam entre si com muita fluência. L'Épée concluiu que deveria aprender os sinais com suas alunas surdas para então lapidá-los, desenvolvendo um método para aproximar os sinais à língua francesa. O número de alunos aumentou, acolhendo outros surdos que vagavam pelas ruas de Paris; a escola, filantrópica, não fechava as portas a ninguém. Diferentemente de outros profissionais de outras partes da Europa, que escondiam o segredo de seu sucesso de ensino de surdos, o abade de l'Épée convidava os interessados a visitar sua instituição, para que conhecessem sua metodologia e semeassem suas ideias em outros centros, numa obra verdadeiramente missionária. Esse é o motivo por que os Estados Unidos herdaram o sistema de sinais francês em vez da metodologia oralista inglesa ou alemã.

A educação de surdos no Brasil também é de linhagem francesa. Quando Sicard assumiu o Instituto Nacional de Surdos-Mudos de Paris, valorizou a formação de professores surdos, iniciando uma tradição que repercutiu no Brasil na pessoa de Hernest Huet. Esse professor surdo, educado no Instituto de Paris, veio ao Rio de Janeiro em 1855 para iniciar um trabalho de educação de surdos. Por intermédio do marquês de Abrantes, conseguiu que o imperador D. Pedro II provesse os recursos para fundar o Instituto Imperial de Surdos-Mudos, atualmente denominado Instituto Nacional de Educação de Surdos (Ines).[2] Naquela época, na França, a educação dos surdos já pendia para o lado do oralismo, por isso, o modelo de ensino que Huet trouxe ao Brasil enfatizava a leitura labial e a articulação da fala, com apoio da datilologia. No entanto, por ser surdo atuando numa instituição residencial onde os alunos sinalizavam entre si, o contexto foi propício para a constituição de uma língua de sinais brasileira, na confluência da língua de sinais francesa (LSF) com a língua de sinais dos centros urbanos brasileiros (LSCB).[3]

A iniciativa de l'Épée revolucionou as possibilidades de educação, comunicação, interação e cidadania para os surdos, um grupo que se encontrava marginalizado e excluído até então. Sem desmerecer o valor de seu pioneirismo, porém, devemos dizer que os sinais metódicos ensinados pelo abade seguiam palavra por palavra a gramática da língua francesa; eram memorizados pelos surdos, que muitas vezes não compreendiam o que estavam dizendo, escrevendo ou sinalizando. Hoje, sabemos que a gramática da língua de sinais obedece a outra ordem, e os sentidos são estruturados de maneira diferente da linguagem oral. Foi preciso que os surdos se envolvessem com sua própria educação para que eles próprios constituíssem a língua que responderia melhor a suas necessidades.

Sicard seguiu o abade de l'Épée no Instituto de Surdos-Mudos em Paris, atuando de 1800 a 1820, reformulando diversos aspectos do ensino e valorizando mais a participação dos surdos na constituição da língua de sinais. Compreendia que, sem linguagem, a educação não seria possível, porque a linguagem é o meio pelo qual pensamos, comparamos, narramos, discriminamos, percebemos, conceituamos, interagimos. Foi o primeiro a iniciar uma sistematização e um registro em dicionário da língua de sinais, considerando que o papel de sintetizar os gestos manuais deveria caber aos usuários como os primeiros interessados. Um dos fatores cruciais para o estabelecimento do sistema de sinais como língua foi o convívio de um número grande de surdos no Instituto de Surdos-Mudos de Paris; os novatos que chegavam se apropriavam da língua convencionalizada e se tornavam, de certa forma, cidadãos de uma comunidade pela primeira vez.

É certo que, hoje, a comunidade surda no Brasil, representada pela Feneis (Federação Nacional de Educação e Integração dos Surdos),[4] vem sendo a grande responsável pela divulgação da Libras (Língua Brasileira de Sinais),

---

2. Síntese de Maria Aparecida Leite Soares (1999).
3. Argumento de Lucinda Ferreira Brito (1993).
4. Informações adicionais sobre a Feneis poderão ser encontradas no *site* www.feneis.com.br.

militando a favor de uma política de presença de intérpretes em todos os órgãos públicos e na mídia televisiva, como todos temos tido ocasião de confirmar como público telespectador.

Mito 1: A língua de sinais é exclusividade dos surdos

Cabe ressaltar, no entanto, que outras pessoas, ouvintes, com incapacidades ou distúrbios da fala também podem se apropriar dessa conquista para se fazer entender. Por que não? A história mostra que, quando existe uma necessidade, o homem criativamente inventa uma saída para garantir a interação com o outro. Quando a voz não pode ser usada, o gesto é uma opção natural para a constituição da linguagem.

Temos alguns poucos registros sobre como eram os sinais da época em que eram utilizados nos mosteiros, mesmo porque, ainda hoje, a despeito das várias tentativas de criação de sistemas eficientes de registro escrito dos sinais, ainda não houve uma proposta plenamente satisfatória. A iluminura *Monasteriales Indicia* (em inglês arcaico) utilizada nos mosteiros anglo-saxãos é um dos raros manuscritos sobreviventes do período medieval (copiado no século XI). Apesar de um pouco danificado pelo fogo, esse texto ilustrado, que contém 127 descrições de sinais, servia de suporte didático para ensinar aos jovens noviços sinais significativos para a vida em clausura.[5]

> Sinal para pão – em inglês arcaico:
> "Quando quiser pão, então, junte os dois polegares e encoste os dois dedos indicadores um no outro, na frente."

A análise dos sinais sugere que as convenções foram estabelecidas com base em sua similaridade com os referentes originais (quanto à posição no espaço, ao tamanho do objeto, à presença de algum detalhe característico, à gestualidade da mão no uso funcional do objeto, por exemplo). Provavelmente, baseando-se nas ações cotidianas com o objeto, ocorreria uma síntese, uma abreviação do gesto, para significar o sentido pretendido na ausência do referente original. No caso do sinal de pão, citado anteriormente, lembramos do formato redondo de um pão.

Entre os monges, provavelmente, essa linguagem gestual, convencionalizada, mais parecia um código do que uma língua. Para cada sinal,

---

5. O livro *Monasteriales Indicia. The Anglo-Saxon monastic sign language*, editado em 1991 por Debby Banham, apresenta o texto na íntegra, com notas explicativas, bem como cinco ilustrações baseadas nas iluminuras originais.

haveria uma palavra *equivalente*. A base linguística dos monges era a língua oral, e os sinais funcionavam como substitutos e complementos de sentidos subentendidos da oralidade.

Mito 2: A língua de sinais é um código, uma linguagem incompleta

Entre os surdos, que não colavam cada sinal a uma palavra *equivalente*, o sistema ganhou *status* de língua, com uma gramática própria, relacionada à lógica dos movimentos e ao complemento da expressão facial e corporal que integram os sentidos. Pela natureza espaçovisual dos sinais, o processo de apropriação dos gestos parece ter ocorrido de maneira bastante natural para pessoas cujo acesso ao significado necessariamente seria visual. Surdos reunidos reinventavam o sistema, adquiriram coordenação, agilidade e fluência na interação linguística.

Os monges também criaram o alfabeto manual, promovendo uma aproximação entre a escrita e a comunicação de sinais. As letras manuais poderiam então ser incorporadas a alguns sinais, ampliando o léxico, com o auxílio de marcadores que facilitariam a memorização de novos sinais para os noviços. Se lembrarmos do papel dos religiosos desde a Idade Média como escribas e guardiões da *Bíblia*, com seus centros de cópias de obras e produção de iluminuras, para divulgar a palavra de Deus, isso faz muito sentido. Um dos primeiros nomes a se apropriar do alfabeto manual foi

Figura 1 - Letra "A" do alfabeto unimanual de Bonet[6]

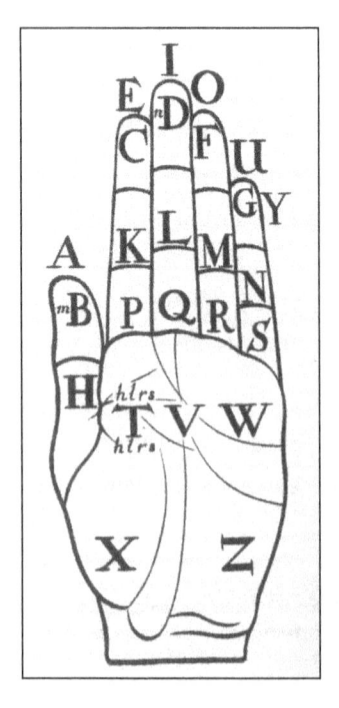

Figura 2 - A luva datilológica de Dalgarno, com mapeamento de letras do alfabeto[7]

---

6. Juan Pablo Bonet, *Reducción de las letras, y arte para enseñar à ablar a los mudos*, Madri, 1620 (71 A 18 frontspiece), com permissão da British Library.
7. George Dalgarno, *Didascalocophus, or the deaf and dumb man's tutor*, Oxford, 1680 (302 g. 301, página oposta à 74), com permissão da Bodleian Library, Universidade de Oxford.

Bonet, na Espanha, que publicou em 1620 um livro com ilustrações das posições manuais.

Veja sinopse do filme *O nome da Rosa*, sobre a prática das cópias de manuscritos nos mosteiros medievais.

O abade de l'Épée teve contato com o alfabeto manual espanhol em 1764, provavelmente (Rée 2000). Logo percebeu que as configurações unimanuais eram mais eficientes e abandonou seu velho sistema bimanual. Vale destacar que também circulava um sistema bimanual, utilizado no Reino Unido até os dias de hoje, provavelmente também originário na prática monástica. Outros sistemas foram criados, como o de Dalgarno, baseado no mapeamento das letras localizadas na mão. Naquela época, a luva datilológica mobilizou muito os filósofos que procuravam uma língua universal, mas não parece ter se consolidado como instrumento de comunicação entre os surdos.

Na hibridização dos sistemas de letras manuais para os sinais significando palavras, o vocabulário da linguagem gestual pôde se ampliar, formando palavras novas mais fáceis de memorizar. Acoplar letras manuais a sinais de localidades, por exemplo, aproxima o sistema de escrita da língua de sinais e contribui na aprendizagem inicial, até que o sinal seja assimilado.* Atualmente, em Libras, temos diversos sinais em que a configuração manual de uma letra integra o sinal.

Mito 3: O alfabeto manual é a mesma coisa que a língua de sinais

A *datilologia* (letras sinalizadas com as mãos) não deve ser confundida com a língua de sinais. A datilologia é um código, como o braile.

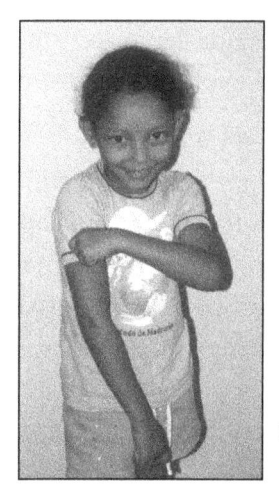

Figura 3(a) - Sinal de aluno, com letra a

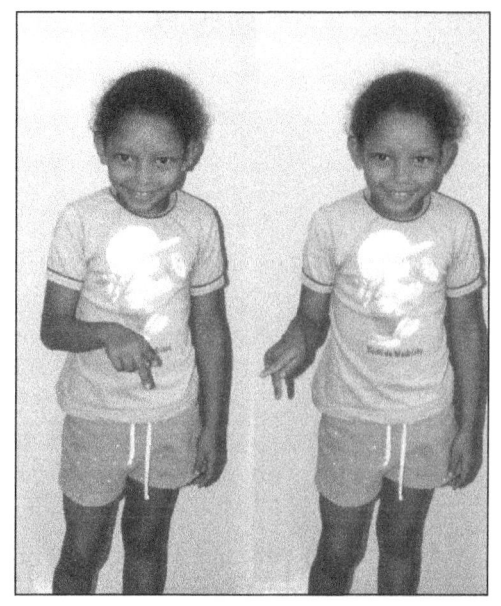

Figura 3(b) - Sinal de professor, com letra p

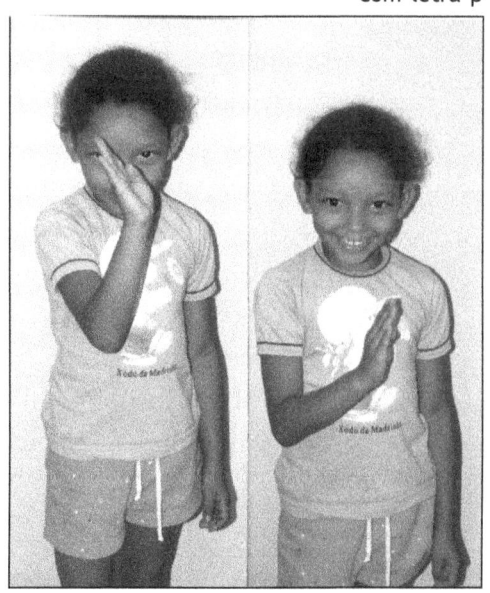

Figura 3(c) - Sinal de Brasil, com letra b

---

* Evidentemente, a letra ou o sinal manual da letra só servem de auxílio mnemônico para aprendizagem de um sinal no caso de pessoas que já dominem o sistema alfabético, bem como a datilologia.

Para cada letra, um sinal. Não há margem para várias interpretações. Na língua de sinais, no entanto, o sentido se constitui gramaticalmente, na sequência de sinais, considerando-se também a expressão facial e corporal.

O sistema de linguagem utilizado com pessoas com surdo-cegueira é primordialmente o alfabeto manual; a posição da mão formando cada letra pode ser percebida pela mão do outro, colocada levemente em contato. Quando Anne Sullivan iniciou o processo educacional de Helen Keller, ela soletrava as letras na mão da menina, ainda que esta não conhecesse as letras nem muito menos o significado da escrita. A configuração global da palavra soletrada trazia o significado das palavras para a menina, que demorou alguns meses para entender o sentido dos movimentos da mão de sua professora na sua mão. Assim, ela aprendeu as palavras já na sua forma escrita.

> **DEPOIMENTO DE HELEN KELLER**
>
> Andamos pelo caminho até a casa do poço, atraídas pela fragrância da madressilva, que cobria toda a construção. Alguém estava puxando água e minha professora colocou minha mão sob a torneira. Enquanto o jato fresco jorrou sobre uma mão, ela soletrou a palavra *água* na outra, devagar no começo, depois rapidamente. Fiquei quieta, toda minha atenção fixada nos movimentos de seus dedos. Repentinamente surgiu a consciência nebulosa de algo esquecido – um tremor de ideia que voltava; de alguma forma, o mistério da linguagem se revelou em mim. Soube então que "á-g-u-a" significava aquele algo gelado maravilhoso que estava fluindo sobre minha mão. Aquela palavra viva acordou minha alma, lhe deu luz, esperança, alegria, libertou-me! (Keller 1902/1961, p. 34, tradução da autora)

Mito 4: Todos os surdos conhecem a língua de sinais

Como uma criança surda vai aprender sinais? Preferencialmente em contexto não artificial, na interação com usuários dessa língua, da mesma maneira que a criança ouvinte brasileira, inserida no seio familiar, aprende o português. A aquisição da língua de sinais, como qualquer outra língua, pode acontecer naturalmente quando um dos pais é surdo e usuário de sinais. Quando os pais são ouvintes, o que acontece em 90% dos casos, a criança vai precisar de contato frequente com surdos fluentes em sinais para adquirir Libras.[8] Diversos estudos comprovam que cerca de 50% dos casos de surdez congênita decorrem de fatores genéticos. No entanto, o fator genético pode aparecer numa família por mutação, sem nenhum antecedente familiar, por isso, o número de surdos filhos de pais surdos não é tão grande quanto se imaginaria.

---

8. Veja Jerome D. Schein e Markus T. Delk. *The deaf population of the United States*. Silver Spring, Maryland, National Association of the Deaf, 1974.

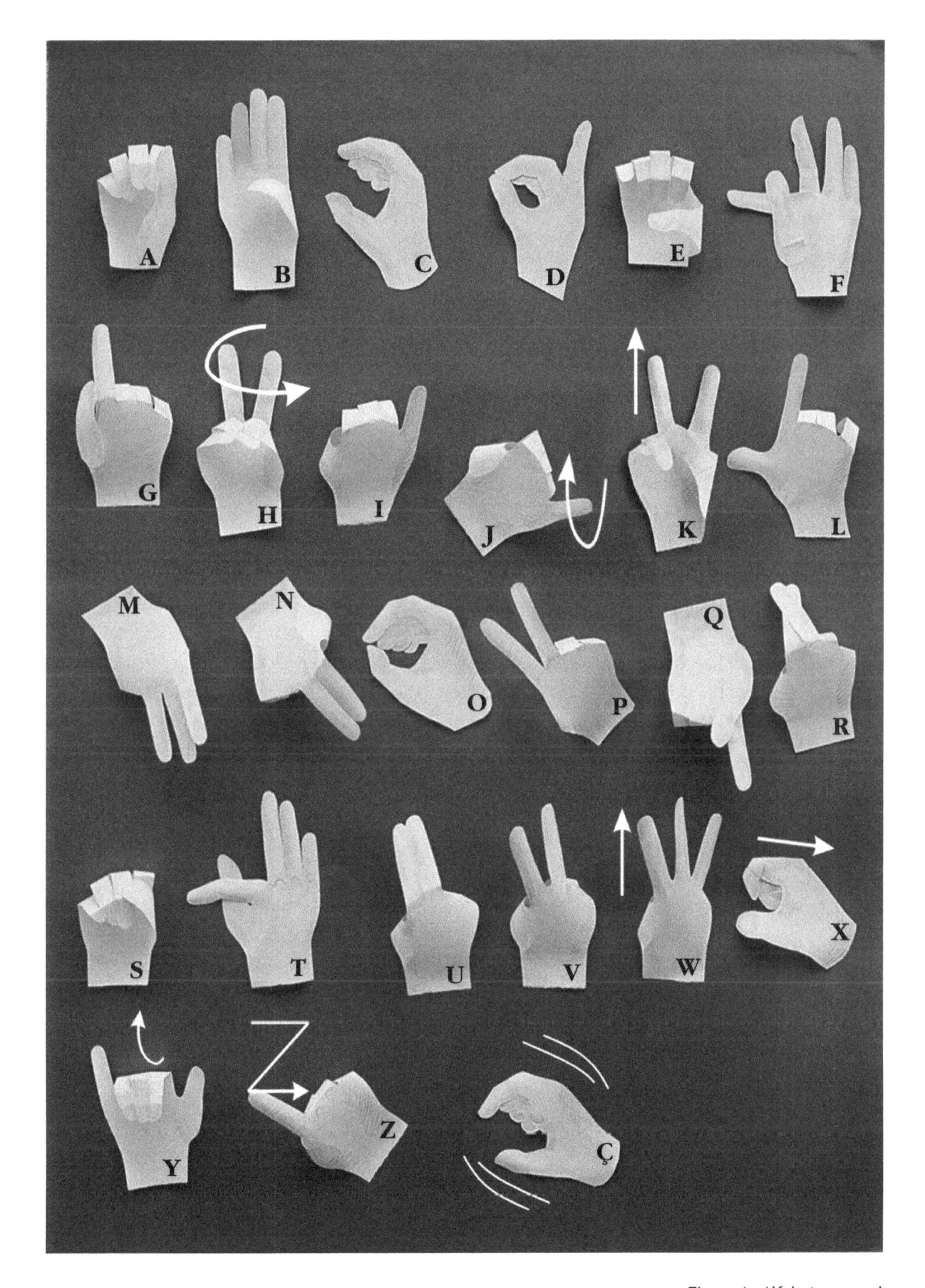

Figura 4 - Alfabeto manual

Em suma, o movimento atual no processo educacional de crianças surdas pequenas vem sendo na direção de levar a família a sinalizar com seu filho o mais precocemente possível. Para isso, os pais e irmãos terão de aprender sinais junto com a criança. Assim, reafirmamos que a ideia de que todo surdo conhece a língua de sinais é um mito. Esse é um conceito equivocado – aprende-se a língua de sinais, como qualquer outra língua, quando se está junto com pessoas que a utilizam. Ou seja, o surdo não carrega nenhuma competência inata para aprender a língua de sinais que é ativada quando ele se configura como surdo. Ele se apropria do sistema da mesma forma como qualquer pessoa aprende uma língua: quando sente a necessidade, por estar junto com outros usuários da língua.

(Veja sinopse do filme *A música e o silêncio*.)

Mesmo quando um ou ambos os pais são surdos, eles não necessariamente são fluentes em Libras. Na história da educação dos surdos, as disputas entre os educadores de surdos favoráveis ao uso de sinais e os favoráveis ao ensino de leitura labial e de articulação da fala começaram já na época de l'Épée. Do final do século XIX até os anos 80 do século XX, houve forte influência do oralismo, com a prática de proibição do uso de sinais na escola e em casa. Profissionais como médicos, pedagogos e fonoaudiólogos orientavam a família que, se a criança falasse com as mãos, ela iria ter preguiça de aprender a usar a voz. Sem entender o que se falava na sala de aula, o desempenho escolar do aluno surdo era pobre, a socialização, mínima. Há relatos doídos de surdos que ficavam isolados em suas famílias e na escola, porque não conseguiam saber o que se passava e não tinham uma linguagem para dar sentido a tudo que lhes acontecia.

(Veja sinopse do filme *Filhos do silêncio*.)

Mito 5: O surdo pode aprender a falar

Muitas pesquisas mostram que crianças com perda auditiva profunda, na grande maioria dos casos, não vão conseguir aprender a falar com fluência, por mais que façam exercícios de voz e de articulação. Mesmo com treinamento para realizar leitura labial, o período crítico para aquisição de linguagem (até os 4 anos, aproximadamente) seria perdido, por causa da complexidade dessa aprendizagem, com prejuízos importantes para o desenvolvimento cognitivo e o desempenho escolar da criança.

A luta dos próprios surdos e as pesquisas sobre o fracasso da educação oralista contribuíram para a volta da valorização da língua de sinais na educação da criança surda. O primeiro linguista que teve coragem de afirmar que a língua de sinais constituía de fato uma língua, em pé de igualdade com qualquer outra língua oral, foi William Stokoe,[9] em 1960. Depois do furor inicial provocado por

---

9. Stokoe (2001) relata a trajetória dos últimos 40 anos em seu livro *Language in hand: Why sign came before speech*.

essa ideia, que se contrapunha a todo o movimento oralista dominante, realizaram-se várias pesquisas. Mas isso apresentava um novo desafio: como levar a criança surda a se apropriar da língua de sinais quando os pais não eram usuários naturais dessa língua? O aprendizado precoce é fundamental, pois pesquisas têm mostrado que, quando a criança surda adquire linguagem desde bem pequena, o seu desempenho escolar será equivalente ao de crianças ouvintes.

> **A POSIÇÃO DE VYGOTSKY DIANTE DA EDUCAÇÃO DO SURDO**
>
> Vygotsky, nos seus primeiros escritos, colocou-se favorável ao ensino da leitura labial e da aprendizagem da fala na educação dos surdos, por considerar que a língua de sinais tinha função mais elementar e primitiva do que a linguagem oral, mais evoluída e culturalmente constituída. Também temia que os surdos, utilizando *mímica* entre si, ficassem isolados como grupo, sem acesso à linguagem, impossibilitados de se desenvolver socialmente. Afirmou que a *mímica* jamais seria instrumento para o pensamento lógico abstrato. Mesmo defendendo tal posição, realizou duras críticas às metodologias utilizadas pelos oralistas, que segmentavam as palavras, eliminando seu sentido e ignorando as necessidades de comunicação e o contexto interacional na educação do surdo. Citou a excepcional crueldade empregada na metodologia oralista, que contrariava a natureza do surdo. No decorrer de seu trabalho, gradativamente, reviu essa posição, dizendo que, na luta entre a fala oral e a língua de sinais, a vitória seria da língua de sinais, não por ser psicologicamente natural ao surdo, mas por configurar-se como linguagem autêntica, genuína, instrumento rico em sentidos.[10]

Pergunta-se: a língua de sinais pode ser aprendida tardiamente pelo jovem que entra em contato por iniciativa própria ou por circunstâncias de vida com outros surdos, usuários de Libras? Diversos estudos indicam que sim. Depoimentos de jovens e adultos que tiveram contato tardio com a linguagem nos emocionam pela revolução que a descoberta das possibilidades da linguagem partilhada representa para eles. E também nos entristecem pelo relato da solidão em que viviam antes de terem acesso à linguagem. Parece que é, sim, possível um surdo se apropriar da língua de sinais em idade adulta, mas as pesquisas em vários centros de excelência também têm indicado que os prejuízos de começar muito tarde poderão ser difíceis de superar.

Mito 6: É fácil aprender a língua de sinais

Para compreendermos melhor a problemática da aprendizagem de uma língua, quando ela é formalmente ensinada, vamos procurar um paralelo numa experiência vivida por todos nós.

---

10. A primeira posição se constata em texto de 1924 e a revisão, já em 1931, no volume 2 de *The collected works of L.S. Vygotsky* (1920-1934/1993).

A aprendizagem de uma segunda língua

A língua estrangeira, atualmente o inglês ou o espanhol, faz parte do currículo escolar pela LDB. Assim, a grande maioria dos brasileiros conhece de perto a dificuldade de aprender uma segunda língua. Apesar de sete anos de estudo de língua estrangeira (do 6º ao 9º ano do ensino fundamental e nos três anos do ensino médio), a enorme maioria dos brasileiros termina sua escolarização básica ainda sem fluência no inglês ou no espanhol. Algo que a criança pequena aprende com tanta facilidade parece ser inatingível para o adolescente, a despeito do grande investimento feito na escola brasileira. Você se lembra de como foi o seu curso de inglês? Sente-se capaz de entender o que ouve, de falar, de ler e de escrever na segunda língua que aprendeu na escola? Sem aprofundar a discussão dos problemas das metodologias de ensino de segunda língua na maioria das escolas regulares, destacamos a importância de situações de aprendizagem que vêm sendo bem-sucedidas. Trata-se das situações de uso contextualizado, de imersão na língua, de aprendizagem lúdica e de vivências as mais naturais possíveis.

Para o aluno surdo, o português oral/escrito será a sua segunda língua. Sem uma base de uma primeira língua, imagine a dificuldade que ele terá para realizar paralelos com uma estrutura linguística, se não adquiriu plenamente nenhuma linguagem anteriormente.

A nossa experiência pessoal como aprendizes de uma segunda língua nos permite compreender como a língua materna, no nosso caso o português, serve de estrutura, de base para assimilar uma segunda língua. O professor de inglês repete inutilmente: "Não faça uma tradução literal! Pense em inglês, não em português". Mas não adianta! A língua materna invade a nova língua, desde a maneira de estruturar a frase até o vocabulário e a ortografia das palavras. Nossa convivência com pessoas que emigraram de outros países para o Brasil confirma o processo de hibridização que ocorre entre a língua materna e a segunda língua. No caso do aluno com surdez profunda, a sua escrita em português quase sempre evidenciará as estruturas da língua com a qual ele tem maior familiaridade.

Mito 7: É fácil implementar o bilinguismo na escola inclusiva

A escola inclusiva e a língua de sinais

Diante do exposto, é utópico imaginar que o professor de um aluno surdo possa aprender a língua de sinais rapidamente para poder trabalhar com esse aluno durante um ano letivo, enquanto ele estiver em sua sala de aula. No ano seguinte, outro professor recebe o aluno surdo e aprende Libras para melhor atendê-lo, e assim sucessivamente, durante o percurso escolar desse aluno.

Entendemos que o professor e os colegas de classe podem, e devem, aprender sinais, com a ajuda da família, quando há um aluno surdo na sala de aula. No entanto, aprender *alguns sinais* não é o mesmo que investir na apropriação plena da língua de sinais como segunda língua, mas é o que seria possível nessas circunstâncias. De qualquer modo, já será de grande ajuda o professor aprender alguns sinais para contextualizar os assuntos e acontecimentos e para clarear as instruções durante o percurso escolar desse aluno.

Mito 8: Os problemas escolares se resolvem se houver um intérprete de língua de sinais

O intérprete de língua de sinais é uma reivindicação da comunidade surda, e uma opção possível, se não para todo o período, ao menos para algumas situações didáticas. No entanto, mesmo na escola que conta com um intérprete, com uma sala de recursos, com serviço e apoio de professor de educação especial ou professor itinerante, é fundamental que o aluno sinta que seu professor está se esforçando para se aproximar dele, tentando encontrar maneiras de interagir com ele. O professor também pode intermediar a aceitação do aluno surdo pelos outros alunos, para que ele se sinta parte da classe. Na nossa sociedade, a interação se dá mediada pela linguagem. Não basta uma aproximação física.

A família também pode ajudar, e os colegas muitas vezes se tornam tradutores, intermediando interações entre professor e aluno surdo. Pela flexibilidade de suas mentes curiosas, as crianças aprendem sinais com muita facilidade e interesse, geralmente mais rapidamente que o professor.

Mito 9: Alunos surdos são todos iguais

Quem é o aluno surdo que o professor recebe em sua sala de aula?

As histórias que circulam na escola sobre alunos surdos que já passaram por lá contribuem para a formação de uma ideia de como os surdos são. No entanto, além das diferenças de personalidade e empenho nas atividades escolares que qualquer criança apresenta, nenhuma criança surda é igual a outra. Ora, vejamos quem são elas:

- uma criança não diagnosticada, que pode ter sido rotulada como desatenta, não falante, hiperativa, birrenta;
- um aluno diagnosticado, com perda auditiva leve ou moderada, cuja fala apresenta algumas alterações, cuja escrita reflete alterações compatíveis com o que ele não ouve;
- um aluno aparentemente ouvinte, mas que perde parte do que é dito em aula, principalmente quando duas ou mais pessoas falam ao mesmo tempo, quando há ruído de fundo, quando o professor fala virado para a lousa ou quando a contraluz ofusca a boca do professor;

- um aluno com perda severa ou profunda, com pouca ou nenhuma vocalização, que não conhece a língua de sinais;
- um aluno com pouco resíduo auditivo, que, a despeito disso, faz bom proveito do que ouve;
- um aluno que não conhece sinais convencionais e usa apenas gestos indicativos ou sinais inventados que apenas os familiares decodificam;
- um aluno que conhece Libras, mas não quer sinalizar na frente dos colegas na escola;
- um aluno fluente em língua de sinais, que ensina os colegas;
- um aluno sem prótese auditiva (aparelho de amplificação sonora individual – AASI);
- um aluno que utiliza prótese auditiva, que lhe permite perceber sons fortes, como brecadas de carro, pancadas, buzinas, mas que não lhe possibilita distinguir os sons articulados da voz humana;
- um aluno adolescente que já não utiliza a prótese auditiva, porque está namorando ou porque não quer ser identificado como surdo;
- um aluno com implante coclear (veja sinopse do documentário *Som e fúria*);
- um aluno que é acompanhado por profissional de fonoaudiologia;
- um aluno cujos familiares o auxiliam nas atividades escolares.

A variedade é enorme, e o acesso ao português oral está diretamente ligado ao grau de perda, à natureza e extensão do dano nas células ciliadas da cóclea, ao bom uso dos resíduos auditivos, aos benefícios que a protetização (aparelho auditivo) traz em alguns casos e ao apoio de profissionais e família. Do ponto de vista da etiologia da surdez, os quadros genéticos, a rubéola materna, a meningite, a hiperbilirrubina (icterícia grave) na prematuridade, por exemplo, levam a tipos muito diferentes de audição e de respostas aos sons do ambiente e da voz. Na prática, isso quer dizer que duas crianças com um resultado de audiometria semelhante podem ter um desempenho bem diferenciado na sala de aula inclusiva, porque o aproveitamento auditivo é diferente em cada caso.

Seguindo esse raciocínio, você já deve estar antecipando, então, que estamos prestes a desvendar mais um mito presente na escola: o de que o aparelho auditivo permite que a criança surda seja capaz de ouvir. Para algumas, sim, dependendo da perda, o aparelho poderá lhes permitir ouvir a voz humana. Para outras, o aparelho auxilia a ouvir determinadas frequências da voz humana, e outras não. Em ainda outros casos, porém, o ganho é mínimo. No entanto, se ouvir o som de buzina na rua levar a criança a sair do caminho de um veículo, o aparelho estará cumprindo sua função.

Mito 10: Todo surdo realiza leitura labial

Um dos mitos mais tenazes entre leigos na educação de alunos surdos é o de que "todo aluno surdo faz leitura labial". Essa crença leva o professor a seguir com sua fala normal, confiante de que a responsabilidade de acompanhá-la é do próprio aluno. Na realidade, a grande maioria dos surdos *não* consegue realizar uma leitura labial eficaz. Num contexto de aula expositiva, mesmo aqueles que foram bem treinados perdem entre 30% e 40% do que for dito. Quando há muitas pessoas na sala e muitas distrações, a concentração na articulação se torna ainda mais penosa.

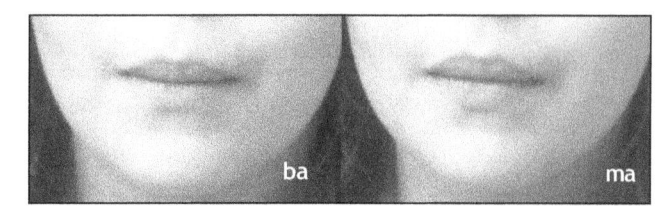

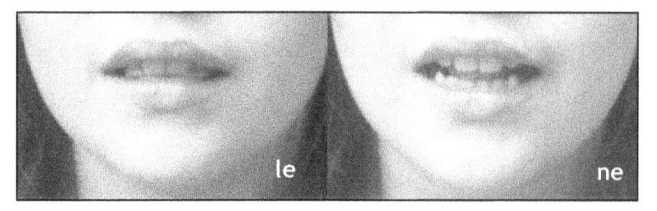

Figura 5 - Fotografias com a articulação labial semelhante para emissão de fonemas diferentes

A técnica da leitura labial não é adquirida naturalmente pelo surdo congênito; é aprendida, em contexto clínico fonoaudiológico; trata-se de uma habilidade que leva anos para aperfeiçoar. E exige uma grande atenção tanto do surdo quanto do ouvinte. São ritmos de duas pessoas que precisam se ajustar, como num bailado. Quantos dos nossos alunos surdos, de classes socioeconômicas desfavorecidas, tiveram o privilégio de um trabalho terapêutico em fonoaudiologia especializada? Certamente, foram poucos.

Mesmo quando o aluno surdo acompanha o assunto que está sendo exposto, quando conhece o contexto que está sendo apresentado, os equívocos na interpretação da leitura dos lábios podem chegar a 60%. É possível ler o formato do lábio, mas não a posição da língua dentro da boca, assim, um mesmo formato de lábios e posição de língua servem para emitir o som de *t* e *d*, ou *r*, *l* e *n*, por exemplo, provocando muitas dúvidas de interpretação.

No ensino fundamental, a despeito de inúmeras críticas contra essa metodologia, o ditado continua sendo uma prática comum. Há vários equívocos na prática do ditado, entre eles:

- essa estratégia trabalha com listas de palavras descontextualizadas, isoladas e sem sentido discursivo;
- as palavras selecionadas geralmente fazem parte de um elenco trabalhado anteriormente por meio de silabação, segmentação, fragmentação, o que por si é uma metodologia questionável no processo de iniciação ao letramento;
- o ditado geralmente é proposto como avaliação, gerando um clima de medo de errar;
- a dúvida sobre a ortografia é fundamental para buscar a correção da palavra, levando ao movimento de consultar o dicionário ou perguntar

a alguém que conhece a forma convencional. Em vez de mobilizar o medo de errar, abafando a dúvida, o professor deveria auxiliar o aluno a identificar as situações de erros frequentes em que a pronúncia não é paralela à escrita.

A prática do ditado na escola tem por objetivo ensinar a ortografia, levando o aluno a prestar atenção na articulação da fala para realizar a escrita correta. No entanto, a observação da oralidade não garante a escrita correta, pois as pronúncias variam, conforme os vários dialetos do português. Para corrigir a ortografia, é preciso perguntar a alguém que sabe qual é a escrita convencional ou recorrer a um dicionário; antes de tudo, porém, é preciso saber valorizar a dúvida, sabendo em quais fonemas costumamos errar.

Além do mais, ao ditar as palavras, o professor tende a artificializar a fala, pensando que está auxiliando o aluno a perceber letras "escondidas" que não aparecem ou são transformadas em outro som no seu dialeto particular. Em São Paulo, por exemplo, dizemos muinto para muito; artchi para arte; baudgi para balde, e assim por diante. Se os paulistas fossem escrever seguindo a sua fala, criariam uma escrita bem diferente daquela que é convenção no país.

Para o aluno surdo, é muito injusta a testagem nesse modelo. Além de ele ter de adivinhar, baseado na leitura labial, a palavra descontextualizada que o professor dita para ele escrever, muitas vezes, o professor fala enquanto caminha pela sala, pronunciando a palavra quando está de costas para o aluno. Os mais lentos ainda estão terminando de escrever uma palavra quando o professor começa a seguinte. Isso não é problema tão grave para o ouvinte, mas o surdo perde o começo da palavra, sem chance de recuperar o sentido, porque está olhando para a folha onde escreve quando o professor continua o ditado.

SITUAÇÃO DE DITADO NA SALA DE AULA
Se o ditado pode confundir o aluno ouvinte, imaginemos o aluno surdo na situação descrita por Luiz Carlos Cagliari.

Quando os alunos estão escrevendo, não é raro o professor ficar repetindo palavras ou mesmo pedaços de palavras, supondo que assim facilita o trabalho dos alunos. Em alguns casos, dado o esforço de concentração do aluno para analisar o que ouve e associar ao que já sabe, como o ditado ocorre com bases fonéticas, certos alunos se confundem e escrevem coisas absurdas. Por exemplo, o professor quer ditar a palavra casinha. Começa falando-a normalmente. Depois dita pronunciando as sílabas isoladas. O aluno escreve casi e para, porque fica pensando: casa se escreve com s. Florzinha se escreve com z. E casinha... é com s ou z? Nesse momento, o professor já está repetindo sílabas: ca, ca. O aluno pensa que está atrasado e escreve de novo ca. Quando presta atenção de novo no professor, este já está silabando nha, nha, e o aluno escreve o nha junto com o ca. O resultado é: casizicanha. Finalmente, o professor volta a ditar a palavra inteira casinha e o aluno constata que fez tudo errado e começa a apagar. Porém, o professor passa para a palavra seguinte, e o aluno já não sabe se corrige a palavra anterior ou se começa a escrever a palavra nova. (Cagliari 1998, p. 291)

Imagine-se no lugar de um aluno surdo diante de uma situação como essa!

Cabe lembrar também que nem todos os professores apresentam uma boa dicção. No caso do aluno surdo, a articulação muito travada ou a presença de bigode ou barba podem dificultar o processo de interpretação dos fonemas desenhados pelo movimento da boca.

Mito 11: O aluno surdo pode fazer ditado pelo alfabeto manual

Alguns professores diferenciam o ditado para o aluno surdo, soletrando as letras para ele com o alfabeto manual, imaginando que estão levando em conta sua deficiência. Ora, isso é o mesmo que falar as letras para o aluno ouvinte, para que ele escreva a palavra completa. Se o objetivo do ditado é avaliar o processo de aquisição de ortografia nas séries iniciais, existem outras estratégias pedagógicas que respeitam a limitação real do aluno que não ouve. Quais são as alternativas didáticas que você utiliza para trabalhar com ortografia na sua prática de alfabetização? Existem algumas circunstâncias da vida cotidiana em que utilizamos o ditado funcionalmente. Por exemplo, por telefone, podemos anotar um endereço passado por nosso interlocutor. Você consegue pensar em situações funcionais em que o ditado se mostra uma habilidade socialmente necessária?

Mesmo que o aluno tenha desenvolvido a habilidade de leitura labial, na sala de aula, ele perde todas as intervenções dos colegas que estiverem atrás dele; para o professor que trabalha numa abordagem construtivista e sociointeracionista, o que os alunos dizem são contribuições tão importantes quanto as do próprio professor. Mesmo quem tem uma boa leitura labial tende a perder os apartes, a não ser que sejam retomados pelo educador. Além do mais, muitas informações estão contidas nos cochichos, nas intercorrências a meia-voz, a que o aluno surdo não tem acesso; ninguém se dá conta da importância das trocas de informações que acontecem entre alunos, na surdina.

Mito 12: O professor da escola inclusiva precisa aprender língua de sinais

No conjunto, os estudos dos últimos 20 anos indicam que o aluno surdo necessita de um contexto linguístico para aquisição de língua de sinais com pessoas fluentes na língua. Entre os diversos serviços de educação especial, a sala de recursos poderá ser um espaço de encontro de alunos surdos para consolidação da língua e para a apropriação de vocabulário específico das diversas áreas de conhecimento escolar. Não consideramos que o aluno surdo vá aprender língua de sinais com o professor de sala, que, por sua vez, é iniciante na língua.

Para o professor de sala de aula, pense na analogia do planejamento de um turista que vai conhecer um outro país, onde não se fala português. Ele se prepara, prevendo as situações que imagina que vai enfrentar. Num diálogo com pessoas usuárias de outra língua, não basta conseguir formular perguntas – também é importante compreender as respostas. Ter sempre presente um livro de apoio de expressões mais usadas pode ser de grande utilidade no processo de negociação de significados. O quanto mais ele se expuser, tentando usar a língua, mesmo que erre as palavras, mais proveitosa será a sua viagem (veja indicações de manuais e dicionários de sinais ao final do livro).

Certamente, na sala de aula, há inúmeras situações desafiadoras em que a comunicação não flui. No entanto, recomendamos com muita ênfase não fingir que houve entendimento daquilo que o aluno surdo está tentando dizer quando não se tem a menor ideia do sentido que ele pretende. É melhor avisar que não foi possível entender e anotar as dúvidas para esclarecer mais tarde com alguém que possa realizar uma interpretação. Algumas crianças surdas pequenas ficam vocalizando sons sem sentido nenhum, porque foram levadas a pensar que todos estavam compreendendo a sua fala.

Em realidade, os sentidos que exigem aprendizagem são os que se fazem presentes no contexto de sala de aula. Assim, não cabe aqui montar um dicionário de bolso para uso na escola. Existem publicações e vídeos disponíveis pelo MEC e pela Feneis que serão valiosíssimos para o aprendiz de língua de sinais. Manter visível os sinais do alfabeto manual ajuda a classe inteira a automatizar as configurações manuais.

Mito 13: É preciso aprender sinais para nomear os objetos

Gostaríamos de assinalar, no entanto, que não basta aprender um vocabulário referente a objetos do cotidiano. É preciso considerar as necessidades linguísticas de forma menos simplista. Com apoio nos níveis linguísticos de textos propostos por Lúcia Santaella (2001), sugerimos que o professor adquira uma base de comunicação em sinais nos três níveis que seguem:

1. sinais para identificar e descrever coisas, pessoas e contextos;
2. sinais para realizar narrativas;
3. sinais para relacionar, comparar, conceituar, abstrair.

Antes de pensar no uso de sinais para o trabalho pedagógico, no entanto, o aluno surdo precisa ser compreendido como integrante da escola. Numa sala de aula comum, o professor marca seu domínio sobre a classe e conquista o respeito dos alunos quando assume uma postura confiante e segura diante deles, quando suas propostas são coerentes, quando respeita os alunos e ouve o que têm a lhe dizer. Na relação professor/aluno, o primordial instrumento de interação é a linguagem. Na dinâmica escolar, ocorrem várias intervenções comunicativas cujo objetivo é garantir o andamento do processo pedagógico; o aluno surdo não pode ficar isolado de todo esse processo.

Para que o aluno surdo seja considerado como parte integrante da classe, o professor precisa lhe comunicar o que é esperado dele, transmitindo as regras e os limites do convívio social. Para tanto, o professor sentirá necessidade de conhecer vários sinais para comunicar regras, negociar novos combinados e explicar tarefas a serem cumpridas. Alguns sinais referentes a esses comandos e instruções, bem como sinais referentes a convenções sociais ("por favor", "desculpe", "com licença", "obrigado"), podem ser selecionados e destacados em cartazes para eventual consulta por todos. É muito comum o aluno surdo ser considerado "café com leite", de quem pouco se espera, a quem pouco se ensina. As regras de convívio social valem para todos, inclusive para os alunos especiais.

O nível descritivo

Você se lembra da metodologia utilizada pelo abade de l'Épée: ele apontava os objetos presentes no ambiente. Esse é o nível mais elementar, porque sempre há a opção de mostrar o objeto ou uma figura dele. No entanto, para descrever as qualidades, os atributos das coisas, os sinais começam a se mostrar necessários. O professor precisa aprender mais do que os nomes dos objetos do ambiente escolar (caderno, prova, lápis, borracha, cadeira, banheiro, cantina etc.) e dos tempos escolares (horários, dias da semana, feriado, fim de semana, férias, Páscoa, Natal, formatura etc.). Ele vai necessitar de sinais de adjetivação para diferenciar tamanhos, cores, formatos, graus, melhor e pior, padrões estéticos.

Trabalhando com alunos surdos, temos observado que muitas vezes eles são privados do acesso aos nomes das pessoas, e nem se dão conta disso, porque os surdos não usam chamar pelo nome. Inclusive, diferentemente dos ouvintes, o bebê de um casal surdo não ganha um sinal (um nome gestual) logo

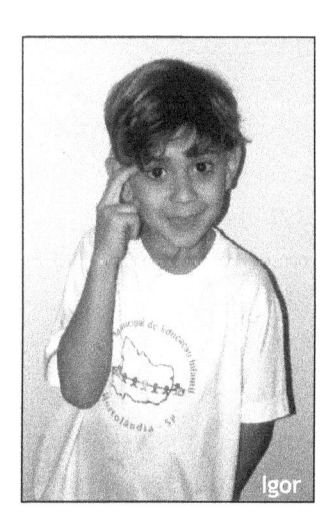

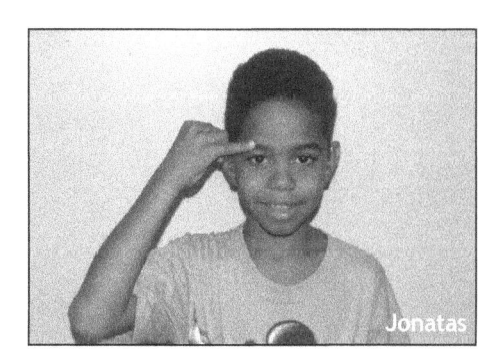

Figura 6 – Igor e Jhonatas têm sinal semelhante, mas nomes diferentes; Jhonatas e Jonatas têm nomes iguais, mas sinal diferente

que nasce, mas somente depois de vários meses, quando suas características se definirem melhor. Os ouvintes usam o nome para chamar a pessoa. Como o surdo não ouve o chamado, o nome não tem essa função social, e parece não fazer tanta falta. Os surdos identificam as pessoas por seus atributos físicos ou por seu lugar relacional (irmão, pai, mãe, professora, colega). Na sociedade ouvinte, os nomes têm grande importância social. Para garantir a participação plena do aluno surdo, ele precisa conhecer as pessoas pelo nome na sala de aula. No processo de letramento, esse conhecimento será importante como recurso para estabelecimento de modelos estáveis na escrita, para comparação das letras iniciais, para percepção de nomes repetidos, de letras presentes nos vários nomes, de nomes curtos e compridos, e assim por diante.

Os nomes podem ser transmitidos por datilologia, quando o surdo está alfabetizado, mas a comunidade surda prefere a prática de atribuir um sinal que identifica cada pessoa. Esse sinal adjetiva características físicas da pessoa. Por isso, dois meninos chamados Jonatas, por exemplo, podem ter sinais diferentes um do outro, porque um tem uma covinha no queixo e o outro tem o cabelo encaracolado. Também pode acontecer de dois alunos com nomes diferentes terem o sinal parecido (Igor e Jhonatas).

No encontro de duas línguas, o português e a língua de sinais, precisa ocorrer a aprendizagem das duas formas de nomear (um sinal para cada pessoa e os nomes escritos de todos da classe).

O nível narrativo

Pensamos que o próximo desafio na aprendizagem da língua de sinais será a narrativa. O professor precisa se apropriar de sinais específicos para entender o aluno quando ele relata fatos, histórias reais ou inventadas. Nesse caso, tais sinais dizem respeito aos elementos narrativos, tais como: *o que* narrar, *quem* participou do fato, *como* o fato ocorreu, *por que* aconteceu, *quando* se passou e *onde* ocorreu. Em Libras, existem sinais para cada interrogativa acima e a comunicação se torna mais efetiva com o uso associado a expressões faciais e corporais. Sinais específicos utilizados na formulação de perguntas e respostas vão se mostrar imprescindíveis nessa etapa de negociação de significados.

Exemplificando, na sequência dos sinais "comprar bicicleta", pode-se estar falando sobre algo que de fato ocorreu

Figura 7 – Sinais de "comprar bicicleta"

ou pode-se estar expressando um desejo. Poderíamos pensar: "Quem comprou ou vai comprar a bicicleta?"

Na abordagem sociocultural, a narrativa foi enormemente valorizada, e pode ser uma ferramenta de grande valia no ensino do aluno surdo. Veja os apontamentos de Clifford Geertz (2001, pp. 171-172) sobre a narrativa:

> Crescer entre narrativas [...] é o palco essencial da educação: "vivemos num mar de histórias". Aprender a nadar nesse mar, a construir histórias, entender histórias, classificar histórias, verificar histórias, perceber o verdadeiro sentido das histórias e usar as histórias para descobrir como funcionam as coisas e o que elas são, é nisso que consiste, no fundo, a escola, e além dela, toda a "cultura da educação". O x da questão, o que o aprendiz aprende, não importa o que professor ensine, é "que os seres humanos dão sentido ao mundo contando histórias sobre ele – usando o modo narrativo para construir a realidade". As histórias são ferramentas, "instrumentos da mente em prol da criação do sentido".

No bojo da prática narrativa, constam algumas questões fundamentais para a sobrevivência social. A criança vivencia, por intermédio da história, o que é real, o que é ficção. Aprende que os pontos de vista mudam, dependendo de quem ocupa o lugar de narrador, e os mesmos "fatos" podem ser contados de maneiras totalmente diferentes.

Usuários de sinais da comunidade surda são ótimos contadores de histórias. A expressividade da face e dos movimentos corporais, aliada às configurações de mão, cria a dinâmica do relato que o ouvinte produz com a cadência da voz. Quem domina a Libras é capaz de materializar a imagem do pensamento diante dos olhos do seu interlocutor. Diferentemente do ouvinte, que usa a modulação da voz e a gramática, as modalidades para produzir sentido em sinais são visuais, espaciais e rítmicas.

Surdos, ao sinalizar, olham-se nos olhos, não nas mãos; a visão periférica dá conta de assimilar os movimentos das mãos e do corpo. O ritmo é fundamental: ao relatar como a ação ocorreu, o tempo do discurso sinalizado é marcado – e nisso o exagero na gestualidade tem papel comunicativo preponderante – com agilidade, com letargia, descompassadamente ou erraticamente.

A ideia de uma cena imaginária é montada diante dos olhos do interlocutor antes do início de um relato, para que as ações sejam relatadas com base em um contexto. A presença e os tamanhos das pessoas, a textura dos objetos, as localizações de pessoas, de mobiliário, ajudam a estabelecer a composição espacial da cena. Esse sistema de pontos imaginários no espaço, que originam figuras geométricas, será referência para a direção dos sinais. Dessa forma, *quem* dá *o que* para *qual pessoa* não é indicado pela ordem da sequência dos sinais ou pelo uso de preposições, como fazemos na língua oral, mas pelo uso do mapa imaginário de pontos no espaço estabelecido pelo narrador.

Figura 8(a) – Sinal para abelha 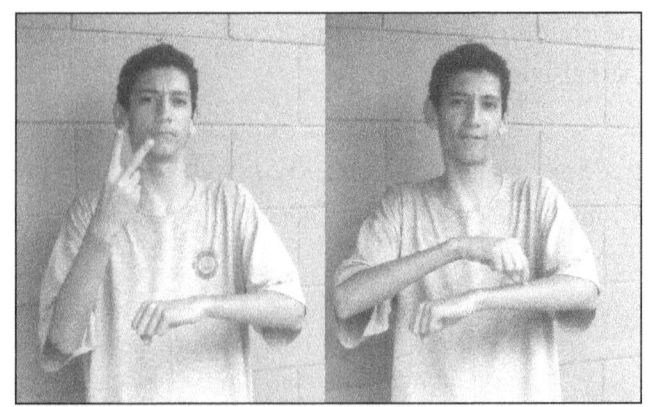   Figura 8(b) - Sinais para duas abelhas

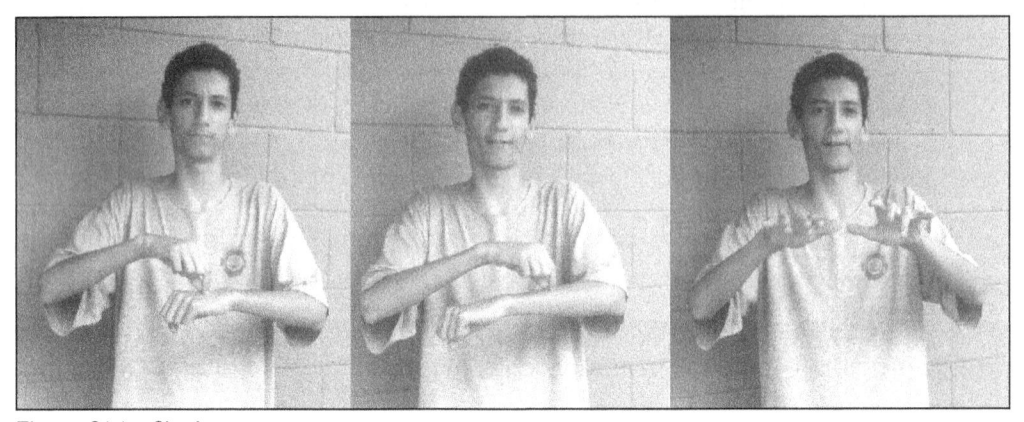

Figura 8(c) - Sinais para enxame

    Outro aspecto importante de salientar é que a pluralização dos objetos, pessoas ou animais não é equivalente à forma como a fazemos na fala, mas é indicada pela repetição do sinal do objeto, alterando, porém, a localização espacial, porque as coisas ocupam lugares diferentes. Nota-se que, para os coletivos, em alguns casos, há sinais próprios.

O nível formal, conceitual, abstrato

    Quando você lê a palavra *abstração*, quais exemplos lhe vêm à cabeça? Possivelmente, palavras que são difíceis de explicar, por não terem referentes visíveis e concretos, como, por exemplo: ternura, compaixão, molécula, universo, nacionalidade, vermelhidão, maciez, paraíso, entre tantas outras. Geralmente, os professores enfrentam desafios para mediar a apropriação de termos abstratos como esses utilizando exemplos, trazendo a palavra para um contexto narrativo, ilustrando por meio de desenhos ou gráficos. Explicam por analogia ou por situações em que o conceito/sentimento se evidencia. Às vezes, subdividem a palavra, demonstrando que o sentido de parte da palavra já é conhecido, assim levando o aluno a deduzir o sentido com base nos seus conhecimentos sobre a base da palavra, junto com o significado de prefixos ou sufixos.

Na Libras, não há tantos sinais quanto palavras em português. Quando não existe o sinal, ou não se conhece o sinal para determinada palavra, pode-se soletrá-la, e explicar por analogia. *Não invente um sinal para ser usado na sala de aula.* Pense bem: você gostaria se um estrangeiro viesse ao Brasil e, na falta de uma palavra, ele cunhasse um novo termo em português? Afinal, a quem pertence a língua?

Veja bem, o fato de existir o sinal para uma abstração não garante que o aluno surdo tenha assimilado o seu significado, o que vale também para o ouvinte (familiaridade com uma palavra não necessariamente implica domínio do seu sentido). O que nos permite a apropriação de um conceito novo é o contato com a ideia em vários contextos, justapondo-a a outras construções já assimiladas. O aluno reconstrói o conceito por si próprio – ele não apreende uma ideia mastigada e definida pelo professor. Assim, o que é necessário são situações pedagógicas diversas, preferencialmente vivenciadas, em que o conceito se mostre presente, para que o aluno, operando com ele, possa intuir a ideia presente em todas as situações e realizar generalizações.

Abstrair, em última análise, significa generalizar, avançar além do sensorial, daquilo que é perceptível pelos órgãos sensoriais, para refletir sobre características, princípios, elementos comuns a vários objetos. Abstrair demanda conseguir perceber características e descolá-las do seu suporte original: a vermelhidão de um vestido, a liquidez de uma bebida, a batida rítmica da marcha de um animal. Abstrair possibilita relacionar características entre objetos aparentemente díspares: as duas vermelhidões, de um vestido e de uma gota de mercúrio cromo; a liquidez de uma bebida e de um olhar apaixonado; a batida rítmica do galope de um cavalo e de uma baqueta no tambor. Pensar abstratamente permite perceber congruências e incongruências, discriminar pequenas e grandes diferenças e semelhanças, estabelecer níveis de subordinação e hierarquia, visualizar interseções, reconhecer ocorrências na sua temporalidade e contiguidade, demonstrar relações causais, perceber padrões e também aleatoriedade.

Pensar abstratamente exige tanto generalizar quanto relacionar, refletir sobre *o que é* e também *o que não é*, pensar na *presença*, bem como na *ausência*, com base naquilo que é vivido. Assim, são os sinais dos níveis descritivo e narrativo que se mostrarão necessários no nível conceitual.

No entanto, quando o trabalho pedagógico exige processos mais reflexivos por parte do aluno, quando se pede que ele preste atenção aos processos mentais que utiliza ao solucionar problemas (metacognição), quando se solicita que reflita sobre o uso que faz da língua (metalinguagem), o vocabulário concreto do cotidiano não dá conta das ideias que se pretende passar. Para poder mediar o avanço metalinguístico do aluno, é provável que o professor sinta necessidade de conhecer sinais referentes ao próprio processo de *pensar, lembrar, imaginar, conhecer* (todos realizados na altura da cabeça), *comparar, perceber, discriminar*, além de sinais que o auxiliem a criar analogias com situações mais concretas, já conhecidas (como, "*por exemplo*").

Mito 14: A língua de sinais será a mesma independentemente da deficiência em questão

Várias experiências bem-sucedidas têm sido relatadas com o uso de língua de sinais quando a linguagem oral demora muito a aparecer em pessoas ouvintes com autismo, comportamentos típicos, transtornos invasivos de desenvolvimento,[11] síndrome de Down, afasia ou disfasia do desenvolvimento.

Às vezes, a despeito da audição preservada, lesões cerebrais localizadas provocam perda linguística em pessoas que já tinham adquirido linguagem anteriormente; é o caso da afasia, causada por traumatismo craniano, acidente vascular cerebral, entre outros. Distúrbios neurológicos difusos, severos transtornos de interação social (associados ao autismo) e transtornos não identificados também podem ser responsáveis pelo não aparecimento da linguagem oral. São situações não usuais, que requerem o acompanhamento de profissionais especializados. Não obstante, quando o aluno com necessidades especiais de linguagem e comunicação faz parte do alunado na escola regular, ele não pode permanecer como mero espectador. É preciso que tenha um meio eficaz de se expressar.

Lembramos que a linguagem e a comunicação são essenciais na escola. O aluno que não tem uma fala compreensível não deve ficar esperando anos enquanto os profissionais tentam decidir se é melhor investir no treinamento da fala ou na introdução de algum sistema alternativo de comunicação e linguagem. É difícil definir se é melhor para o aluno utilizar língua de sinais, escrita ou comunicação pictográfica; trata-se de uma decisão que requer discussão conjunta de profissionais, de especialistas, escola e família, já que exige envolvimento das várias partes para aprender a usar uma nova linguagem. O sistema mais apropriado depende muito de quem são seus interlocutores e do seu nível de compreensão do aluno, bem como de sua condição motora e das perspectivas de evolução neuromotora. Como a fala é o meio mais eficiente, quando há possibilidade de fala, ela se desenvolve. Muitas pesquisas têm comprovado que as formas alternativas de comunicação nunca impedem a fala de se desenvolver.

O domínio da língua de sinais será necessariamente diferente para o surdo, para quem ela constitui a primeira língua, e para o ouvinte que utiliza os sinais para se fazer entender, mas que compreende o que lhe é dito oralmente, embora, por razões clínicas, não consiga vocalizar. A língua de sinais dos surdos

---

11. O autismo é incluído entre os transtornos invasivos de desenvolvimento.

é desenhada com as mãos com fluência e agilidade. Nos ouvintes, tende-se a traduzir sinal por sinal, num sentido próximo do que é chamado de *português sinalizado*,* porque geralmente a comunicação se dará com outros ouvintes.

Talvez você se pergunte, por que não usar a escrita, então? Essa pode ser uma opção para pessoas letradas, para pessoas que adquiriram o distúrbio fonoarticulatório por traumatismo cerebral ou doença. No entanto, a escrita implica perder o contato visual com o interlocutor enquanto se lê e se escreve. Exige estar sempre com uma prancha, papel e caneta à mão; e requer que não tenha ocorrido lesão severa de motricidade manual, e que a escrita cursiva seja coordenada o suficiente para ser lida pelo outro.

(Veja sinopse do filme *O piano*.)

Nesses casos, às vezes, a datilologia é um recurso bastante eficiente. Para comunicação dessa natureza, além do alfabeto manual, alguns sinais de esclarecimento, emprestados da Libras, podem ser aprendidos para tornar a comunicação mais eficaz. Propomos o uso de sinais como: [vou fazer uma] *pergunta*; o sinal de *separação* de cada palavra; sinal de *outra vez*; sinal de *errei*; esses, entre outros, são sinais importantes para que a comunicação não se embaralhe. Você se lembra de que no Capítulo 4 incluímos pictogramas como os que acabamos de citar?

Conclusão

Assim como o sistema de símbolos Bliss, quando foi inventado, não tinha como objetivo suprir as necessidades de comunicação de pessoas com paralisia cerebral, e sim propor uma forma universal de comunicação, as linguagens espaçovisuais nascem em contextos às vezes muito distantes do seu destino final, e renascem, a história nos mostra, sempre que a função social exige. Recuperar as origens da língua de sinais na história da educação do surdo auxilia-nos a entender que os sistemas de linguagem e comunicação, incluindo a língua de sinais e os sistemas pictográficos de comunicação, não são propriedade exclusiva de nenhum grupo.

---

* No português sinalizado, bastante criticado pelos educadores que defendem a língua de sinais na educação do surdo, procura-se seguir a sequência gramatical do português falado, substituindo palavras por sinais na ordem usual da fala. O resultado da frase em sinais não faz sentido para o usuário de sinais, porque os significados são constituídos considerando uma sequência de outra ordem. Leia mais sobre isso em Quadros (1997).

7 O braile na escola inclusiva

Diferentemente dos outros recursos, sistemas e linguagens apresentados neste livro até aqui, o braile se diferencia por ser uma proposta voltada exclusivamente para atender às possibilidades do cego ou do surdo-cego. Mesmo para o deficiente visual com visão reduzida, os sistemas gráficos de escrita, como a escrita ampliada e de alto contraste, são mais acessíveis do que o braile. Quando há resíduo visual, o aluno tenta sempre apreender com os olhos, pois independentemente da vontade, os circuitos neuronais relacionados à visão entram em ação, e isso interfere no processo de significação com as polpas dos dedos.

Falar de braile nos coloca no campo do letramento, já que o braile é um sistema de escrita alfabética. Dessa forma, é preciso retomar alguns pressupostos sobre a aquisição de escrita comuns tanto a alunos que enxergam (videntes) quanto a alunos com cegueira, como base para compreender os processos de apropriação do braile. *Grosso modo*, os processos de compreensão da função social da escrita e do letramento são os mesmos, tanto para o braile quanto para a escrita gráfica, muito embora o veículo material da escrita baseada nas células de seis pontos em relevo gere alguns desafios próprios do sistema, implicando, possivelmente, a adaptação de estratégias de ensino. Entendemos que o professor das séries iniciais, com experiência pedagógica como alfabetizador, pode explicitar ao aluno com deficiência visual a presença das práticas de leitura e escrita no cotidiano escolar, trabalhando a função social da escrita com todos os alunos da classe.

Deter noções sobre as especificidades da leitura e escrita em braile auxilia o educador a perder o receio de se aproximar do aluno com cegueira. Assim, este capítulo tem como objetivo apresentá-lo à escrita branca.

Letramento e oralidade

O histórico brasileiro de altos índices de analfabetismo nos obriga a considerar o significado da falta de acesso à escrita, causada pelos mais diversos mecanismos de exclusão. Na nossa sociedade letrada, quem domina o padrão culto da língua e conhece as formas de representá-la graficamente adquire um valioso instrumento de autonomia. Quem, ao contrário, não sabe ler e escrever, fica dependente, à mercê dos outros. Assumir uma postura crítica e compromissada com relação à educação para todos integra-se na busca de uma metodologia de ensino que dá voz, ao contrário de calar. Wanderley Geraldi (1999, pp. 130-131) explicita essa opção no texto que segue:

> [O] compromisso político da aula de língua portuguesa é oportunizar o domínio também desta variedade padrão como uma das formas de acesso a bens que, sendo de todos, são de uso de alguns. Para percorrer este caminho, no entanto, não é necessário anular o sujeito. Ao contrário, é abrindo-lhe o espaço fechado da escola para que nele ele possa dizer a sua palavra, o seu mundo, que mais facilmente se poderá percorrer o caminho, não pela destruição de sua linguagem, para que surja a linguagem da escola, mas pelo respeito a esta linguagem, a seu falante e ao seu mundo, conscientes de que também aqui, na linguagem, se revelam as diferentes classes sociais.
> É devolvendo o direito à palavra – e na nossa sociedade isto inclui o direito à palavra escrita – que talvez possamos um dia ler a história contida e não contada da grande maioria que hoje ocupa os bancos das escolas públicas.

No caso do aluno com cegueira, o braile é o instrumento para possibilitar o direito à palavra escrita. Para ele, a interação com o mundo é necessariamente pautada no verbal, mediada, sem dúvida, pela oralidade. No entanto, o letramento em braile lhe permitirá algo essencial: autonomia para aprender na escola.

Contribuições da psicolinguística como base metodológica do letramento em braile

Os avanços das últimas décadas no campo da psicolinguística contribuíram enormemente para a compreensão de educadores sobre os processos pelos quais as crianças pequenas começam a falar, sobre como o estudante aprende uma segunda língua, e sobre a apropriação da escrita na escola. Dedicamos parte do Capítulo 5 para sintetizar fundamentos psicolinguísticos no campo do letramento. Relembrando alguns:

1. O processo de apropriação da escrita pode acontecer de forma tão natural e indolor quanto a aquisição da fala.
2. A criança aprende naturalmente quando a escrita ocorre em práticas significativas e contextualizadas, não por meio de exercícios artificiais.
3. Antes de chegar à escola, a criança vidente brinca muito de desenhar e escrever, e constrói uma série de conhecimentos sobre o mundo das letras.

Pensar no letramento da perspectiva da sua função social gera uma série de implicações para o processo de letramento em braile, que abordaremos mais adiante neste capítulo. Mas, primeiro, vamos conhecer um pouco sobre o código do sistema braile.

O código do sistema braile: Recuperando a história da invenção do braile

Assim como ocorreu na história da educação do surdo, as primeiras tentativas de tornar a leitura e a escrita acessíveis aos cegos também se deram durante os séculos do iluminismo, não por coincidência, mas porque as concepções sobre a aprendizagem humana haviam se modificado. Já não se concebia mais o deficiente como alguém que pagava pelo pecado original com sua deficiência (portanto, merecedor do estigma), nem como pessoa incapaz de aprender. No caso da deficiência visual, porém, diferentemente do processo de educação de surdos na França, que surgiu no contexto religioso, o projeto pedagógico com os cegos teve origem secular.

Valentin Haüy (1745-1822), tradutor oficial do Ministério de Assuntos Exteriores em Paris, é reconhecido como o primeiro proponente de um trabalho educacional para cegos na Europa.[1] Conta-se que ele se sentiu extremamente constrangido ao assistir a um grupo de músicos cegos realizando uma paródia de sua própria situação, e decidiu trabalhar para a melhoria das condições de vida dos deficientes visuais. O germe da ideia da viabilidade de educação dos cegos, no entanto, já havia sido plantado em meados do século XVIII pelo filósofo francês Denis Diderot, num texto bastante significativo denominado "Carta sobre os cegos para uso daqueles que vêem", publicado em 1749; o filósofo havia se impressionado com as conquistas de Melanie de Salignac, que aprendeu a ler com letras recortadas em papelão e que escrevia realizando punção de letras em papel sobre uma prancheta. A divulgação de casos como o dessa jovem evidenciaram ao público que os cegos eram capazes de realizar leitura e escrita, desde que as letras pudessem ser percebidas pelo tato em vez de pela visão.

Haüy também teve oportunidade de conhecer a talentosa baronesa cega Maria Theresa von Paradis, compositora e organista. O contato com essa senhora foi o que o impulsionou a iniciar uma experiência sistemática com o jovem mendigo cego François Leseur, de 15 anos, em 1784. Desse sucesso inicial, fundou-se em Paris o Institut National des Jeunes Aveugles (Instituto Nacional para Jovens Cegos). Para promover a alfabetização dos cegos nessa escola, Haüy criou a estratégia de letras em relevo. A ideia era interessante,

---

1. Informações sintetizadas a partir de Rex *et al.* (1995).

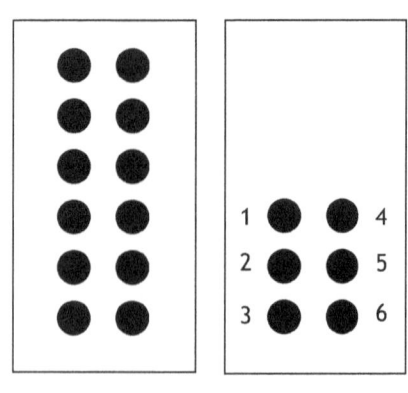

Figura 1 - A célula de 12 pontos do código de Charles Barbier e a célula de 6 pontos de Louis Braille

mas o resultado foi desapontador, porque os cegos não conseguiam discriminar bem as letras nesse sistema. Todavia, o projeto teve o mérito de indicar a opção do tato como veículo de registro de sentidos em oposição a outras formas sensoriais.

Louis Braille foi aluno e, posteriormente, professor no Institut National. Lá, teve contato com um código que revolucionou as possibilidades de acesso do cego ao mundo da escrita. Assim como outros sistemas apresentados neste livro tiveram origem em soluções aplicadas a outras esferas de conhecimento humano, e não à educação especial, a ideia do braile como um sistema de pontos em relevo foi adaptada de um código de sinais militares. O código original de 12 pontos fora inventado pelo capitão Charles Barbier, oficial da cavalaria francesa do corpo de sinalização militar.[2] O oficial criara o código como sistema de "leitura noturna", pretendendo possibilitar uma forma de comunicação silenciosa e inacessível ao inimigo durante manobras militares. Percebendo as possibilidades desse instrumento, o próprio Barbier levou sua proposta para o Institut National em 1819, onde alguns professores e alunos tomaram contato inicial com o código, que podia representar os 36 sons da língua francesa. Tratava-se, de fato, de uma "grafia sonora" (ou sonografia, como foi chamada), codificando os sons da fala e não o alfabeto. Sem marcas de pontuação, sua finalidade não era a escrita e sim a comunicação em campo de batalha.[3]

O jovem aluno Louis Braille teve acesso ao código quando ingressou no instituto de cegos. Brincando com a célula, percebeu suas limitações; reviu o código à luz da codificação do alfabeto convencional, diminuindo o número de pontos para seis por célula. Elaborou caracteres para pontuação, numerais, signos matemáticos e grafia musical, considerando o sistema como um instrumento de escrita, não de comunicação. Em 1824, o novo sistema passou a circular formalmente entre os alunos do instituto, que de certa forma testaram e aprovaram sua eficácia na prática cotidiana. Naquela época, Louis Braille era um jovem de apenas 15 anos. Alguns anos mais tarde, em 1839, já havia resolvido satisfatoriamente a maior parte dos problemas da *grafia pontilhada* (posteriormente denominada de braile) e publicou o "Método para escrever palavras, música e canções simples por meio de pontos, para uso pelos cegos e arranjados para eles".

---

2. Informações baseadas em estudo histórico de Mazzotta (1996).
3. Informações sintetizadas da sinopse de Pimentel (1999), que, por sua vez, apoiou-se em Venturini e Rossi. *Louis Braille: Sua vida e seu sistema*. São Paulo: Fundação para o Livro do Cego no Brasil, 1978.

Vale apontar o seguinte: assim como tivemos oportunidade de constatar no processo de sistematização da língua de sinais, também no processo de criação do sistema braile foi necessária a participação ativa da própria pessoa do deficiente para aprimorar o recurso, considerando as condições de uso daqueles diretamente interessados na invenção.

Apesar do brilhantismo da ideia, o sistema braile não foi imediatamente aceito no Institut National parisiense, pelo contrário – foi proibido. Educadores acreditavam que se deveria alfabetizar com o antigo sistema de letras em relevo, para que os cegos seguissem o padrão convencional de escrita, mas os alunos driblaram as autoridades, escrevendo em braile às escondidas. O código foi adotado oficialmente apenas em 1854, ou seja, dois anos depois da morte de seu criador.

DADOS DA VIDA DE LOUIS BRAILLE[4] (1809-1852)

Louis Braille nasceu num vilarejo próximo a Paris. Aos 3 anos, quando brincava na oficina de seu pai, sofreu um acidente no olho esquerdo ao tentar perfurar um pedaço de couro. Na época, não havia antibióticos, e quando, aos 5 anos, a infecção decorrente da lesão progrediu e afetou também o outro olho, ele ficou totalmente cego, apesar dos esforços de seus pais em buscar auxílio médico.

Na infância, a deficiência visual não impediu seus estudos. Aprendia com facilidade, utilizando-se da memória e da linguagem verbal para se apropriar do conhecimento. Conseguiu uma bolsa de estudos para ingressar no Institut National des Jeunes Aveugles aos 10 anos, onde deu continuidade à escolaridade. Lá teve oportunidade de estudar música com professores do conservatório, que ofereciam aulas gratuitas na instituição; com isso, aprendeu piano e tornou-se organista. A dificuldade que vivenciou de aprender a tocar sem partitura, dependente da memória auditiva (numa época em que não havia gravação musical de nenhum tipo), certamente foi o propulsor para que ele criasse signos para a grafia musical, quando elaborou o sistema pontilhado, que veio a ser conhecido como braile. Ainda menino, Louis Braille teve contato com o sistema de Barbier, e começou a intervir no código, eliminando os problemas de tal forma que, quando tinha apenas 15 anos, a nova proposta já havia se configurado.

Louis Braille trabalhou durante o resto de sua vida aperfeiçoando o sistema, buscando aprovação oficial para o invento, que demorou muito a ser concedida. Com a saúde debilitada por tuberculose, contraída ainda na casa dos 20 anos, Braille exercia cargo de professor do Institut, atuando também como músico. Faleceu em 1852, em virtude do agravamento da doença conhecida como "a praga branca", que ceifou tantas vidas e mentes brilhantes antes do advento da vacina BCG e do tratamento por antibióticos.

Início oficial da educação de cegos no Brasil

Também em 1854, foi fundada por decreto imperial de D. Pedro II a primeira instituição educacional de cegos no Brasil: o Imperial Instituto dos

---
4. *Idem.*

Meninos Cegos.[5] No Brasil, bem como no exterior, temos notícias de importantes avanços no campo de educação especial que acontecem em decorrência de contatos pessoais de figuras públicas com a problemática dos deficientes, como se vê nesse caso. A fundação dessa instituição ocorreu porque o dr. José F. Xavier Sigaud, médico da família imperial de D. Pedro II, tinha uma filha cega, Adélia Sigaud. Seu professor particular, José Álvares de Azevedo, um cego brasileiro, havia estudado no Institut National francês, onde aprendeu braile. É por isso que o braile foi introduzido no Brasil já em 1854, quando da fundação da primeira instituição, diferentemente de outros países, onde a polêmica entre a adoção do braile ou das letras em relevo gerou atrasos maiores. José Álvares de Azevedo faleceu logo em seguida, ainda muito jovem, e não acompanhou a história emergente da educação de cegos no Brasil.

Em 1891, a instituição foi renomeada como Instituto Benjamin Constant (IBC), em homenagem ao ex-diretor e professor de matemática, professor Benjamin Constant Botelho de Magalhães. Assim como as grandes instituições na Europa e nos Estados Unidos, os centros residenciais brasileiros para deficientes viveram períodos de decadência no século XIX, atendendo a um número diminuto de deficientes, com enfoque assistencialista, que não dava conta da formação para a cidadania e a atividade produtiva. Para se tornar o centro de referência nacional de informação, apoio e pesquisa que hoje é o IBC, foi preciso uma longa trajetória de revisão do papel social e educacional dessa instituição federal.

"A guerra dos pontos"

Você se lembra de que, no primeiro capítulo, falamos dos processos dinâmicos das mudanças sociais, de como as inovações não são aceitas passivamente, mas que ocorrem processos de embate e negociação entre as forças que buscam instituir novos procedimentos e os grupos que tentam manter os padrões tradicionalmente estabelecidos. Atualmente, não nos damos conta de quanta polêmica foi gerada até a definição de um sistema braile unificado, mas houve muitos transtornos por conta das tentativas de fazer prevalecer um sistema sobre o outro. Durante os cem anos que se passaram a partir da publicação revolucionária de Louis Braille em 1839, inúmeras versões do braile foram elaboradas. Algumas tentativas acrescentavam traços e pontos, outras apresentavam a célula em versão horizontal ao invés de vertical, e ainda outras utilizavam uma célula com oito pontos em vez de seis. As versões diversas propunham caracteres distintos de pontuação e de abreviaturas, exigindo do

---

5. Informações baseadas em estudo histórico de Mazzotta (1996).

cego letrado a aprendizagem de mais de um sistema de código. Quando Louis Braille elaborou sua proposta, já havia previsto um sistema de abreviaturas na escrita, com o objetivo de aumentar a agilidade da leitura, bem como para diminuir o número de páginas do volume transcrito no sistema braile.

A falta de padronização provocou enormes prejuízos para os usuários do sistema, pois tinham de se adaptar a cada novo modismo que se apresentava, para conseguir ler o material publicado em braile. A polêmica instaurada também dificultou demasiadamente os processos de publicação de transcrições em braile, já que, nas primeiras décadas do século XX, os livros tinham de ser publicados nas várias versões em uso.

Uma carta de Helen Keller, datada de 11 de novembro de 1899, referente ao exame de admissão no ensino superior, para a Faculdade de Radcliffe, revela a problemática vivida na carne pelos usuários dos vários sistemas em voga.

> [...] O braile funcionou razoavelmente nas matérias de línguas; mas, quando chegou em geometria e álgebra, foi diferente. Eu fiquei bastante confusa, e fiquei desencorajada, e gastei muito tempo precioso, principalmente em álgebra. É verdade que tenho familiaridade perfeita com todo o braile literário – o britânico, o americano e o New York Point; mas o método de escrever os vários sinais usados em geometria e álgebra nos três sistemas é muito diferente, e dois dias antes dos exames eu conhecia somente o sistema britânico. Eu o havia utilizado durante toda minha escolaridade, e nenhum outro.
> Em geometria, minha principal dificuldade foi que eu estava acostumada a ler as proposições em Line Print [impresso em traços], ou de tê-las soletradas na minha mão; e de alguma forma, embora as proposições estivessem bem ali diante de mim, ainda o braile me confundia e eu não conseguia fixar com clareza em minha mente aquilo que eu estava lendo. Mas, quando comecei a álgebra, tive dificuldade maior ainda – fui muito prejudicada pelo meu conhecimento imperfeito da notação. Os sinais, que eu havia aprendido no dia anterior, e que eu acreditava conhecer perfeitamente, me confundiram. Em conseqüência, meu trabalho foi penosamente lento, e fui obrigada a reler os exemplos inúmeras vezes, antes de conseguir formar uma idéia nítida sobre o que se solicitava que eu fizesse. (Keller 1902/1961, p. 218)

A definição pelos sistemas de pontos (em oposição a pontos e traços) foi forçada pela maior facilidade tecnológica de produção de matrizes em metal baseadas em pontos para publicação de textos. Entre as várias versões americanas, canadenses e britânicas do braile inglês que circulavam no início do século XX, uma comissão de pesquisa indicou que a leitura dos cegos ganhava velocidade quando utilizavam a versão grau 2 do braile britânico; dessa constatação científica, acordou-se em 1932, com a efetiva participação dos usuários cegos, que o padrão britânico grau 2 seria oficialmente aceito nos países de língua inglesa. Helen Keller deve ter ficado satisfeita com essa decisão, pois o sistema britânico também era a sua preferência.

A unificação do sistema braile no Brasil[6]

O Brasil tem participado de várias instâncias internacionais que objetivam unificar a simbologia braile para a matemática e as ciências, destacando-se como participantes a União Mundial dos Cegos, com apoio da Unesco, e a Organização Nacional de Cegos da Espanha (Once), que têm promovido encontros visando aos países de línguas espanhola e portuguesa. Em 1963, foi assinado o convênio luso-brasileiro que estabeleceu o braile grau 1 (integral, sem abreviaturas) e a adoção pelo Brasil dos símbolos de abreviaturas utilizados em Portugal (grau 2). Desde a década de 1940, o Brasil adotou a Tabela Taylor, elaborada na Inglaterra, em substituição à simbologia francesa original para o campo da matemática, mas, posteriormente, a introdução de novos símbolos da matemática moderna exigiu a revisão dessa tabela. A última revisão acordada para a matemática em nosso país foi o Código Matemático Unificado, em 1997.

A partir dos anos 70, o novo campo da informática exigiu outro processo de atualização. Assim, o Brasil adotou, em 1994, uma tabela unificada para a área de computação, baseada nas simbologias definidas em acordos internacionais. Os trabalhos de unificação continuam, coordenados pela Comissão Brasileira de Braile.

Foi publicada, em dezembro de 2002, pelo Ministério de Educação, Cultura e Desportos, a última revisão completa para países de língua portuguesa, com algumas significativas alterações na pontuação, terminologia técnica e principalmente nos símbolos do código para química.

Mitos sobre o cego e a leitura em braile

Mito 1: O cego é incapaz/O cego possui um sexto sentido: Duas faces do estereótipo

Os estereótipos do cego como incapaz e indefeso, de um lado, e dotado de sexto sentido e de visão interior, compensando o sentido que lhe falta, do outro, são duas faces de uma mesma moeda. Esses rótulos permeiam as representações sociais que fazemos do cego e em nada contribuem para os progressos escolares do aluno deficiente visual, porque não nos permitem perceber o aluno real à nossa frente.

Entender os processos psicológicos e sociais pelos quais incorporamos e reproduzimos os preconceitos que permeiam as representações sociais dos deficientes em nossa sociedade poderá ser um passo na direção de reconhecer que os estereótipos atuam em todos nós e que podemos construir outras representações, saudáveis e mais genuínas, do Outro.

---

6. Essa síntese foi elaborada com base no artigo de Lemos e Cerqueira (1996).

A prática de rotular aqueles que são diferentes de nós mesmos é tão antiga quanto o homem, mas a palavra estereótipo é muito recente. Foi cunhada no final do século XVIII para designar um aparelho usado para fabricar cópias de texto em papel machê, a partir de um molde.[7] No começo do século XX, psicólogos sociais adotaram o termo estereótipo metaforicamente, para designar as imagens pelas quais categorizamos o mundo, criando uma analogia com base na estrutura de um molde que oferece um suporte rígido para reprodução de outros textos iguais. Para Gilman (1985), o termo estereótipo, com sua origem no processo de manufatura de textos, traduz de maneira bastante apropriada o mecanismo psicológico que utilizamos ao tentar encaixar o Outro numa estrutura que já cristalizamos dentro de nós.

Trabalhando numa abordagem psicanalítica, Gilman explica que a criação de estereótipos faz parte do processo de individuação pelo qual diferenciamos a nossa identidade como separada do mundo. Ao nascer, o ser humano concebe o mundo como uma extensão de si mesmo; nos primeiros meses de vida, vai percebendo seu Eu como uma identidade separada. Surge, então, uma grande ansiedade, quando percebe sua falta de controle sobre o mundo. O estereótipo, nesse momento, tem a função de livrar o Eu da ansiedade. Diante da sensação de impotência e vulnerabilidade, criam-se imagens ilusórias de Nós (os bons) e d'Eles (os maus). Essa dinâmica defende o Eu das contradições presentes no ser bom e mau integrado, projetando sobre o Outro a representação do mau.

Veja essa ideia sintetizada nas palavras de Gilman:

> É o medo do colapso, do senso de dissolução que contamina a imagem ocidental de todas as doenças, inclusive as que nos escapam, como a esquizofrenia. No entanto, o medo que temos de nosso próprio colapso não permanece internalizado. Pelo contrário, projetamos tal temor sobre o mundo, com o objetivo de localizá-lo e, até, domesticá-lo. Pois, uma vez localizado, o medo de nossa própria dissolução é removido. Aí, não somos mais nós mesmos que cambaleamos na beira do colapso, mas, sim, o Outro. E é um Outro que já confirmou sua vulnerabilidade ao ter caído. (Gilman 1994, p. 1, tradução da autora)

Como se trata de uma representação mental, que serve para perpetuar um senso de diferença entre o Eu e o Outro, as demarcações das diferenças são abstratas. Assim, a linha imaginária pode se deslocar. O conceito negativo projetado no Outro é permeado de um contrapeso positivo, o que permite o deslocamento do medo do Outro para a glorificação do Outro. No polo negativo, o estereótipo representa aquilo que o Eu tem medo de ser; no polo positivo, o medo daquilo que o Eu não conseguirá atingir.

---

7. Essa contribuição foi encontrada em Gilman (1985).

O Outro é rotulado por um conjunto de sinais.[8] Não se trata de sinais inventados individualmente, mas de herança cultural, pois os sinais são constituídos ao longo da história e perpetuados e moldados por meio de textos, imagens e histórias. A relação com o Outro se dá filtrada por essas representações. Os estereótipos são carregados de associações que formam subtextos no mundo da ficção. Sempre há reducionismo, e apenas alguns sinais bastam para trazer à tona a representação do Outro, diferente.

Gilman assegura que é perfeitamente possível as categorias racionais coexistirem com os estereótipos profundos, que emergem em situações de vulnerabilidade. Quando um professor se sentir inseguro diante de um aluno novo, que apresenta cegueira, por exemplo, ele pode se sentir desconcertado, por não ter sido preparado para enfrentar essa situação. Os estereótipos emergem justamente num momento como esse, quando a autointegração é ameaçada de alguma maneira, pois essa é a forma como lidamos com as nossas instabilidades. A diferença ameaça a ordem. No entanto, o professor não precisa se entregar ao preconceito: pode reter a capacidade de distinguir entre o estereótipo e o indivíduo real, superando o mecanismo momentâneo de autodefesa que se manifesta diante de uma situação que evidencia o seu próprio desconhecimento. As imagens iniciais que construímos sobre o Outro podem ser alteradas, à medida que aumenta o contato com a realidade. Veja o que Miriam, que nasceu cega por glaucoma, sugere para a escola:

> Acho que o professor pode ajudar muito, se ele já no primeiro contato não se afastar, chegar perto, perguntar o nome, perguntar como ele pode ajudar, facilita muito, porque o professor não sabe mesmo como trabalhar, então, ele precisa dialogar com o aluno, sem medo, para não discriminar. Porque, se o aluno deficiente visual está lá, é porque ele tem capacidade, se ele chegou naquele grau de estudo, é porque tem a capacidade de estar ali e assistir à aula. (Caiado 2003, p. 88)

Ela está sugerindo que o professor entre em contato com o verdadeiro aluno, não com o estereótipo de cego que ele mesmo projeta sobre o seu aluno. Deseja o que é seu por direito: o direito de ser aluna, com as mesmas exigências, as mesmas tarefas, a mesma supervisão, o mesmo crédito pela capacidade de aprender.

Mito 2: O cego tem sensibilidade inata para conhecer pelo toque dos dedos

Esse é um dos mitos que permeiam a representação social do cego entre nós, e é muito próximo da imagem do sexto sentido, pois polariza, na vertente positiva, a capacidade do cego, que nós, videntes, jamais poderemos atingir.

---

8. Essa síntese é apresentada de forma detalhada em duas obras de Gilman (1985 e 1994).

Certamente, o contato com o mundo e a apreensão dos significados socialmente constituídos se darão pelos outros sentidos para quem não enxerga. Quando os videntes andam na rua, usam referências visuais para se localizar. Não prestam atenção nas fontes sonoras, nas correntes de vento entre prédios, nas pistas que recebem do terreno em que pisam, nem no tempo que levam para caminhar de um ponto a outro. O cego desenvolve habilidades pautadas na integração de uma série de signos de origem sensorial, no campo da audição, do olfato, do tato e da proprioscepção (dos sensores internos de sua própria musculatura e ligamentos) e do senso de equilíbrio. Ao usar outras áreas do cérebro, seus circuitos neurais se reestruturam. Oliver Sacks (1995, p. 153), o grande neurologista que relatou a história de Virgil, cego que recobrou parcialmente a visão, aborda os mecanismos neurais de compensação no texto abaixo:

> [O vocabulário de Virgil], toda a sua sensibilidade e sua imagem do mundo eram expressos em termos táteis – ou, pelo menos, não visuais. Ele era, ou tinha sido até a operação, uma pessoa inteiramente tátil.
> Foi demonstrado que em surdos de nascença (especialmente se sempre se comunicaram pela linguagem de signos) algumas das partes auditivas do cérebro são realocadas para uso visual. Também ficou provado que em cegos que lêem em braile o dedo leitor tem uma representação excepcionalmente grande nas partes táteis do córtex cerebral. É de se suspeitar que as partes táteis (e auditivas) do córtex são alargadas nos cegos e podem até expandir para o que normalmente é o córtex visual. O que sobra do córtex visual, sem o estímulo visual, pode ficar em grande parte sem se desenvolver. Parece provável que tal diferenciação do desenvolvimento cerebral acompanhe a perda de um sentido na infância e a intensificação compensatória de outros sentidos.

Para conhecer a versão do cinema da história de Virgil, assista ao filme *À primeira vista* (veja sinopse no final deste livro).

Interagindo com este texto você deve estar pensando: "então, isso não é um mito! O cego tem o tato mais desenvolvido, mesmo!". Nossa crítica não é quanto à ideia do tato superdesenvolvido no cego, mas quanto a essa habilidade ser *inata* em todo cego. Pelo contrário, o desenvolvimento da discriminação tátil no cego ocorre da mesma maneira como o desenvolvimento das outras áreas sensoriais no vidente: é aprendido, mediado e constituído socialmente.

Insistimos nesse ponto porque as concepções do educador têm implicações pedagógicas. Se acreditarmos que o desenvolvimento é inato, inerente à condição da deficiência, não será preciso intervir. A habilidade virá pela maturação biológica. Entretanto, se entendermos que o desenvolvimento do conhecimento do mundo pelo tato se constitui socialmente, nossa atuação pedagógica será dirigida de outra maneira.

Muitas crianças com cegueira têm receio de tocar nos objetos. Não sabem se vão se machucar, ou se sujar, ou encontrar algo aversivo. Necessitam de mediação verbal para que aceitem explorar o mundo. Outras, ao contrário, precisam aprender a ter cautela, pois levam as mãos diretamente a lugares que podem representar perigo. O professor tem um papel importante no processo de desenvolvimento da significação pelo tato, que será um veículo essencial de acesso ao conhecimento, já que por meio do tato e da linguagem, o aluno com cegueira aprende, literalmente, a ler pelos dedos.

Mito 3: O braile é uma linguagem

O braile não é uma linguagem, nem uma língua, e sim um código, como afirmamos anteriormente, mas não se concebe o ato de ler como decodificar, e sim como um processo de buscar significação. Por isso, o cego lê em braile, num movimento de interpretação e não de decodificação. Qual é a diferença? Qualitativamente falando, o movimento da busca de sentido se orienta para uma compreensão global do que o escritor (interlocutor) pretendia dizer, esperando para tirar conclusões mais gerais ao final de uma pequena sequência, e não caractere por caractere. O movimento de busca de sentido promove um processo de adivinhação e antecipação do que o escritor está pretendendo dizer; assim, ajuda muito saber que o portador do texto que se tem à mão é um livro do gênero conto de fadas, uma embalagem de produto alimentício ou um folheto para acompanhar a missa na igreja. Nesse movimento, o leitor pode construir o sentido em conjunto com o escritor. Veja a forma como Lúcia Rego (1988, pp. 126-127) descreve esse processo:

> Se ler fosse apenas um exercício mecânico de traduzir grafia em som, principal ênfase de muitos métodos de ensinar a ler que subtraem da criança a possibilidade de perceber o caráter funcional da escrita, um bom leitor se resumiria apenas a um bom decodificador. Todavia muitos estudos têm demonstrado que um bom leitor não se vale apenas da decodificação [...] ou de estratégias grafonômicas [...], mas é alguém que é capaz de buscar as mensagens do texto fazendo uso também de informações não visuais que se baseiam em habilidades linguísticas e cognitivas que permitem uma antecipação do significado. [...] A criança que está alerta para o fato de que o sistema grafofônico não é a única pista de que dispõe para ler, pode fazer uso de pistas semânticas e sintáticas, assumindo um papel ativo na busca de significado. Mas, para tal, ela necessita ter a noção de que a escrita é uma forma de comunicação. A familiaridade, portanto, da criança com determinados usos da escrita é de fundamental importância.

O cego *lê* o braile. Quem decodifica o braile é o vidente especialista, o professor da sala de recursos, por exemplo, ou o familiar que verte o texto branco para tinta e vice-versa. Nesse serviço, o transcritor pouco interpreta, ou cria, pois, quando se trabalha com código, não há polissemia nem duplos sentidos. O que está escrito é igual, em braile e em tinta, diferentemente das relações entre português e Libras, que não são paralelas nem equivalentes.

Mito 4: O braile é muito difícil de aprender

O braile tem uma lógica bastante inteligente, de utilização das 63 possibilidades de combinações dos pontos (além da célula vazia, que serve como espaço), e isso facilita a memorização para quem conhece as letras correspondentes, como é o caso de familiares e professores de educação especial videntes ou pessoas que perderam a visão na adolescência ou vida adulta. A introdução de símbolos novos, quando se inicia a aprendizagem num campo novo de conhecimento, como matemática, química, física ou música, pode assustar no início, mas isso vale também para a grafia. Os videntes sem conhecimento musical, quando diante de uma partitura, também ficam atônitos e não têm noção sobre como interpretar os valores, as notas e as marcas de dinâmica de uma pauta musical.

Em síntese, os pontos na célula são organizados para representar:

- o alfabeto;
- os acentos;
- a pontuação;
- os sinais especiais de composição;
- os códigos matemáticos, os códigos para a química, os códigos para o campo da informática, os códigos para a música.

Perceba o raciocínio na Tabela de 7 linhas (p. 152).

Musicografia em braile – É incrível pensar que Louis Braille, já em 1835, também havia solucionado um sistema de código correspondente às necessidades de escrita de uma partitura musical. No entanto, o instrumentista cego não consegue ler a partitura enquanto toca, pois precisa das mãos para tocar ou para ler, então, essas atividades não poderão ocorrer simultaneamente. Ao tocar instrumentos de teclado como o piano, o órgão, o cravo ou o teclado eletrônico, ele pode ler a linha melódica de uma mão enquanto toca com a outra, e vice-versa. Nos instrumentos de corda, pode ler com uma mão e posicionar os dedos nas cordas com a outra, mas para ouvir os sons, é preciso dedilhar ou passar o arco com a mão dominante. Para os instrumentos de sopro, no entanto, as duas mãos são necessárias, para a maioria das notas. Mesmo com a ajuda do braile, a memória auditiva vai ser essencial para o instrumentista.

A escrita do braile – Há três instrumentos usuais para produzir os relevos em braile: a reglete, a máquina Perkins e a impressora braile.

Tabela de 7 linhas

Linha 1 – Os caracteres são formados pelos pontos 1, 2, 4 e 5, na parte superior da célula. Constituída de dez sinais dos 4 pontos superiores formando letras. Estes mesmos sinais, antecedidos de ⠼ significam os numerais: 1, 2, 3, 4, 5, 6, 7, 8, 9 e 0.

a b c d e f g h i j

Linha 2 – Acrescenta-se o ponto 3 a cada caractere da linha 1.

k l m n o p q r s t

Linha 3 – Acrescentam-se os pontos 3 e 6, repetindo as formações da linha 1. Observe que, no francês, não há w, que teve de ser incluído posteriormente. O sinal para è não é usado em português, mas consta do código braile da língua francesa.

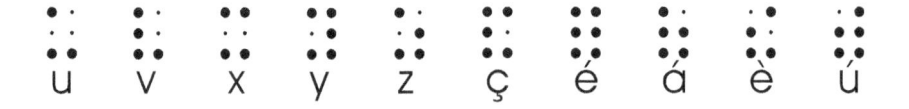

u v x y z ç é á è ú

Linha 4 – Acrescenta-se o ponto 6 aos caracteres do primeiro grupo. O w entrou nesta linha. Os sinais para î e para ù não são usados em português atualmente, mas constam do código braile da língua francesa. Da mesma forma, o ñ é usado no espanhol.

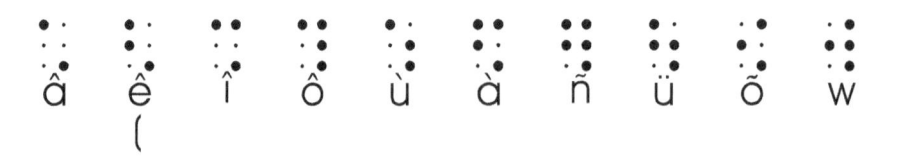

â ê î ô ù à ñ ü õ w
(

Linha 5 – Repete-se a linha 1, nos 4 pontos inferiores da célula. são sinais de pontuação, marcação de texto e símbolos matemáticos. O sinal ⠨ também indica a presença de *itálico* e **negrito**.

, ; : ÷ ? + = × * °
  / ! " "

Linha 6 – Utiliza apenas os pontos 3, 4, 5 e/ou 6 em sinais, alguns com significados múltiplos. Além de hífen, o sinal ⠤ representa o sinal de menos na matemática.

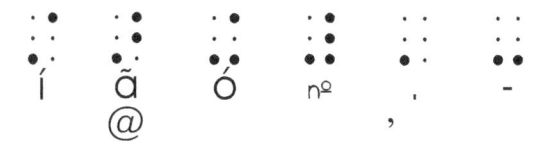

í   ã   ó   nº   ,   -
    @

Linha 7 – Utilizam-se apenas 7 possibilidades de colocação dos três pontos da direita. Vários sinais indicam acentuação em línguas estrangeiras e alguns são usados com outros para compor novos significados. Por exemplo: O sinal ⠨⠤ indica contexto informático.

^   ¨ | ~   Maiúsc. $ '

A reglete de bolso serve para anotações breves, pois é pequena, relativamente leve e fácil de transportar. O modelo em prancha é recomendado para trabalho escolar, pois dá maior firmeza na escrita e permite o trabalho mais extenso sobre uma folha inteira, sem recolocação da barra, linha a linha. Existem modelos em plástico e metal.

Para escrever na reglete, o aluno marca o papel dentro da cela,* criando um baixo-relevo, que ele

---

* O termo *cela* designa o espaço de preenchimento ou de possibilidade de grafia braile, onde os pontos poderão ser marcados com o punção. O termo *célula* refere-se ao símbolo com os seis pontos grafados. Os seis pontos da célula são designados por numerais ou por sua posição.

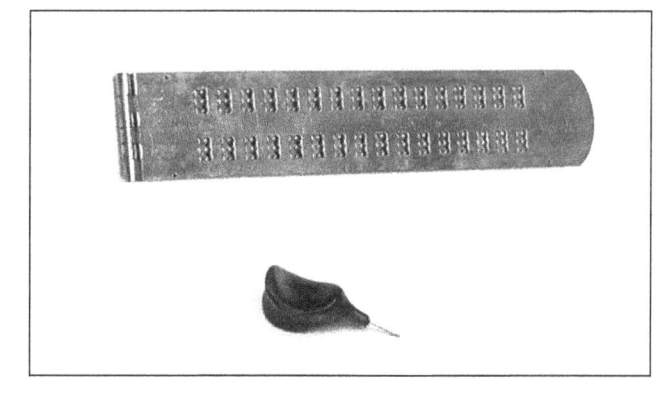

Figura 2 – Reglete de bolso e reglete em prancha, com punção

Escola inclusiva

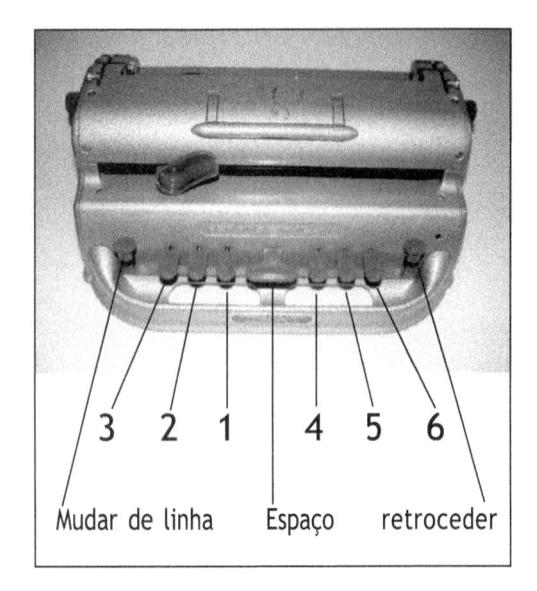

Figura 3 - Máquina Perkins

perceberá como alto-relevo quando virar a folha. Para tanto, ele se utiliza de um instrumento criado para essa finalidade, que é o punção. Usando o instrumento para se orientar, ele procura as bordas e pressiona o papel dentro da cela, de forma a empurrar a folha para dentro das covas desejadas, em baixo-relevo. Somente ao retirar e virar a folha, é que ele poderá perceber os pontos produzidos em alto-relevo.

Imagine que você esteja usando a reglete e procure visualizar o que acontece quando se inicia a escrita de um nome qualquer, digamos Louis Braille, considerando a nossa convenção da esquerda para a direita. Se você acertou os pontos, terá marcado [⠇⠕⠥⠊⠎ ⠃⠗⠁⠊⠇⠇⠑].
No entanto, ao virar a folha, perceberá o equívoco, pois as letras ficaram espelhadas, assim: [⠎⠊⠥⠕⠇ ⠑⠇⠇⠊⠁⠗⠃]. Para que a escrita fique na posição convencional para o português, escreve-se da direita para a esquerda com a reglete, invertendo, ou espelhando, todos os caracteres. Parece difícil, no início, mas esse procedimento acaba sendo automatizado e se torna inconsciente.

A máquina Perkins, com apenas nove teclas, é equivalente a uma máquina de datilografia. A tecla central é utilizada para dar os espaços; a função da tecla da esquerda é mudar de linha e a da direita é fazer o retrocesso. As outras correspondem aos pontos 3, 2, 1 e 4, 5, 6, nessa ordem. Teclar na máquina Perkins é muito mais fácil do que escrever na reglete, entre outras razões porque não se inverte o caractere. O esforço manual é menor e ganha-se muito em velocidade. É possível ler o texto escrito com a folha ainda dentro da máquina, o que permite a correção imediata, sem perder o lugar do erro.

Além disso, é possível escrever em mais do que uma folha ao mesmo tempo, e isso representa enorme vantagem. Usando papel de gramatura 90, podem-se produzir três cópias ao mesmo tempo na máquina Perkins; no papel de gramatura 120, é possível bater duas folhas nítidas por vez. Lembre-se, a tecnologia não avançou (até o momento) a ponto de criar um meio de fotocopiar o braile, embora os problemas técnicos para escanear pontos em relevo já estejam sendo resolvidos por pesquisadores nesse campo.[9]

Há desvantagens no uso da máquina Perkins? Sim, a máquina é compacta, mas pesa 4,5 quilos. E é barulhenta.

---

9. Recomenda-se cuidado, no entanto, porque, quando se força a máquina com excesso de papel, há risco de quebrar o mecanismo. Alguns especialistas propõem utilizar na máquina Perkins papel de gramatura 120, com cópia em uma folha de sulfite comum (gramatura 75).

Tanto para escrita na reglete como na máquina Perkins, o professor precisa lembrar que a escrita exige mais esforço físico do aluno do que a manuscrita.* É preciso parar, descansar, realizar outros tipos de atividades.

A impressora braile é uma conquista muito recente da informática, e por seu alto custo (cerca de 5 mil dólares), é considerada um equipamento para uso coletivo, que atende às necessidades educativas especiais de vários alunos com cegueira de uma mesma secretaria de educação. Quando associada ao *scanner*, amplia enormemente o acesso do aluno com cegueira a todo tipo de material escrito, democratizando o saber.

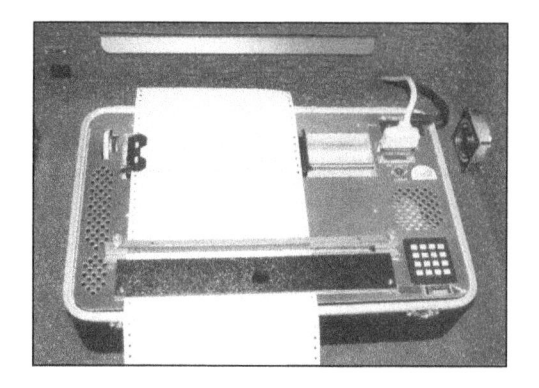

Figura 4 - Impressora braile

Mito 5: É preciso treinar a discriminação tátil como pré-requisito para o uso do braile

As bases do ensino pelo estímulo sensorial estão no Iluminismo, sedimentadas na educação especial pelo trabalho de Itard, que realizou um processo sistemático e registrado de educação com Victor, o menino selvagem de Aveyron. Nesse modelo pedagógico, em que se bombardeia o corpo com sensações e se treinam os sentidos para discriminar percepções cada vez mais semelhantes, entende-se que o conhecimento se dá pela experiência dos sentidos, não pelo sentido da experiência. É fácil perceber que tal modelo de aprendizagem está na contramão de tudo o que as abordagens centradas no aluno, as freirianas, as construtivistas e as socioculturais, defendem. Isso porque aprender por meio do treinamento da discriminação sensorial artificializa a vivência a tal ponto que o sentido do sentir desaparece no percurso de exercícios sem sentido.

Compare a diferença entre o registro que o próprio Itard nos deixou sobre o seu processo de ensino com Victor com o programa de Lurdinha com seu filho Lúcio.

> I – Devemos aos trabalhos de Locke e de Condillac terem avaliado a forte influência que a ação isolada e simultânea de nossos sentidos tem sobre a formação e o desenvolvimento de nossas idéias. [...] Foi segundo esses princípios que, quando cumpri as metas principais que de início me propusera, e que expus em minha primeira obra, empreguei todos os meus cuidados em exercitar e em desenvolver separadamente os órgãos dos sentidos do jovem Victor.

---

* Algumas pessoas que escrevem em braile, tanto pessoas com cegueira como professores especialistas, desenvolvem LER (lesão por esforços repetidos) por realizar atividades de escrita por períodos prolongados.

> II – Como de todos os sentidos a audição é o que concorre de modo mais particular para o desenvolvimento de nossas faculdades intelectuais, lancei mão de todos os recursos imagináveis para tirar de seu longo entorpecimento os ouvidos de nosso selvagem. Persuadi-me de que, para fazer a educação desse sentido, era preciso de certo modo isolá-lo e de que, só tendo à minha disposição, em todo o sistema de sua organização, uma dose muito módica de sensibilidade, eu devia concentrá-la no sentido que eu queria pôr em funcionamento, paralisando artificialmente o da vista pelo qual se consome a maior parte dessa sensibilidade. Em conseqüência, cobri com uma espessa venda os olhos de Victor e fiz repercutir em seus ouvidos os sons mais fortes e dessemelhantes. Meu desígnio não era somente fazê-lo ouvi-los, mas também fazê-lo escutá-los. A fim de obter esse resultado, tão logo eu emitira um som, estimulava Victor a produzir um igual, fazendo ressoar o mesmo corpo sonoro, e a bater noutro assim que seu ouvido o avisava que eu acabava de mudar de instrumento. Minhas primeiras tentativas tiveram o objetivo de fazê-lo distinguir o som de um sino e o de um tambor; e assim como um ano antes eu conduzira Victor da grosseira comparação de dois pedaços de cartolina, diversamente coloridos e figurados, à distinção das letras e das palavras, eu tinha toda a razão de acreditar que o ouvido, seguindo a mesma progressão de atenção do sentido da vista, logo viria a distinguir os sons mais análogos e os diferentes tons do órgão vocal, ou a fala. Concentrei-me, por conseguinte, em tornar os sons progressivamente menos díspares, mais complicados e mais aproximados. [...][10]

Itard continua o relato mostrando que esse trabalho pedagógico era percebido como um jogo por Victor, que ficava alegre quando acertava, e vinha correndo trazer a venda para brincar de novo. Ao perceber isso, Itard mudou de estratégia, pois não pretendia que nada mais além do som fosse significativo – nem a alegria.

Veja como é diferente o enfoque metodológico do programa de Lurdinha com Lúcio, seu filho com síndrome de Down:

> Lurdinha não esperou Lúcio chegar à idade escolar para ensinar-lhe noções de tempo. Entendendo que essas noções não são adquiridas de uma só vez e de maneira definitiva e acabada, procurou oferecer a Lúcio as oportunidades para que o conceito de tempo começasse a ser apreendido por intermédio da percepção de regularidades e irregularidades dos eventos que ocorrem no bojo das rotinas das nossas atividades de vida. E não é assim que toda criança aprende?
> Do mesmo modo que procedeu em relação às noções de tempo, não esperou Lúcio crescer para começar a ensinar-lhe sobre o espaço. Passeava com ele, bebezinho, pela casa, ou quando o levava para tomar banho, ou quando tinha que ir com ele à cozinha, ao quarto ou algum outro cômodo. Enquanto passeava, conversava com ele, descrevendo-lhe onde estavam. Por exemplo, falava: "Olha, Lúcio, aqui é o banheiro. É aqui que você toma banho, que a mamãe, o papai, o Pedro, a Joana tomam banho, fazem xixi, cocô. Escuta o barulhinho da água do chuveiro. Tá ouvindo, Lúcio? Olha que gostosa que é a água".

---

10. Esse trecho consta dos relatórios de Jean Itard de 1801, publicados em português no livro organizado por Banks-Leite e Galvão (2000, pp. 187-188).

Parece muito simples e bobo isso que a Lurdinha fazia. Mas eram essas pequenas coisas que iam permitindo que Lúcio começasse a apreender a noção de espaço funcional. Ele ia aprendendo a reconhecer de onde vinham os barulhos da casa: a panela de pressão na cozinha, o barulho do chuveiro no banheiro, e, mais do que isto, o que as pessoas estavam fazendo e que produzia aqueles sons. (Tunes e Piantino 2001, pp. 74-75)

Não pretendemos desmerecer o trabalho de Itard, que representou uma iniciativa ímpar na história da educação especial. Além do registro criterioso que o médico nos deixou sobre seus procedimentos pedagógicos, Jean Itard foi um dos primeiros a acreditar na capacidade de aprendizagem de pessoas deficientes.

Hoje, no entanto, estamos 200 anos à frente do período em que Itard bombardeava o pobre selvagem com estímulos variados; mas esse mesmo tipo de procedimento pedagógico continua sendo utilizado para levar o aluno com cegueira a discriminar, com a polpa dos dedos, diferentes texturas, cada vez mais semelhantes, em preparação para distinguir diferenças entre um caractere do braile e outro.

É claro que o aluno com cegueira vai precisar desenvolver habilidades de discriminação tátil para conseguir ler os pontos do braile, mas isso nao quer dizer que ele necessite de exaustivas sessões de treinamento, sem qualquer vínculo com situações reais de leitura. Assim como a criança que enxerga vai aprendendo a discriminar diferenças sutis nas letras quando está envolvida numa atividade de leitura e escrita significativa, com uma pessoa mais experiente auxiliando-a a notar as diferenças, o aluno que inicia seu processo de letramento em braile também pode afiar suas percepções táteis em atividades significativas. Lendo os nomes de colegas de sua classe, ele perceberá que alguns nomes são curtos (Ana e Luís), alguns nomes são compridos (Guilherme e Graziela); alguns começam com o mesmo caractere (Lucas e Luana), alguns terminam com o mesmo caractere (Danilo e Otávio). Discriminações que têm sentido social são mais memoráveis do que discriminações aprendidas por meio de treinamento.

Como professor alfabetizador, quais pistas você indicaria para tornar o processo de letramento do cego em braile coerente com o discurso sociocultural?

Mito 6: A gravação em fita cassete pode substituir o braile

Entre alguns especialistas, circula a proposta de que a gravação em fita cassete e o livro falado venham a substituir a escrita braile. Com novas tecnologias, é possível escanear textos, transformando a escrita em oralidade, por meio de sintetizador de voz. Trata-se de uma revolução do ponto de vista da acessibilidade à informação.

Há cerca de 40 anos, a popularização dos aparelhos para gravação em fita magnética já significava uma conquista importante para o cego. Apesar do inconveniente das fitas magnéticas que enroscavam, da gravação cheia de ruídos e da dificuldade para arquivar uma quantidade enorme de fitas, esse recurso representava uma opção a mais para o aluno com cegueira.

Há cerca de dez anos, chegou o som digital, o *compact disc*, trazendo melhoria na qualidade sonora e aumento da quantidade de informações sonoras que cabiam no disco. Não há dúvida de que esse recurso poderá ser muito explorado na escola, pois amplia, literalmente, o repertório de vozes com as quais o aluno com cegueira poderá tomar contato. Gravar em CD ainda não é uma prática popularizada na escola brasileira, pelo alto custo do equipamento, no entanto, parece uma tendência geral optar pelo som digitalizado em substituição ao som magnético. Por enquanto, porém, as fitas cassete ainda são mais utilizadas com alunos com necessidades especiais na sala de recursos e na escola inclusiva.

Alguns conteúdos acadêmicos de natureza primordialmente discursiva, como literatura, história, geografia, filosofia, sociologia, ciência biológicas e ciências sociais, prestam-se bem à gravação em fita cassete. No caso da gramática, no entanto, em virtude do uso de diagramação especial, do grifo e de outros marcadores visuais, a gravação em fita cassete não se mostra eficaz. Pode-se dizer o mesmo no caso da matemática, da química e da física.

A gravação jamais substituirá a leitura. São instrumentos inventados para funções sociais distintas. Um não invalida o outro; ambos são importantes. Um é tecnologicamente mais avançado que o outro, mas nem por isso é melhor. No seu depoimento, Fabiana faz transparecer a importância para sua vida acadêmica do texto em braile na sua mão, sob seu controle, para ler e reler, no seu próprio ritmo.

> Minha mãe batia tudo na máquina braile. Praticamente tinha que copiar os livros. Alguns textos ela lia para mim, ou gravava a leitura, mas eu nunca gostei de estudar com gravação. Se não tiver jeito eu ouço, mas prefiro ler em braile, concentro-me mais em braile. Sempre preferi ler os livros impressos, se fosse possível. Neste ano, quando eu ainda não tinha a impressora, minha mãe gravou alguns textos da faculdade, textos de antropologia bastante densos e complicados de se entender e foi difícil estudar com a gravação, pois eram textos que se precisava ficar voltando para entender os conceitos que o autor estava trabalhando. Se eu tivesse lido em braile, apreenderia os conceitos muito mais facilmente. (Caiado 2003, p. 93)

É atribuição da sala de recursos garantir o suprimento da transcrição de textos escolares (tinta/braile e braile/tinta) para o aluno com cegueira, segundo documento do Ministério de Educação e Cultura (1995). Outras formas de discurso podem servir como apoio, mas parece que se respeitam mais o tempo individual de reflexão e a apropriação de ideias quando o aluno interage diretamente com o texto marcado na folha de papel.

Mito 7: O uso das abreviaturas em braile corrompe a ortografia do aluno

O letramento é uma conquista vitalícia, que se procede num *continuum*. Assim como ocorre no aprendizado de um instrumento musical, o desenvolvimento da leitura e da escrita continua no decorrer da vida, em níveis cada vez mais avançados. Não se trata de uma conquista como outras, em que uma habilidade é adquirida em curto espaço de tempo. Pelo contrário, a escola (do ensino básico até o ensino superior) precisa preparar o aluno numa longa trajetória de leitura (e escrita), considerando outros níveis de competência muito mais sofisticados do que as primeiras interpretações de rótulos de produtos de supermercado e a leitura de livros de histórias.

No caso do desenvolvimento do letramento, há avanços, obviamente, na variedade de repertório literário que o leitor se torna capaz de interpretar, mas, além disso, a sua interação com o material escrito progride de tal forma que ele aperfeiçoa habilidades linguísticas altamente complexas como: antecipar o final de uma história ou mesmo criar outro final, conseguir identificar e diferenciar estilos diversos, perceber distintos pontos de vista, comparar a forma de escrita de um escritor com outro, articular o que ele próprio pensa (concordar, discordar, acrescentar) com aquilo que ele está lendo. Quem já tenha alcançado um nível avançado de letramento consegue ler funcionalmente e em varredura, selecionando de um corpo grande de texto a parte que lhe é relevante, desconsiderando o restante. Não depende mais da leitura sequencial, palavra após palavra. Interpreta os subtítulos e busca as informações no lugar onde costumeiramente poderiam ser encontradas, por exemplo, na introdução ou nas conclusões ao final do texto.

Com os progressos no letramento, a quantidade de material a ler aumenta enormemente em volume. E isso traz sérias implicações para quem lê braile. Além de o papel de imprensa branca pesar mais (gramatura 90,* ou às vezes 120, em oposição aos 75 costumeiros),[11] o espaço de um texto em braile ocupa cerca de três vezes mais do que o espaço equivalente em imprensa em tinta de fonte 14. O volume em braile se torna difícil de manusear, dificultando o folhear do material.

É por isso que, em 1839, Louis Braille já embutiu no seu sistema as abreviaturas, que ele pretendia que permitissem uma economia de espaço de 50%. Na terminologia técnica, como vimos, o braile grau 1 constitui-se da escrita integral. No grau 2, sistematizaram-se em 1977 as abreviaturas intermediárias. Existe ainda o grau 3, com abreviaturas em número ainda maior, raramente utilizadas no Brasil.

---

* A gramatura 90 é usada no braile como rascunho, para materiais não tão duradouros, pois não resiste muito bem quando se apagam e corrigem os pontos e tende a amassar mais ao longo do tempo, dificultando a leitura. A vantagem é o custo mais baixo e o fato de que permite que se tirem cópias.

11. Dependendo da empresa fabricante de papel, os termos referentes à espessura variam. O sulfite denominado de 40 kg por uma empresa equivale à gramatura 120 de outra.

Podemos classificar as abreviaturas como:

	Abreviatura	Exemplo em braile	Abreviatura	Exemplo em braile
• Um caractere para uma palavra	b=bem / j=já	b / j	n=não / ç=para	n / ç
• Dois caracteres para uma palavra	pt=ponto / mt=muito	p t / m t	pq=porque	p q
• Um caractere para parte de uma palavra	, =an / y=fl	, / y	x=en / ; =br	x / ;
• Dois caracteres para parte de uma palavra	ponto 4 + â=âncio / ponto 5 + z=zinha	â / z	ponto 4 + e=eiro	e
• Palavra em versão curta	Abx=abaixo / drt=durante / mnn=menino / !vr=primavera	a b x / d r t / m n n / ! v r	aq=aqui / hm=homem / pqn=pequeno	a q / h m / p q n

Cabe salientar que existe uma enorme polêmica sobre o ensino das abreviaturas no Brasil. Você consegue adivinhar quais são as contraindicações levantadas pelos especialistas para o uso das abreviaturas?

Você acertou se, apoiado na pista do subtítulo, estava imaginando que uma das críticas é que o aluno com cegueira não aprenderá ortografia corretamente se as abreviaturas forem utilizadas em publicações da imprensa branca. Essa preocupação procede, e é por isso que as abreviaturas não são introduzidas nas primeiras séries do ensino fundamental. Cabe apontar, porém, que, quando não são utilizadas, o aluno inventa um sistema, num movimento humano de diminuir seu próprio esforço. Será que não seria mais eficiente socializar o sistema de abreviaturas já acordados, e promover seu uso na sala de recursos e nas publicações, tendo em vista um sistema unificado, que, entre outras coisas, economizaria espaço em bibliotecas braile? Em última instância, é claro que quem tem de opinar e definir a prática do uso ou não das abreviaturas são os próprios cegos, usuários do sistema.

Mito 8: O cego tem de ser tratado como os outros alunos

Alunos com necessidades educativas especiais têm direitos iguais, mas não são iguais aos outros alunos. Portanto, para que eles tenham *condições de aprendizagem equivalentes* aos outros alunos, é preciso garantir que tenham acesso ao conteúdo escolar pelo veículo que lhes permite significar o mundo, demorando o tempo necessário.

O aluno com cegueira desenvolve uma boa memória auditiva, certamente, mas mesmo com boa memória, não é possível que ele armazene a enorme quantidade de conceitos e informações que são trabalhados na escola. Ele precisa tomar notas. Precisa conferir se suas anotações são compatíveis com os apontamentos do professor na lousa.

A lousa é uma pedra de tropeço para o progresso acadêmico do aluno com cegueira. Observe o depoimento de Eliana, cega congênita por atrofia no nervo óptico:

> O professor da classe comum que tem um aluno cego precisa saber, em primeiro lugar, que ser cego não é um bicho-de-sete-cabeças. Nao precisa ter medo, deve lidar com ele como se fosse uma pessoa normal. Ele é normal, mas, desenho, ele não está vendo na lousa. O professor precisa entender que eu não enxergo a lousa, ele precisa falar, precisa chegar até mim e explicar, falar enquanto estiver escrevendo. Se não quiser falar, precisa colocar alguém do meu lado para ir ditando. Ao explicar na lousa, não adianta falar: "Olha, aqui vocês fazem assim". Não adianta, precisa chegar perto e explicar, falar o que aconteceu, onde foi parar o x. (Caiado 2003, p. 79)

A solicitação de Eliana é singela. Não pede da escola nada que seja impossível de realizar, não demanda recursos tecnológicos nem favores especiais. Pede que o professor não se esqueça de sua presença na sala e de suas necessidades singulares. A solução para dar acesso ao conteúdo gráfico é muito simples: basta solicitar a um colega que desenhe o esquema, tabela ou mapa no seu caderno fazendo uma cópia em papel-carbono para o aluno com cegueira, para adaptação posterior em relevo pelo especialista da sala de recursos.

Especificidades da leitura em braile

Num movimento de síntese em que buscamos integrar diversas questões apresentadas e discutidas neste capítulo, explicitamos a seguir alguns aspectos específicos da leitura em braile que são relevantes para o processo de letramento do aluno com cegueira. Não tornam a escrita ou leitura em braile mais fácil nem mais difícil do que a leitura de tipos gráficos. Trata-se de diferenças.

Quando o aluno escreve graficamente, interage continuamente com sua própria escrita, escrevendo e lendo, verificando e corrigindo, com a possibilidade de *feedback* visual instantâneo sobre sua produção. Na escrita em braile na prancha, o aluno termina um segmento para depois retirar o papel da reglete e ler sua própria escrita. Quando encontra um problema, recoloca o papel, mas tem de lembrar em qual cela estava o erro para poder corrigi-lo. Se pulou uma letra, isso demandaria inutilizar tudo o que vem à frente, já que não é possível deslocar a escrita para a frente. Às vezes, é mais fácil recomeçar a frase uma linha abaixo. Os alunos com cegueira, então, precisam criar algumas estratégias de escrita para antecipar possíveis erros, cristalizando melhor a frase pretendida antes de iniciar a escrita, já que o processo de correção é mais custoso no braile.

A leitura se dá caractere por caractere, letra a letra – nunca se tem a palavra ou frase no seu global, mas sempre em sequência. Quem lê braile não pode fazer uma varredura na frase, nem na folha impressa inteira. Nunca se tem o *layout* da página em percepção simultânea. A apreensão da escrita necessariamente progride em sequência, letra a letra. O depoimento de Wilson, que perdeu a visão aos 22 anos por glaucoma, ilustra esse ponto.

> Fui aprender a ler e escrever em braile com a ajuda do meu colega cego. Claro que para escrever foi muito fácil, porque só dependia da aprendizagem, mas a leitura, que é tátil, essa dependeu do desenvolvimento do tato. Como eu sempre fui destro, tentei primeiramente ler o braile com a mão direita e não achei nada – não consegui perceber um ponto – e por iniciativa própria explorei a mão esquerda, aí foi possível ler rapidamente.
> Eu não aprecio a leitura em braile, porque, como eu enxerguei, eu sei a velocidade da leitura, o seu alcance, a sua velocidade e a leitura em braile é muito cansativa, detalhista, muito individualista. Você não tem como, num piscar de olhos, num relance de olhar, ler uma palavra toda escrita. Você, com o dedo todo deitado, não consegue ler uma palavra toda, você só lê os seis pontos em alto-relevo do braile. Então você tem que explorar letra por letra para chegar à conclusão dela, isso foi com o braile. (Barros 2002, p. 8)

Quando lemos textos impressos em tinta, interpretamos blocos de palavras, pulando de um para o próximo, adivinhando segmentos menores pelo conhecimento que temos da sintaxe do português, e assim ganhamos velocidade na leitura. A simultaneidade da função visual nos permite fazer isso. Para ler com os dedos, no entanto, o processo é linear, uma letra após a outra. O aluno com cegueira, já em fase mais avançada do processo de letramento, precisa ser encorajado pelo professor a adivinhar as palavras conectivas curtas, pela sintaxe lógica da frase, ao confirmar a primeira letra, para ganhar velocidade. O aluno que enxerga faz isso naturalmente, porque o sentido está num segmento maior da frase, não em cada letra. Para o acompanhamento de conteúdo escolar avançado, a leitura precisa ganhar agilidade.

Além disso, os textos impressos se utilizam de determinados recursos de diagramação que informam o leitor sobre a estrutura dos tópicos, destacando partes do texto com negritos, itálicos, sublinhados, alteração de tamanho e tipos de fontes, subtítulos e caixas de textos, entre outros. O *layout* da página é apreendido num relance de olhar e auxilia o leitor na localização e interpretação de informações.

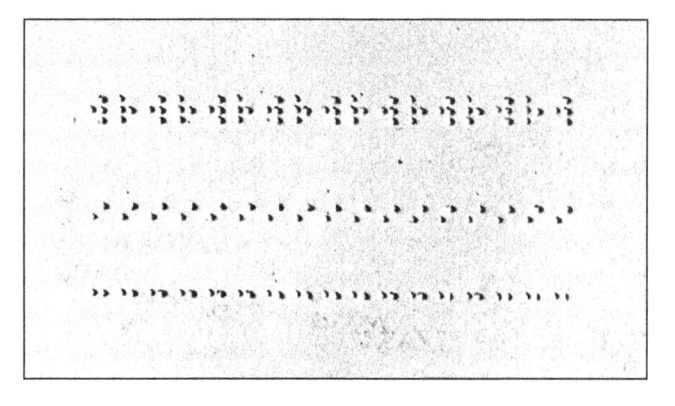

Figura 5 - Diagramação no sistema braile

No braile, existem maneiras paralelas de diagramar a folha, mas, com exceção das caixas de texto e dos marcadores lineares, a diagramação não cria um destaque tão evidente quanto a tinta. Veja no código braile os caracteres equivalentes para demarcar negrito, itálico, sublinhado, maiúsculas em todas as letras:

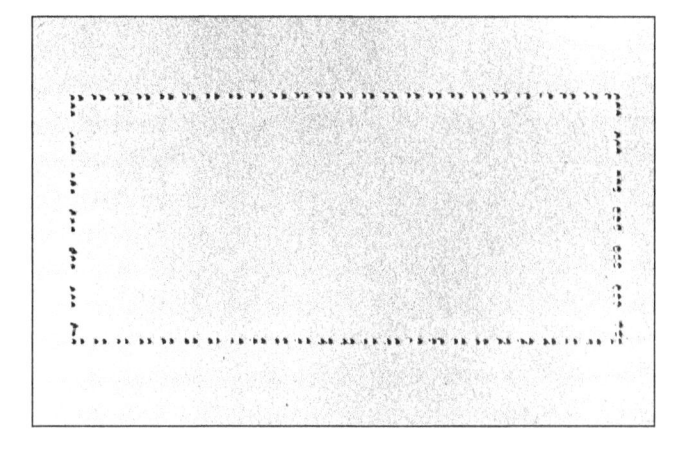

Figura 6 - Tipos de caixa de texto em braile

Sinais que antecedem palavra inteira em maiúscula:

Indicação de sublinhado, itálico ou negrito:

A escrita em braile, do ponto de vista de coordenação, é muito menos complexa do que a manuscrita. Exige um pouco de força e sensibilidade tato-espacial, mas os movimentos da mão são basicamente os mesmos para todas as letras. Não há necessidade de escrever letra cursiva/letra bastão no braile. Para escrever letras maiúsculas, basta colocar um sinal na frente. Há outros aspectos a considerar, no entanto.

No braile, as letras e os números diferenciam-se muito pouco. Na verdade, são os mesmos caracteres, com o acréscimo de um marcador anterior aos números. Vários pesquisadores mostraram que as crianças pré-escolares videntes já chegam na escola conhecendo muitas coisas sobre a escrita, entre elas, percebem a diferença entre letras e números, na sua grafia e na sua função. Para o aluno que inicia seu letramento em braile, então, será preciso mediar explicitamente esse conhecimento, porque ele terá poucas dicas sígnicas para auxiliá-lo a perceber as diferenças na exploração do braile presente no cotidiano. O livro infantil integrado será um recurso importante para vivenciar naturalmente o braile antes do início formal do letramento na sala de aula (veja página 97 no Capítulo 5).

As marcas de pontuação também se confundem com o texto no braile. É certo que geralmente ocupam os quatro pontos inferiores, mas são idênticos na sua configuração às letras da linha 1. Geralmente, no início formal do letramento de crianças videntes na escola, as marcas de pontuação estão presentes nos variados portadores de texto, mas são ignorados pelo professor, que vai sistematizar os conhecimentos sobre esses marcadores mais adiante. No braile, a pontuação não pode ser ignorada, porque sua presença na linha ocupa espaço equivalente ao das letras.

Para que a criança com cegueira crie suas próprias hipóteses sobre a escrita, ela também precisará perceber as ações de escrita e leitura que acontecem ao seu redor. Esse talvez seja um dos maiores entraves à aprendizagem espontânea para a criança com cegueira, pois a presença do braile é muito reduzida, e quando há, ela só vai saber disso se alguém apontá-la. As pessoas podem, no entanto, descrever verbalmente as ações de leitura e escrita ao seu redor, para que ela tenha possibilidade de construir noções sobre a função social da escrita mediadas pela linguagem.

Também é importante que tenha ampla oportunidade de "brincar de escrever" na reglete e na máquina Perkins, imitando os movimentos de escrita de outras pessoas. Se a criança vidente, desconhecendo caligrafia, brinca de escrever, com resultados os mais diversos, então, a criança com cegueira também deve poder brincar. É claro que ela precisa de retorno tátil sobre o que produziu, e oportunidades de significação mediada com um adulto ou outra criança referente a essa produção em pontos em relevo. Não estamos propondo um exercício mecânico de furar o papel com punção. A ideia é ao mesmo tempo lúdica e séria: brincar de escrever, brincar de significar, fazer o que todas as outras crianças fazem.

A falta de material em braile prejudica demais os estudos dos alunos, como explicita o depoimento de Emmanuelle, jovem universitária com cegueira congênita.

> Minha família sempre me deu toda assessoria, mas há muito deficiente abandonado. Nós precisamos de uma associação forte, formada por uma diretoria séria, com estatuto. Uma associação que faça um trabalho de conscientização, de luta pelos nossos direitos. Direito de estudar, de trabalhar. Pense bem, onde eu poderia trabalhar hoje? Quem daria emprego pra mim? Mesmo com o curso superior, acho que terei muitas barreiras a transpor até para fazer o estágio. Tenho consciência disso. Estou pedindo a Deus, desde já, para amenizar um pouquinho essa situação. Se houvesse uma associação, acho que seria mais fácil. (Caiado 2003, p. 69)

Entendemos que ler, em braile ou em tinta, não é decodificar. Implica assumir o papel de interlocutor na busca de sentido das intenções do autor. E escrever, em braile ou em grafia, não é codificar. É fazer soar a própria voz, na outra ponta da interlocução. Mas, principalmente, o letramento, em braile ou em grafia, é cidadania: é a marca que identifica o sujeito como capaz de partilhar da cultura de sua comunidade.

Referências bibliográficas

Obras consultadas

1. Fundamentos e pressupostos: Cultura, linguagem, mediação, ensino e aprendizagem

CAIADO, K.R.M. (2003). *Aluno deficiente visual na escola: Lembranças e depoimentos.* Campinas: Autores Associados/PUC-Campinas.

COLE, M. (1992). "Cognitive development and formal schooling: The evidence from cross-cultural research". *In*: MOLL, L.C. (org.). *Vygotsky and education: Instructional implications and applications of sociohistorical psychology.* Nova York: Cambridge University Press.

FREIRE, P. (1997). *Pedagogia da autonomia: Saberes necessários à prática educativa.* São Paulo: Paz e Terra.

GEERTZ, C. (2001). *Nova luz sobre a antropologia.* Trad. Vera Ribeiro. Rio de Janeiro: Jorge Zahar.

GELB, I.J. (1963). *A study of writing: A discussion of the general principles governing the use and evolution of writing.* Chicago: The University of Chicago Press.

LARAIA, R.B. (2002). *Cultura: Um conceito antropológico.* 15ª ed. Rio de Janeiro: Jorge Zahar.

MOLL, L.C. (org.) (1992). *Vygotsky and education: Instructional implications and applications of sociohistorical psychology.* Nova York: Cambridge University Press.

ROCHA, R. (1999). *Marcelo, marmelo, martelo.* 63ª ed. São Paulo: Salamandra.

SANTAELLA, L. (2001). *Matrizes da linguagem e pensamento: Sonora, visual, verbal – Aplicações na hipermídia.* São Paulo: Iluminuras/Fapesp.

SILVA, I.R. (2003). *Cidadania, surdez e linguagem: Desafios e mudanças no mundo contemporâneo*. São Paulo: Plexus.

STOKOE, W.C. (2001). *Language in hand: Why sign came before speech*. Washington D.C.: Gallaudet University Press.

VYGOTSKY, L.S. (1934/1987). *Pensamento e linguagem*. Trad. Jeferson Luís Camargo. São Paulo: Martins Fontes.

_____ (1930-1934/1988). *A formação social da mente: O desenvolvimento dos processos psicológicos superiores*. Trad. José Cipolla Neto, Luis Silveira Menna Barreto e Solange Castro Afeche. São Paulo: Martins Fontes.

_____ (1920-1934/1993). *The collected works of L.S. Vygotsky. The fundamentals of defectology (abnormal psychology and learning disabilities)*, vol. 2. Trad. Jane E. Knox. Nova York: Plenum Press.

WERTSCH, J.W. (1991). *Voices of the mind: A sociocultural approach to mediated action*. Londres: Harvester Wheatsheaf.

2. Recursos pedagógicos: A imagem visual em duas dimensões e a imagem em movimento

ALMEIDA, R.D.A. (2001). *Do desenho ao mapa: Iniciação cartográfica na escola*. São Paulo: Contexto.

ALVES, N. e SGARBI, P. (orgs.) (2001). *Espaços e imagens na escola*. São Paulo: DPA.

ARNHEIM, R. (1986). *Arte e percepção visual: Uma psicologia da visão criadora*. Trad. Ivonne Terezinha de Faria. São Paulo: Pioneira.

BARROS, G.R.D. (2002). "Deficiência visual adquirida: Lembranças das imagens". Monografia de especialização, Faculdade de Educação, PUC-Campinas.

BAVCAR, E. (2000). *O ponto zero da fotografia*. Rio de Janeiro: Very Special Arts do Brasil.

BITTENCOURT, C. (2001). "Livros didáticos entre textos e imagens". *In*: BITTENCOURT, C. (org.). *O saber histórico na sala de aula*. São Paulo: Contexto.

BRISSAC, N. (2000). "Fotografando contra o vento". *In*: BAVCAR, E. *O ponto zero da fotografia*. Rio de Janeiro: Very Special Arts do Brasil.

CAIADO, K.R.M. (2003). *Aluno deficiente visual na escola: Lembranças e depoimentos*. Campinas: Autores Associados/PUC-Campinas.

CAMARGO, L. (1995). *Ilustração do livro infantil*. Belo Horizonte: Lê.

CITELLI, A. (org.) (2000). *Outras linguagens na escola: Publicidade, cinema e TV, rádio, jogos, informática*. São Paulo: Cortez.

CROSS, F.L. e LIVINGSTON, E.A. (orgs.) (1997). *The Oxford dictionary of the Christian Church*. 3ª ed. Oxford: Oxford University Press.

FALCÃO, A.R. et al. (1996). *Coletânea lições com cinema: Animação*, vol. 4. São Paulo: FDE/Diretoria de Projetos Especiais/Diretoria Técnica.

GOMES FILHO, J. (2000). *Gestalt do objeto: Sistema de leitura visual da forma*. São Paulo: Escrituras.

GOODENOUGH, S. (1989). *Art ability: Fifty creative people talk about ability and disability*. Salisbury, Reino Unido: Michael Russell.

GRANDIN, T. (1995). *Thinking in pictures and other reports from my life with autism*. Nova York: Vintage Books/Random House.

KELLER, H. (1902/1961). *The story of my life*. Nova York: Dell.

MACHADO, A. (1997). *A arte do vídeo*. 3ª ed. São Paulo: Brasiliense.

NAPOLITANO, M. (2002). *Como usar a televisão na sala de aula*. São Paulo: Contexto.

NOVAES, A. (2000). (Sem título). *In*: BAVCAR, E. *O ponto zero da fotografia*. Rio de Janeiro: Very Special Arts do Brasil.

PFROMM NETO, S. (2001). *Telas que ensinam: Mídia e aprendizagem – Do cinema ao computador*. Campinas: Alínea.

SANTAELLA, L. (2001). *Matrizes da linguagem e pensamento: Sonora, visual, verbal – Aplicações na hipermídia*. São Paulo: Iluminuras/Fapesp.

SOARES, M. (2002). *Letramento: Um tema em três gêneros*. Belo Horizonte: Autêntica.

WALTY, I.L.C.; FONSECA, M.N.S. e CURY, M.Z.F. (2001). *Palavra e imagem: Leituras cruzadas*. Belo Horizonte: Autêntica.

3. Recursos em três dimensões: Brinquedo e miniatura, maquete, sorobã, escultura

ALVES, E.M.S. (2001). *A ludicidade e o ensino de matemática*. Campinas: Papirus.

CAIADO, K.R.M. (2003). *Aluno deficiente visual na escola: Lembranças e depoimentos*. Campinas: Autores Associados/PUC-Campinas.

CARPINTERO, A.C.C. (1991). "Momentos de ruptura: As transformações no centro de Campinas na década de cinqüenta". Dissertação de mestrado, Faculdade de Arquitetura e Urbanismo, Universidade de São Paulo.

COLE, M. (1992). "Cognitive development and formal schooling: The evidence from cross-cultural research". *In*: MOLL, L.C. (org.). *Vygotsky and education: Instructional implications and applications of sociohistorical psychology*. Nova York: Cambridge University Press.

FRIEDMANN, A. *et al.* (1992). *O direito de brincar.* São Paulo: Scritta.

GELB, I.J. (1963). *A study of writing: A discussion of the general principles governing the use and evolution of writing.* Chicago: The University of Chicago Press.

KELLER, H. (1902/1961). *The story of my life.* Nova York: Dell.

KISHIMOTO, T.M. (1994). *O jogo e a educação infantil.* São Paulo: Pioneira.

MACHADO, N.J. (1992). *Matemática e educação: Alegorias, tecnologias e itens afins.* São Paulo: Cortez.

OCHAITA, E. e ROSA, A. (1995). "Percepção, ação e conhecimento nas crianças cegas". *In*: COLL, C.; PALACIOS, J. e MARCHESI, A. (orgs.). *Desenvolvimento psicológico e educação: Necessidades educativas especiais e aprendizagem escolar*, vol. 3. Porto Alegre: Artmed.

ONCE (1994). *Guia del museo tiflologico.* Madri: Organización Nacional de Ciegos Españoles/Centro Bibliográfico y Cultural.

PIAGET, J. (2003). *Seis estudos de psicologia.* 24ª ed. Trad. Maria M. D'Amorim. Rio de Janeiro: Forense Universitária.

SECRETARIA DE ESTADO DA EDUCAÇÃO DE SÃO PAULO (1992). *Sorobã adaptado para cegos: Descrição e técnicas de utilização.* 2ª ed. São Paulo: Secretaria de Estado da Educação de São Paulo/Coordenadoria de Estudos e Normas Pedagógicas.

VYGOTSKY, L.S. (1930-1934/1988). *A formação social da mente: O desenvolvimento dos processos psicológicos superiores.* Trad. José Cipolla Neto, Luis Silveira Menna Barreto e Solange Castro Afeche. São Paulo: Martins Fontes.

WINNICOTT, D.W. (1977). *A criança e o seu mundo.* Trad. Álvaro Cabral. Rio de Janeiro: Jorge Zahar.

4. Sistemas de comunicação suplementar e alternativa

ALMIRALL, C.B.; SORO-CAMATS, E. e BULTÓ, C.R. (2003). *Sistemas de sinais e ajudas técnicas para a comunicação alternativa e a escrita: Princípios teóricos e aplicações.* Trad. Magali de Lourdes Pedro. São Paulo: Santos.

BASIL, C. (2003a). "Introdução". *In*: ALMIRALL, C.B.; SORO-CAMATS, E. e BULTÓ, C.R. *Sistemas de sinais e ajudas técnicas para a comunicação alternativa e a escrita: Princípios teóricos e aplicações.* Trad. Magali de Lourdes Pedro. São Paulo: Santos.

_____ (2003b). "Técnicas de ensino de leitura e escrita para alunos com problemas graves de motricidade e de fala". *In*: ALMIRALL, C.B.; SORO-CAMATS, E. e BULTÓ, C.R. *Sistemas de sinais e ajudas técnicas para a comunicação alternativa e a escrita: Princípios teóricos e aplicações.* Trad. Magali de Lourdes Pedro. São Paulo: Santos.

BERTRAN, A. e BASIL, C. (2003). "Uso de sinais manuais e gráficos no processo de escolarização de uma criança com síndrome de Down". *In*: ALMIRALL, C.B.; SORO-CAMATS, E. e BULTÓ, C.R. *Sistemas de sinais e ajudas técnicas para a comunicação alternativa e a escrita: Princípios teóricos e aplicações.* Trad. Magali de Lourdes Pedro. São Paulo: Santos.

BLISS, C. (1965). *Semantography.* Sidney: Semantography Publications.

BORRÁS, P. (2003). "O processo de integração na escola comum para uma aluna que utiliza sistemas aumentativos de comunicação". *In*: ALMIRALL, C.B.; SORO-CAMATS, E. e BULTÓ, C.R. *Sistemas de sinais e ajudas técnicas para a comunicação alternativa e a escrita: Princípios teóricos e aplicações.* Trad. Magali de Lourdes Pedro. São Paulo: Santos.

CAPOVILLA, F.C.; CAPOVILLA, A.G.S. e MACEDO, E.C. (1998). "O uso de sistemas alternativos e facilitadores de comunicação nas afasias". *Distúrbios da comunicação*, vol. 9 (2), pp. 261-292.

CAPOVILLA, F.C.; GONÇALVES, M.J.; MACEDO, E.C. e DUDUCHI, M. (1998a). "Codificação de mensagens picto-ideográficas em paralisia cerebral: Participação de processos verbais". *Distúrbios da comunicação*, vol. 9 (2), pp. 185-232.

_____ (1998b). "Sistemas de comunicação alternativa e suplementar: Princípios de engenharia e *design* de processos verbais". *Distúrbios da comunicação*, vol. 9 (2), pp. 233-260.

CHUN, R.Y.S. (1991). "Sistema Bliss de comunicação: Um meio suplementar e/ou alternativo para o desenvolvimento da comunicação em indivíduos não falantes portadores de paralisia cerebral". Dissertação de mestrado, Instituto de Filosofia e Letras, Universidade de São Paulo.

JOHNSON, M.R. (1998). *Guia dos símbolos de comunicação pictórica.* Trad. G. Mantovani e J.C. Tonolli. Porto Alegre: Clik/Recursos Tecnológicos para Educação, Comunicação e Facilitação.

LAJOLO, M. (1997). "Infância de papel e tinta". *In*: FREITAS, M.C. (org.). *História social da infância no Brasil.* Campinas: Autores Associados.

MOREIRA, E.C. e CHUN, R.Y.S. (1997). "Comunicação suplementar e/ou alternativa: Ampliando possibilidades de indivíduos sem fala funcional". *In*: LACERDA, C.B.F. e PANHOCA, I. *Tempo de fonoaudiologia.* Taubaté: Cabral.

PANHAN, H.M. (2001). "CSA e o método clínico em questão". Dissertação de mestrado, Faculdade de Fonoaudiologia, PUC-SP.

ROSELL, C. (2003). "Comunicação e acesso ao currículo escolar para alunos que utilizam sistemas aumentativos". *In*: ALMIRALL, C.B.; SORO-CAMATS, E. e BULTÓ, C.R. *Sistemas de sinais e ajudas técnicas para a comunicação alternativa e a escrita: Princípios teóricos e aplicações.* Trad. Magali de Lourdes Pedro. São Paulo: Santos.

ROSELL, C. e BASIL, C. (2003). "Sistemas de sinais manuais e gráficos: Características e critérios de uso". *In*: ALMIRALL, C.B.; SORO-CAMATS, E. e BULTÓ, C.R. *Sistemas de sinais e ajudas técnicas para a comunicação alternativa e a escrita: Princípios teóricos e aplicações.* Trad. Magali de Lourdes Pedro. São Paulo: Santos.

SCHOSSER, R. e ROTHSCHILD, N. (2001). "Augmentative and alternative communication for persons with developmental disabilities". *Temas sobre Desenvolvimento. Memnon*, n°s 58-59, vol. 10, pp. 6-17. (Caderno Especial)

VASCONCELLOS, R. (1999). "Paralisia cerebral: A fala na escrita". Dissertação de mestrado, Departamento de Linguística, PUC-SP.

WOLFF, L.M.G. (2001). "Comunicação suplementar e/ou alternativa nos transtornos invasivos do desenvolvimento". Dissertação de mestrado, Departamento de Fonoaudiologia, PUC-SP.

5. Oralidade, leitura e escrita na escola inclusiva

BAUMEL, R.C.R.C e CASTRO, A.M. (2003). "Materiais e recursos de ensino para deficientes visuais". *In*: RIBEIRO, M.L.S. e BAUMEL, R.C.R.C. *Educação especial: Do querer ao fazer.* São Paulo: Avercamp.

BRITTO, L.P.L. (1999). "Em terra de surdos-mudos (um estudo sobre as condições de produção de textos escolares)". *In*: GERALDI, J.W. (org.). *O texto na sala de aula.* São Paulo: Ática.

CAIADO, K.R.M. (2003). *Aluno deficiente visual na escola: Lembranças e depoimentos.* Campinas: Autores Associados/PUC-Campinas.

FERREIRO, E. e TEBEROSKY, A. (1984). *Ontogênese da língua escrita.* Trad. Diana Myriam Lichstenstein, Liana Di Marco e Mário Corso. Porto Alegre: Artmed.

LEMOS, C.T.G. (1998). "Sobre a aquisição da escrita: Algumas questões". *In*: ROJO, R. (org.). *Alfabetização e letramento: Perspectivas lingüísticas.* Campinas: Mercado das Letras.

LEMOS, E.R. e CERQUEIRA, J.B. (1996). "O sistema braille no Brasil". *Revista Benjamin Constant*, nº 2 (janeiro).

MARANHÃO, H. (1999). *Sonhos e retratos.* São Paulo: Cepec.

OLIVEIRA, R.C.S.; KARA-JOSÉ, N. e SAMPAIO, M.W. (2000a). *Entendendo a baixa visão: Orientação aos professores.* Brasília: Ministério da Educação/Secretaria de Educação Especial.

_____ (2000b). *Entendendo a baixa visão: Orientação aos pais.* Brasília: Ministério da Educação/Secretaria de Educação Especial.

POSSENTI, S. (1999). "Sobre o ensino de português na escola". *In*: GERALDI, J.W. (org.). *O texto na sala de aula.* São Paulo: Ática.

REGO, L.B. (1988). "Descobrindo a língua escrita: Antes de aprender a ler". *In*: KATO, M.A. (org.). *A concepção da escrita pela criança.* Campinas: Pontes.

SALOMON, S.M. (2000). *Deficiente visual: Um novo sentido de vida – Proposta psicopedagógica para ampliação da visão reduzida.* São Paulo: LTr.

SOARES, M. (2002). *Letramento: Um tema em três gêneros.* Belo Horizonte: Autêntica.

YAMAMOTO, H. (1995). "Unidade de referência e recursos para a educação especial: Da elaboração e do acesso aos materiais didáticos ao aluno com deficiência visual". Dissertação de mestrado, Setor de Educação, Universidade Federal do Paraná.

6. A língua de sinais na escola inclusiva

BANHAM, D. (org.) (1991). *Monasteriales Indicia. The Anglo-Saxon monastic sign language.* Pinner, Reino Unido: Anglo-Saxon Books.

BASÍLIO MAGNO, São (c. 370/1983). *As regras monásticas.* Trad. Ir. Hildegardis Pasch e Ir. Helena Nagem Assad. Petrópolis: Vozes.

CAGLIARI, L.C. (1998). *Alfabetizando sem o BÁ-BÉ-BI-BÓ-BU.* São Paulo: Scipione.

CAIADO, K.R.M. (2003). *Aluno deficiente visual na escola: Lembranças e depoimentos.* Campinas: Autores Associados/PUC-Campinas.

CRAM, D. e MAAT, J. (2001). *George Dalgarno on universal language: "The art of signs" (1661), "The deaf and dumb man's tutor" (1680), and the unpublished papers.* Oxford: Oxford University Press.

FERREIRA BRITO, L. (1993). *Integração social e educação de surdos.* Rio de Janeiro: Babel.

GEERTZ, C. (2001). *Nova luz sobre a antropologia.* Trad. Vera Ribeiro. Rio de Janeiro: Jorge Zahar.

KELLER, H. (1902/1961). *The story of my life.* Nova York: Dell.

L'EPÉE, C.M. (s.d.). *L'art d'enseigner à parler aux sourds-muets de naissance augmenté de notes explicatives et d'un avant-propos par M. L'Abbé Sicard.* Paris: J.G. Dentu.

QUADROS, R.M. (1997). *Educação de surdos: A aquisição da linguagem.* Porto Alegre: Artmed.

RÉE, J. (2000). *I see a voice: Deafness, language and the senses: A philosophical history.* Nova York: Henry Holt and Company.

SANTAELLA, L. (2001). *Matrizes da linguagem e pensamento: Sonora, visual, verbal – Aplicações na hipermídia.* São Paulo: Iluminuras/Fapesp.

SANTORO, B.M.R. (1994). "Contando histórias, programando o ensino: Contribuições para a pré-escola com alunos surdos". Dissertação de mestrado em educação especial, Universidade Federal de São Carlos.

SOARES, M.A.L. (1999). *A educação do surdo no Brasil.* Campinas: Autores Associados/Edusf.

STOKOE, W.C. (2001). *Language in hand: Why sign came before speech.* Washington D.C.: Gallaudet University Press.

TOMKINS, W. (1969). *Indian sign language.* Nova York: Dover.

VYGOTSKY, L.S. (1934/1987). *Pensamento e linguagem.* Trad. Jeferson Luís Camargo. São Paulo: Martins Fontes.

_____ (1920-1934/1993). *The collected works of L.S. Vygotsky. The fundamentals of defectology (abnormal psychology and learning disabilities),* vol. 2. Trad. Jane E. Knox. Nova York: Plenum Press.

7. O braile na escola inclusiva

BANKS-LEITE, L. e GALVÃO, I. (2000). *A educação de um selvagem: As experiências pedagógicas de Jean Itard.* São Paulo: Cortez.

BARROS, G.R.D. (2002). "Deficiência visual adquirida: Lembranças das imagens". Monografia de especialização, Faculdade de Educação, PUC-Campinas.

BRITTO, L.P.L. (1999). "Em terra de surdos-mudos (um estudo sobre as condições de produção de textos escolares)". *In:* GERALDI, J.W. (org.). *O texto na sala de aula.* São Paulo: Ática.

CAIADO, K.R.M. (2003). *Aluno deficiente visual na escola: Lembranças e depoimentos.* Campinas: Autores Associados/PUC-Campinas.

GERALDI, J.W. (1999). "Escrita, uso da escrita e avaliação". *In:* GERALDI, J.W. (org.). *O texto na sala de aula.* São Paulo: Ática.

GILMAN, S.L. (1985). *Difference and pathology: Stereotypes of sexuality, race, and madness.* Ithaca, Nova York: Cornell University Press.

_____ (1994). *Disease and representation: Images of illness from madness to Aids.* Ithaca, Nova York: Cornell University Press.

KELLER, H. (1902/1961). *The story of my life.* Nova York: Dell.

LEMOS, E.R. e CERQUEIRA, J.B. (1996). "O sistema braille no Brasil". *Revista Benjamin Constant,* nº 2 (janeiro).

MAZZOTTA, M. (1996). *Educação especial no Brasil: História e políticas públicas.* São Paulo: Cortez.

MINISTÉRIO DA EDUCAÇÃO, DA CULTURA E DO DESPORTO/SECRETARIA DE EDUCAÇÃO ESPECIAL (1995). *Subsídios para organização e funcionamento de serviços de educação especial: Área de deficiência visual*. Brasília: Seesp. (Série Diretrizes)

PIMENTEL, A.P. (1999). "Louis Braille: O criador do sistema braille". *Revista Benjamin Constant*, vol. 5 (12), pp. 25-26.

POSSENTI, S. (1999). "Sobre o ensino de português na escola". *In*: GERALDI, J.W. (org.). *O texto na sala de aula*. São Paulo: Ática.

REGO, L.B. (1988). "Descobrindo a língua escrita: Antes de aprender a ler". *In*: KATO, M.A. (org.). *A concepção da escrita pela criança*. Campinas: Pontes.

REX, E.J.; KOENIG, A.J.; WORMSLEY, D.P. e BAKER, R.L. (1995). *Foundations of braille literacy*. Nova York: AFB Press.

SACKS, O. (1995). *Um antropólogo em Marte: Sete histórias paradoxais*. Trad. Bernardo Carvalho. São Paulo: Companhia das Letras.

TUNES, E. e PIANTINO, L.D. (2001). *Cadê a síndrome de Down que estava aqui? O gato comeu...* Campinas: Autores Associados/FAPDF.

YAMAMOTO, H. (1995). "Unidade de referência e recursos para a educação especial: Da elaboração e do acesso aos materiais didáticos ao aluno com deficiência visual". Dissertação de mestrado, Setor de Educação, Universidade Federal do Paraná.

Obras recomendadas

BANKS-LEITE, L. e GALVÃO, I. (2000). *A educação de um selvagem: As experiências pedagógicas de Jean Itard*. São Paulo: Cortez.

BRITO, L.F. (1993). *Integração social e educação de surdos*. Rio de Janeiro: Babel.

BUENO, J.G.S. (1993). *Educação especial brasileira: Integração/segregação do aluno diferente*. São Paulo: Educ.

D'ANTINO, M.E.F. (1998). *A máscara e o rosto da instituição especializada: Marcas que o passado abriga e o presente esconde*. São Paulo: Memnon.

FREITAS, M.C. (org.) (1997). *História social da infância no Brasil*. São Paulo: Cortez/Usf-Ifan.

GOFFMAN, E. (1988). *Estigma: Notas sobre a manipulação da identidade deteriorada*. Rio de Janeiro: Guanabara Koogan.

JANNUZZI, G. (1985). *A luta pela educação do deficiente mental no Brasil*. São Paulo: Cortez.

MARQUEZINE, M.C.; ALMEIDA, M.A. e TANAKA, E.D.O. (orgs.) (2001). *Perspectivas multidisciplinares em educação especial II*. Londrina: UEL.

_____ (2003a). *Educação especial: Políticas públicas e concepções sobre deficiência*. Coleção Perspectivas Multidisciplinares em Educação Especial, vol. 5. Londrina: UEL.

_____ (2003b). *Leitura, escrita e comunicação no contexto da educação especial*. Coleção Perspectivas Multidisciplinares em Educação Especial, vol. 3. Londrina: UEL.

_____ (2003c). *Procedimentos de ensino em educação especial*. Coleção Perspectivas Multidisciplinares em Educação Especial, vol. 4. Londrina: UEL.

MARTIN, M.B. e BUENO, S.T. (orgs.) (2003). *Deficiência visual: Aspectos psicoevolutivos e educativos*. São Paulo: Santos.

MASSINI, E.; BECKER, E.; PINTO, E.B.; AMARAL, L.A. e AMIRALIAN, M.L.T. (1997). *Deficiência: Alternativas de intervenção*. São Paulo: Casa do Psicólogo.

MIGUEL, A. e ZAMBONI, E. (1996). *Representações do espaço: Multidisciplinaridade em educação*. Campinas: Autores Associados.

MINISTÉRIO DA EDUCAÇÃO, DA CULTURA E DO DESPORTO/SECRETARIA DE EDUCAÇÃO ESPECIAL (1995). *Subsídios para organização e funcionamento de serviços de educação especial: Área de deficiência visual*. Brasília: Seesp. (Série Diretrizes)

OCHAITA, E. e ROSA, A. (1995). "Percepção, ação e conhecimento nas crianças cegas". *In*: COLL, C.; PALACIOS, J. e MARCHESI, A. (orgs.). *Desenvolvimento psicológico e educação: Necessidades educativas especiais e aprendizagem escolar*. Porto Alegre: Artmed.

PESSOTTI, I. (1984). *Deficiência mental: Da superstição à ciência*. São Paulo: Edusp.

RIBEIRO, M.L.S. e BAUMEL, R.C.R.C. (2003). *Educação especial: Do querer ao fazer*. São Paulo: Avercamp.

SASSAKI, R.T. (1997). *Inclusão: Construindo uma sociedade para todos*. Rio de Janeiro: WVA.

Dicionários e manuais de Libras

CAPOVILLA, F.C. e RAPHAEL, W.D. (2001). *Dicionário enciclopédico ilustrado trilingüe: Língua de sinais brasileira*. São Paulo: Edusp.

DICIONÁRIO DE LIBRAS. Desenvolvido pela Federação Nacional de Educação e Integração dos Surdos (Feneis). Disponível em htpp://www.feneis.com.br, acesso em 13 de janeiro de 2003.

DICIONÁRIO DIGITAL DA LÍNGUA BRASILEIRA DE SINAIS. Desenvolvido pelo Instituto Nacional de Educação de Surdos (Ines). Disponível em http://www.ines.org.br/libras/index.htm, acesso em 13 de janeiro de 2003.

ENSMINGER, J. (1987). *Comunicando com as mãos.* S.l.: S.n.

FAVALLI, P. (2000). *Meus primeiros sinais.* São Paulo: Panda.

LIBRAS FUNDAMENTAL (2003). Rio de Janeiro: Solution Art, CD-ROM.

LÍNGUA DE SINAIS: A IMAGEM DO PENSAMENTO (2002). São Paulo: Escala, nos 1, 2, 3, 4, 5, 6, 7, 8.

OATES, E. (1989). *Linguagem das mãos.* Aparecida do Norte, SP: Santuário.

OLIVEIRA, A.A. e MACEDO, M.F. (1998). *Aigo: A arte de comunicar I: Línguas de sinais.* Uberlândia: AMeduca.

SOCIEDADE TORRE DE VIGIA DE BÍBLIAS E TRATADOS (1992). *Linguagem de sinais.* Cesário Lange, SP.

Websites *de interesse*

www.aacd.org.br – Associação de Assistência à Criança Deficiente.
> *Site* institucional: informa sobre os serviços do centro localizado em São Paulo nos campos hospitalar, escolar, de reabilitação e de ortopedia, com *links* para as instituições associadas em outras localidades.

www.apaesp.org.br – Associação de Pais e Amigos dos Excepcionais.
> *Site* institucional: informa sobre os serviços que oferece na cidade de São Paulo e divulga trabalhos no campo da educação especial e prevenção de deficiência.

www.bengalabranca.com.br – Bengala Branca Importação e Comércio Ltda.
> *Site* comercial: oferece para deficientes visuais serviços, produtos e suportes de baixa, média e alta tecnologia, incluindo auxílios ópticos, réguas, objetos adaptados para escrita e uso cotidiano, bem como equipamentos de áudio e vídeo. Trabalha também com informática (*hardware* e *software*).

www.clik.com.br – Clik Tecnologia Assistiva.
> *Site* comercial: divulga e vende produtos e serviços para portadores de deficiência; por meio de *links* com uma rede de empresas especializadas, oferece produtos na área de comunicação suplementar e alternativa (vende dicionários PCS e programa de confecção de pranchas); produtos e acessórios de informática (*hardware* e *software*) que visam à comunicação, à escrita e à autonomia; mobiliário, equipamento e cadeiras de rodas para deficientes físicos

www.cvi.org.br – Centro de Vida Independente.
> *Site* da organização não governamental criada nos Estados Unidos nos anos 70: promove ações de acessibilidade e mobilização a favor da garantia dos direitos da pessoa com deficiência.

www.defnet.org.br – DefNet – Banco de dados para e sobre pessoas com deficiências.

>Rede de divulgação de informações: contém um banco de dados sobre deficiência, apresenta informações sobre acessibilidade, legislação, notícias, resenhas de publicações, indica cursos e eventos.

www.entreamigos.com.br – Entre Amigos – Rede de informações sobre deficiência.

>Rede de divulgação de informações: contém banco de dados sobre deficiência, apresenta informações sobre acessibilidade, legislação, notícias, resenhas de publicações, indica cursos e eventos.

www.expansao.com – Expansão Indústria e Comércio de Produtos Ortopédicos e Terapêuticos Ltda.

>*Site* comercial: divulga e vende produtos e serviços para portadores de deficiência neuromotora; oferece produtos terapêuticos para membros superiores para uso no contexto escolar e domiciliar; produz *splints* e órteses para membros inferiores, bem como equipamentos, suportes, adaptações e cadeiras de rodas para deficientes físicos.

www.feneis.com.br – Federação Nacional de Educação e Integração dos Surdos.

>*Site* institucional: apresenta informações sobre Libras, legislação de direitos dos surdos, escolas para surdos no país; divulga cursos e literatura de interesse.

www.fontespecial.cjb.net – Fonte especial de Braile.

>*Site* para *download* gratuito da fonte de Braile Especial criada por Maycon Chaves.

www.fundacaodorina.org.br – Fundação Dorina Nowill para Cegos.

>*Site* institucional: apresenta histórico, objetivos, missão e atuação da instituição (Antiga Fundação para o Livro do Cego); mostra catálogo da biblioteca em braile e da fitoteca de livros falados; divulga eventos e cursos.

www.ibcnet.org.br – Instituto Benjamin Constant.

>*Site* institucional do centro nacional de referência na área de deficiência visual: apresenta informações sobre a história e o trabalho da instituição, oferece informações sobre recursos educacionais e tecnologia especializada, legislação, divulga cursos e literatura de interesse.

www.ines.org.br – Instituto Nacional de Educação de Surdos.

>*Site* institucional do centro nacional de referência na área de surdez: apresenta informações sobre a história e o trabalho da instituição, oferece informações sobre Libras, legislação de direitos dos surdos, divulga cursos e literatura de interesse.

www.isaac-online.org – International Society for Augmentative and Alternative Communication.

>*Site* canadense da Associação Internacional de Comunicação Suplementar e Alternativa: informa sobre CSA e divulga produções, cursos e eventos para usuários de sistemas de comunicação alternativa.

www.lerparaver.com – Ler para Ver.
: Portal português dirigido a pessoas com deficiências, primordialmente deficiências visuais: divulga publicações, eventos e informações de interesse para pessoas de países de língua portuguesa.

www.laramara.org.br – Laramara – Associação Brasileira de Assistência ao Deficiente Visual.
: *Site* institucional: informa sobre os serviços que a instituição promove em São Paulo, e divulga trabalhos no campo da educação especial, inclusão e prevenção de deficiência.

www.mec.gov.br – Ministério da Educação, Brasil.
: *Site* do governo federal.

www.memnon.com.br – Memnon Edições Científicas.
: *Site* comercial: divulga produção na área de distúrbios de desenvolvimento na infância, primordialmente, apresentando suas próprias publicações (livros e periódicos) sobre reabilitação, saúde, educação especial, inclusão, referências de deficiências específicas; também divulga cursos e eventos nesse campo de conhecimento.

www.saci.org.br – Rede SACI – Solidariedade, Apoio, Comunicação e Informação.
: Rede de divulgação de informações: contém *kit* Saci, para realizar *download* dos programas DOSVOX e Teclado Amigo; contém banco de dados sobre deficiência, apresenta informações sobre acessibilidade, trabalho, educação, legislação, cidadania, traz notícias, indica publicações, cursos e eventos.

Sinopses dos filmes indicados

À primeira vista

- EUA, 1999. Direção de Irwin Winkler. Distribuidora em vídeo CIC (128 min.).
- O filme se baseou no relato do dr. Oliver Sacks, "Ver e não ver", e apresenta uma versão romanceada da história de Amy, arquiteta que busca vida menos agitada numa cidade distante. Apaixona-se pelo massagista Virgil e o convence a realizar uma cirurgia para voltar a enxergar à revelia da opinião da família dele, que é contra a intervenção. O filme mostra as mudanças na maneira como Virgil se orientava no espaço antes e depois da cirurgia.

Filhos do silêncio

- EUA, 1986. Direção de Randa Haines. Distribuidora CIC (118 min.).
- Marlee Matlin, atriz surda, ganhou o Oscar de melhor atriz por esse filme.

- A narrativa se desenvolve no contexto de uma escola especial. Um profissional recém-chegado na instituição busca envolver uma aluna surda no seu próprio processo de reabilitação, mas ela resiste e não quer colaborar. O filme realiza uma crítica ao oralismo, apresentando a perspectiva do aluno surdo e seu desejo por respeito pela opção de não vocalizar.

Janela d'alma

- Brasil, 2002. Direção de João Jardim e Walter Carvalho. BR Distribuidora Brasil Telecom Ravina Filmes e Copacabana Filmes (130 min.).
- Melhor filme (júri popular) do 4º Festival de Cinema Brasileiro de Paris e melhor documentário brasileiro da Mostra BR de cinema de São Paulo, entre outras premiações.
- O filme é um documentário sobre o olhar, constituído de depoimentos de pessoas comuns e filósofos, escritores e artistas que têm ou não visão subnormal, como Win Wenders (cineasta alemão), Hermeto Pascoal (músico brasileiro), José Saramago (escritor português, Prêmio Nobel de Literatura) e Oliver Sacks (neurologista inglês), entre outros. Imagens simulam o que se vê quando ocorre deficiência visual decorrente de lesões diversas. A produção fotográfica e as filmagens de profissionais cegos ou com baixa visão contradizem a regra de que o deficiente visual não pode ficar atrás da câmera.

A língua das mariposas

- Espanha, 1999. Direção de José Luis Cuerda. Distribuidora Warner (95 min.).
- Ganhou o prêmio Goya 2000 ("Oscar espanhol").
- O filme se passa no período do golpe franquista, numa região rural da Espanha. O velho professor, por quem passaram várias gerações de pequenos alunos, encanta o jovem Moncho, de 5 anos. Sua metodologia não tem nada de ultrapassada: ensina ciências no contato com a natureza. À frente de seu tempo, o professor representa uma ameaça à nova ordem e sofre perseguição.

A maçã

- Irã, 1998. Direção de Samira Makhmalbaf. Distribuidora Cult Filmes (86 min.).
- A diretora, filha do cineasta Mohsen Makhmalbaf, tinha 18 anos quando produziu essa obra.

- Esse filme mistura o gênero documentário com drama, para relatar uma notícia que ganhou destaque em Teerã. Duas irmãs gêmeas de 11 anos viveram todas as suas vidas trancafiadas em casa por ordem do pai. A justificativa era a de que a mãe, cega, não poderia protegê-las do contato com o ambiente externo, pecaminoso. Os vizinhos denunciam o fato, e o filme documenta os primeiros contatos das meninas com outras crianças do lado de fora dos muros de sua casa. As próprias gêmeas são filmadas no papel de protagonistas.

A música e o silêncio

- Alemanha, 1996. Direção de Caroline Link. Distribuidora Europa/Carat Home (110 min.).
- Concorreu a Oscar de melhor filme estrangeiro em 1998.
- Lara é filha de pais surdos e tem um importante papel na família durante sua infância como intérprete, por ser fluente em língua de sinais e alemão. Quando ela começa a buscar seu próprio caminho, estudando clarinete, o pai se sente excluído, por não poder participar desse aspecto da vida da filha. Sensível e intimista, o filme apresenta uma perspectiva da surdez normalmente ignorada: como acontece a interação no seio familiar quando os pais são surdos, mas os filhos não.

O nome da Rosa

- Itália/Alemanha/França, 1986. Direção de Jean-Jacques Annaud. Distribuidora Flashstar (130 min.).
- Baseado no livro homônimo de Umberto Eco, esse filme contém uma cuidadosa reconstituição de época, retratando os mosteiros medievais na Itália. Um monge franciscano é chamado para desvendar um crime entre os monges copistas e a trama se desenvolve com base nas intrigas e nos segredos dos labirintos monásticos. Interessante também é perceber o tratamento dispensado aos deficientes na era medieval.

O piano

- Nova Zelândia/França, 1993. Direção de Jane Campion. Distribuidora Paris Filmes.
- A diretora ganhou a Palma de Ouro no Festival de Cannes pelo melhor roteiro e Oscar por melhor roteiro original. Ganhou Prêmio César ("Oscar francês") de melhor filme estrangeiro e Oscar para melhor atriz e melhor atriz coadjuvante.

- Esse filme é uma dramática história de amor, recriada num cenário de final do século XIX. Em casamento arranjado, uma viúva inglesa muda viaja com sua filha para a Nova Zelândia para se casar com um fazendeiro que não aceita que ela toque piano. A atriz não se comunica falando, nem com a filha, a não ser em *off*, como narradora de suas lembranças.

Som e fúria

- EUA, 2000. Direção de Josh Aronson. Produção de Roger Weisberg. Distribuidora na TV brasileira GloboSat (60 min.).
- Filme indicado para o Oscar de melhor documentário no ano de 2001.
- Apresenta o conflito vivido por duas famílias que expressam perante a câmera as emoções inerentes à decisão de fazer um implante coclear em seus filhos. Mostra que, para o casal de pais surdos, o implante coclear representa uma ameaça à "espécie": o pai afirma textualmente que a cultura surda poderá ser extinta, a língua de sinais poderá desaparecer se todos os surdos vierem a receber o implante coclear, com a consequente valorização da oralidade em oposição à gestualidade. Por sua vez, os pais ouvintes, que tiveram gêmeos, optam sem dilema por realizar um implante coclear no bebê que nasceu surdo, para que ele possa ser funcionalmente ouvinte. A mãe, filha de surdos, é intérprete profissional de língua de sinais, mas, na hora de decidir o melhor para seu filho, não vacila.

Índice remissivo

AASI – aparelho de amplificação sonora individual 125-126

Abade de L'Épée, Charles Michel 115-119, 122, 131

Abreviatura 144-147, 159-160

Abstração 17, 29-35, 39, 58, 60, 71, 78, 115, 122, 130, 134-135

Acuidade visual 19, 102-104, 134-135

Adaptação 38, 40, 50, 59, 64, 95, 102-105, 110-111

Afasia, afásico 73, 136

Alfabeto manual 15, 113, 118-120, 129-130, 137

    Alfabeto unimanual 118-119

Ampliação 36, 98, 104-110, 139

Aquisição

    De fala 140

    De escrita 91, 139

Arbitrariedade 16, 28, 33, 60, 87

Arnheim, Rudolf 28, 32

Arte contemporânea 33, 64

Assinatura 108-109

Astigmatismo 102

Atraso de desenvolvimento 41, 97

Audição 19, 36, 126, 136, 149, 156

Autismo 26, 72-74, 104, 136

AVC – acidente vascular cerebral 73, 136

Aveyron, menino selvagem de 155-157

Barbier, Charles 142

Bastonetes 103

Bavcar, Evgen 39-40

Bilinguismo 124

Bliss, Charles 75, 87

Bliss (sistema Bliss de comunicação), Blissymbolics 71, 73-78, 87-88, 137

Blissymbolics Communication Institute 74-75

Bonet, Juan Pablo 118-119

Braile 61, 86, 90, 92, 95-96, 139-165

    Grau 1 146, 159

    Grau 2 145-146, 159

Braille, Louis 142-145, 151, 154, 159

Brinquedo 49, 51-55, 71, 80

Cadeirante 57, 58, 91

Calendário 46, 57-59

Campo visual 103

Catarata 103

Cegueira, cego 19, 36-40, 43, 54, 56, 60-65, 90-92, 95-98, 106-109, 139-165

Cézanne, Paul 32-34

Chave Fitzgerald 76

Ciências 55

Cinema, filme 15, 41-46
    Filme educativo 41-45

Código 18, 33, 86, 113, 117-119, 142, 150

Código do Sistema Braile 95-96, 141-165

Código Matemático Unificado 146

Colete de comunicação (ver prancha de comunicação)

Campo visual 103

Comunicação 142, 149-150
    CSA, Comunicação suplementar e alternativa 18, 26, 67-88, 136
    Visual 27, 35

Cones 103

Contraste 48, 57, 78, 103, 110

Convenção 17-18, 33, 68, 70-71, 75, 80, 87, 114, 116, 125, 127, 154

Coordenação 86, 90-91, 102, 106, 109, 118, 163

Cubaritmo 60-61

Currículo oculto 51, 90

Dalgarno, George 118

Datilologia 116-119, 132, 137
    Luva datilológica 118

Deficiência, *deficit*
    Adquirida 102
    Congênita 102

Física 41, 74, 90-92
    Mental 26, 41, 58, 67-68, 72-73, 90, 97, 104, 113
    Múltipla 73
    Neuromotora 26, 48, 73, 94, 107-109
    Sensorial 41
    Visual 36, 41-42, 52, 54, 57-59, 62, 64, 102-109, 139-165

Descrição 33, 35, 37, 40, 51, 91, 130-131, 135, 164

Diagramação 35-36, 93, 163

Dimensões
    Duas 25-48, 71
    Três 49-60, 64-65, 108

Distúrbio
    Linguístico 26, 117, 126
    Neuromotor 74-75, 97, 101, 104-111, 113, 136

Ditado 127-129

Doença crônica 41, 52

Escala (tamanho) 55-58

Escrita branca 90, 95, 139

Escultura 64

Estereotipia, estereótipo 146-148

Estudos sociais 101

Exclusão 21, 51, 96, 116, 140

Exploração 28, 41, 51-52, 57, 91, 109, 150, 163

Faz de conta (ver jogo simbólico) 52-54

Fenda palatina 73

Feneis – Federação Nacional de Educação e Integração dos Surdos 116

Figura e fundo 28, 37, 48

Figurino 54

Fitoteca 98, 100

Fontes (letras) 104-111
    Tamanho de 93, 109, 163
Fotofobia 111
Fotografia 15, 30-32, 40, 43, 48, 71, 79
Freire, Paulo 20, 97
Função social da escrita 90, 91, 108, 132, 137, 139-141, 164
Geertz, Clifford 14, 133
Geraldi, Wanderley 140
Gesto 17, 70-71, 74, 114-118, 125
Glaucoma 39, 103, 111, 147
Grafia sonora 142
Gráfico 18, 30, 38, 48, 56, 60, 61, 71, 74, 106, 110, 134
    Gráfico em X/Y 61
Grandin, Temple 26
Guerra dos pontos, A 144
Haüy, Valentin 141
Heinicke, Samuel 115
Hipermetropia 102
História musicada 98-99
Huet, Hernest 116
Hugh MacMillan Hospital 75
IBC – Instituto Benjamin Constant 144
Ícone (iconicidade) 15-16, 27, 30
Idiossincrático 68, 70-71, 87
Iluminação 110-111
Ilustração 27, 71, 80-81, 95, 104, 134
Imagem 15-16, 18, 25-48, 51, 63, 65, 71, 74, 78, 103-104, 110, 115, 133
Imitação 22, 91, 164
Imperial Instituto de Meninos Cegos 143-144
Implante coclear 126
Impressora Braile 151-155, 158

Incoordenação 54, 60, 61, 104-111
Índice, indicial, indexical 15-17, 75
Indígenas 31, 64-65, 114
Ines – Instituto Nacional de Educação de Surdos 116
Informática 78, 96, 146, 151, 155
Instituto de Surdos Mudos de Paris 115-116
Instituto Nacional para Jovens Cegos 141
Intérprete 47, 117, 125
Itard, Jean-Marc-Gaspard 155-157
Jogo simbólico 52-57
Keller, Helen 65, 120, 145
Kit de ferramentas 18, 30
Lajolo, Marisa 67, 68
Ledor 96
Lemos, Cláudia 92, 146
LER – lesão por esforço repetitivo 74, 155
Leseur, François 141
Letramento 83, 89, 92, 95, 97, 101, 111, 132, 139-141, 157-165
Letramento visual 26-29, 39
Leitura e escrita 89-111, 139, 141, 159, 164
Leitura intuitiva 26
Leitura incidental 27
Leitura labial 113, 116, 122, 126-129
Léxico 68, 70, 77, 87, 88, 95, 118
LIBRAS – Língua Brasileira de Sinais 17, 116-125, 132-137, 150
Linc Print 145
Língua
    De sinais 15, 17, 18, 42, 71, 113-137, 143
    Materna 124
    Segunda 26, 124, 125, 140

Livro
    De história 17, 30, 94-95, 159, 164
    Didático 27, 47
    Falado/gravado 95-98, 157

Locomoção 51, 85, 90, 92, 103

Machado, Arlindo 44-45

Maquete 51, 56-59, 65

Mapa 16, 18, 30, 47, 57, 59, 104, 106, 133
    Mapa do Metrô 37

Máquina Perkins 151-154, 164

Matemática 59-61, 142, 146

Matuck, Rubens 31

Mediação 18-23, 26, 36, 42, 55, 57, 82, 103, 105, 125, 134-135, 150, 163

Medida 18, 55-56

Medieval, período 25, 30, 114, 117, 119

Metalinguagem 21, 34, 135

Miniatura 54, 71, 79

Miopia 102

Mito 86, 113, 117-136, 146-160

Moeda 60

Mosteiro 114, 117, 119

Mobilidade, limitação de 41

Mondrian, Piet 34

Museu 39, 49, 51, 65

Musicografia 142, 151

Narrativa 30, 32-33, 42, 80-81, 99, 130, 132-133

New York point 147

Nistagmo 102, 104

Nome 21, 34, 82, 90, 108-109, 131-132

Once – Organização Nacional de Cegos da Espanha 146

Operações (matemáticas) 60-63

Oralidade 60, 67, 70, 89, 92-93, 101, 118, 122-123, 128, 139-140, 157

Orientação (orientar) no espaço 26, 37, 38, 153

Ortografia 124, 128-130, 159-160

Ouvinte 72, 113, 117, 120, 123, 126, 128, 131-133, 136-137

Palavra Cantada 98-101

Parada das Vacas 34

Paralisia cerebral 68, 73-74, 77, 94, 104, 107, 110, 137

Parque infantil 52, 80

PCS – Picture Communication System 71, 77-84, 88

PEC – Picture Exchange Communication 71, 78

Peirce, Charles S. 15-16

Percepção
    Visual 28, 90, 103, 109, 162
    Tátil/sensorial 29, 90, 109, 155, 162, 164
    Auditiva 19, 127, 132

Perda auditiva 122, 126
    Da fala 73, 136

Perspectiva 39, 43

Piaget, Jean 48, 49, 53

Pictográfico, pictórico 29-32, 35, 45, 46, 71, 83, 137

Planta baixa 30, 57

Polissemia 29, 77, 150

Pontilhado 38, 142-143

Pontuação 83, 85, 142, 145, 151, 164

Português sinalizado 70, 137

Possenti, Sírio 89

Prancha de apoio para leitura, escrita, desenho 105, 108-109, 137

Prancha, composição da 85-86

Prancha de comunicação 68, 76-88

    Alfabética 83-84, 91, 110

    Colete de comunicação 83

    De atividade (temática) 80-82

    De escolha 80

    De escrita 83-84

    De passeio 82

    De rotina 79-80

    Pasta casa/escola 82

    Qwerty 84

Pré-escola 50, 93, 98

    Aluno pré-escolar 36, 50, 90-91, 163

Primeiridade 16-17

Programa de Lurdinha 155-157

Prontidão 90

Psicolinguística 89, 140

Punção 141, 153-154, 164

Rebus 71

Recursos 25, 35-36, 41, 51-60, 72-73, 80, 96-98, 101, 105

Referente 16-17, 31-33, 64, 75, 80, 82, 117, 134, 139, 156, 158

Referência espacial 30, 37, 38, 55, 57, 149

Reglete 91, 108, 151

    De bolso 153-154

    De prancha 153-154, 162, 164,

Régua guia 108-109

Relevo 18, 38-39, 64, 95, 107, 139, 141-144, 152, 159

Representação 18, 29-41, 56-65, 71, 75, 76, 78, 109, 146

Resíduo

    Visual 102-103, 105, 139

    Auditivo 126

Rocha, Ruth 17, 98

Rothschild, Nora 70

Rótulo 53, 90, 125, 146, 148

Rubéola 103, 126

Rubrica 108-109

Sala de recursos 125, 129, 150, 158, 160

Salignac, Melanie 141

Santaella, Lúcia 15, 33, 75, 130

São Basílio Magno 114

Secundidade 16-17

Seleção (de signo) 83

Semantografia 75, 87

Semiótica 15, 21, 39

Sicard, Roch Ambroise 115-116

Sigaud, Adélia 144

Signo 15-19, 25, 31-32, 39, 64, 70-88, 149

Sistema sígnico 13-17, 19, 21, 35, 41, 60, 92, 113,

Símbolo 13, 15-16, 27, 33, 74, 77, 87

Simulação 51, 93

Sinais (signos) tangíveis 71, 79

Síndrome de Asperger 26, 93

Síndrome de Down 73, 136, 156

Sistema nervoso central 73

Sistema logográfico 71, 78

Sonografia 142

Sorobã 60, 62-64

Stokoe, William 122

Sullivan, Anne 120

Surdez, surdo 26, 42, 51, 73, 113-137, 141

Surdo-cegueira 73, 120, 139

Tabela 30, 60, 96, 104, 106

Tabela de 7 linhas 152

Tabela Taylor 146

Tamanho

    Relações de 27, 36, 55, 57-58, 64

Tato, toque 19, 39, 41, 49, 57, 64, 141-142, 149-150, 155-158, 162-163

Telelupa 105

Televisão 15, 42, 44-46

Terceiridade 16-17

Textura 32, 38, 49, 57, 155-156

TID – transtornos invasivos de desenvolvimento 74, 136

Toxoplasmose 104

Transcrição 95-96, 108, 145, 158

Unificação (do sistema braile) 146

Victor (ver Aveyron, menino selvagem)

Vidente 62, 90, 91, 95, 140, 148-150, 163-164

Vídeo 15, 26, 42-46, 130

Visão 39, 64-65, 102-105, 115

    Periférica 103-105, 111, 133

    Subnormal, reduzida, baixa 36, 48, 51, 54, 57, 101-111, 139

    Tubular 103

Voto do silêncio 114

Vygotsky, L.S. 13-14, 18-21, 30, 52, 113, 123

Wallon, Henri 52

Wertsch, James 18, 30

Wright, Jimmy 43

Especificações técnicas

Fonte: Gatineau 11 p
Entrelinha: 16 p
Papel (miolo): Offset 75 g/m²
Papel (capa): Supremo 250 g/m²